Rabbi Joseph B. Soloveitchik on Pesach, *Sefirat ha-Omer* and Shavu'ot

The
Rabbi Soloveitchik
Library

Series Editor: Rabbi Dr. Jacob J. Schacter

The Rabbi Soloveitchik Library
edited by Rabbi Dr. Jacob J. Schacter

Volume 1
MEMORIES OF A GIANT: EULOGIES IN MEMORY OF RABBI DR.
JOSEPH B. SOLOVEITCHIK
edited by Michael A. Bierman

Volume 2
RABBI JOSEPH B. SOLOVEITCHIK ON PESACH, SEFIRAT HA-OMER
AND SHAVU'OT
by David Shapiro

מאפלה לאור גדול

Rabbi Joseph B. Soloveitchik on Pesach, *Sefirat ha-Omer* and Shavu'ot

David Shapiro

TRADITION מסורה HALAKHAH הלכה EDUCATION חינוך

The Rabbi
Joseph B. Soloveitchik
Institute

URIM PUBLICATIONS
Jerusalem • New York

Rabbi Joseph B. Soloveitchik on Pesach, *Sefirat ha-Omer* and Shavu'ot
by David Shapiro
The Rabbi Soloveitchik Library – Volume 2
Series editor: Rabbi Dr. Jacob J. Schacter

Published with the assistance of the
Jennifer and Scott Tobin Jewish Educational Publication Fund.

Urim Publications, P.O. Box 52287, Jerusalem 91521 Israel

The Rabbi Joseph B. Soloveitchik Institute
34 Philbrick Road, Brookline MA 02445 U.S.A., www.rav.org

Lambda Publishers Inc.
3709 13th Avenue Brooklyn, New York 11218 U.S.A.
Tel: 718-972-5449, Fax: 718-972-6307, mh@ejudaica.com

www.UrimPublications.com

In memory of our parents

GERTRUDE and MORRIS BIENENFELD ע"ה

and

MINNIE and LEO USDAN ע"ה

DASSIE and MARVIN BIENENFELD

❧   ❧

In loving memory of our parents

AARON and BLANCHE SCHREIBER ע"ה

JOEL and JUDY

SIMEON and ROSE

DAVID and DASSIE

❧   ❧

לע"נ

RABBI YAAKOV DANISHEFSKY זצ"ל

REBBITZIN CHANA SOROH DANISHEFSKY ע"ה

RABBI CHAIM YITZCHAK YEHUDAH DANISHEFSKY זצ"ל

From their children and brother

RABBI JOEL E. DANISHEFSKY and JAELENE DANISHEFSKY

CONTENTS

FOREWORD

In a talk given in the Maimonides School in Brookline, Massachusetts in 1974, the Rav reflected on the significance of the Pesach Seder to him as a child:

> In my experience – that is, in my experiential, not intellectual, memory – two nights stand out as endowed with unique qualities, exalted in holiness and shining with singular beauty. These nights are the night of the Seder and the night of Kol Nidrei. As a child I was fascinated by these two nights because they conjured a feeling of majesty. As a child I used to feel stimulated, aroused, and deeply inspired. I used to experience a strange peaceful stillness. As a child I used to surrender, using the language of the mystics, to a stream of inflowing joy and ecstasy. In a word, as a young child I felt the presence of *kedushah* [holiness] on these nights....
>
> Paradoxically, I must say that these emotions and experiences, however naïve and childish, have always been the fountainhead of my religious life. My religious life has always been a colorful life. This achievement I derived from my childhood experiences and not from my intellectual accomplishments.[1]

Almost twelve years have elapsed since the passing of Rabbi Joseph B. Soloveitchik *zt"l* and our sense of loss has only grown with the passage of time. How important it already is, and how much more important will it become as the years pass, to convey what the Rav was to a generation *asher lo yada et Yosef* (*Shemot* 1:8), a generation which did not have the *zechut* to experience first-hand his extraordinary qualities – his vibrancy and dynamism, his brilliance and total lack of pretense, his radical intellectual

---

[1] Aaron Rakeffet-Rothkoff, *The Rav: The World of Rabbi Joseph B. Soloveitchik 2* (Ktav Publishing House, 1999), 172.

honesty and demanding search for truth, his extraordinary power of self-revelation and deep-seated sense of privacy, his unswerving commitment to the *mesorah* and intimate knowledge of and appreciation for the philosophical contributions of Western culture.

But, of everything the Rav was, he was first and foremost a student and teacher of Torah, exposing thousands of students in New York, Boston and elsewhere to the depth and richness of our tradition. And, as a result, there is simply no better way to remember him than to study his Torah and give others the opportunity to do so as well.

The Rabbi Soloveitchik Institute is happy to join with Urim Publications to present eleven themes of the Torah of the Rav on aspects relating to Pesach, *sefirat ha-omer* and Shavuot. This is the first of a projected series of books on the Rav's Torah relating to all the holidays in the Jewish calendar. We chose to begin with Pesach not only because of its formative role in shaping the Rav's religious consciousness but because it was in the midst of that *yom tov* that he passed away.

Each theme was comprehensively researched and carefully formulated by Rabbi David Shapiro. He researched the disparate sources presenting the Rav's teachings on the subjects he discusses and synthesized them in a clear and cogent fashion. Each of the chapters focuses on a theme that has the following characteristics: (1) It is an area of *Halachah* to which the Rav contributed significantly to our understanding; (2) It is a topic whose study will enrich the religious experience of all who will read it; (3) It is a theme that has relevance beyond the immediate context in which it is presented. We are very grateful to Rabbi Shapiro for his undertaking this project and for the care and concern, dedication and devotion, and skill and sophistication with which he completed it. We look forward to benefiting from his next volume on the Rav's Torah on Chanukah and Purim.

May we all be *zocheh* to witness the transition to illumination, *mei-afeilah le-or gadol*, for Jews individually and for *Klal Yisrael* as a whole.

Rabbi Dr. Jacob J. Schacter
Brookline, Massachusetts
Cheshvan 5765
November 2004

INTRODUCTION

When introduced as "the *rosh ha-yeshivah*" (of Yeshivat Rabbenu Yitzchak Elchanan), the Rav *zt"l* would often say, "I am not a *rosh yeshiva*; I am a *melamed*. The *Ribbono shel Olam* was a *melamed*, as the conclusion of *birkat ha-Torah* indicates: '*Baruch…ha-melamed Torah le-amo Yisrael.*' I, too, am a *melamed*." Of course, the Rav would then proceed to teach Torah in a manner that was engaging and challenging to each member of his audience, from the most learned to the least initiated.[1] Each of his *shiurim* was reminiscent of the Rambam's characterization of the *Mishneh Torah* (in the *hakdamah*) as a work that is addressed "*la-katan ve-la-gadol.*"

I have been privileged to be a *melamed* on the faculty of Maimonides School for the past thirty-four years. I came to realize that not only the *torat ha-Rav* that had been published or, at least, reviewed and authorized by the Rav himself, but also his Torah as it has been disseminated by his disciples is inaccessible to almost all high school students and to most of their parents. I was, therefore, excited when Rabbi Jacob J. Schacter, Dean of The Rabbi Joseph B. Soloveitchik Institute, suggested that I begin to synthesize and integrate the various sources of *torat ha-Rav*, both primary and secondary, on the *chaggim* in order to present the Rav's teachings in a format that would engage these readers.

Since the Rav's *yahrzeit* is during Pesach (18 Nisan), I began with themes relating to the *Seder*. Chapters 1–5 are thus devoted to halachic topics pertaining to *mitzvot* that we observe on the first night of that holiday. From there I proceeded to the *mitzvah* of *sefirat ha-omer* that we begin on the second night of Pesach, and its respective themes are treated in Chapters 6–8.

---

[1] See Rabbi Yitzhak Twersky, "The Rov," *Tradition* 30:4 (Summer 1996): 19–21.

The Rav was not only one of the twentieth century's most influential halachic authorities; he was also a highly celebrated *darshan*. His homiletical discourses were enthralling. Chapters 9–11, which focus on the *Aseret ha-Dibrot* that we read on Shavu'ot, represent this dimension of his legacy. Chapter 8 provides a transition from the Rav's *halachah* (Chapters 1–7) to his *derush* (Chapters 9–11). Its treatment of *sefirat ha-omer* incorporates both legal and philosophical dimensions.

I have written these *shiurim* under the auspices of the Rabbi Joseph B. Soloveitchik Institute, on whose staff I am privileged to serve. The goal of the Institute is not only to disseminate the specific teachings of the Rav *zt"l*, but also to enhance the study of Torah generally *le-iluy nishmato*. Accordingly, although these eleven chapters are formulated around themes that have come to be associated with the Rav, they contain related ideas (usually relegated to the footnotes) that will stimulate the general Torah knowledge of those who will read and study them.

As the title of this book, I have adopted Dr. Jeremy Kahan's suggestion of *Mei-Afeilah le-Or Gadol*. This phrase from the *Hagaddah* is appropriate for two reasons:

(1) The volume begins with the Rav's analysis of some of the *mitzvot* that we perform at the Pesach *Seder*, continues with his insights into various aspects of *sefirat ha-omer* and culminates with his exposition of the first four *dibrot* that we received on Shavu'ot. The progression of topics presented here thus reflects our national development over the course of those seven weeks from the period of *afeilah*, physical and spiritual "darkness,"[2] to that of *or gadol*, of the "light" afforded by the teachings of the Torah.[3]

(2) Before each of the Rav's *shiurim*, his students would be in a state of *afeilah* regarding the topic at hand. By the end of the *shiur*, however, they

---

[2] פסחים קטז.

"מתחיל בגנות ומסיים בשבח" – מאי בגנות? רב אמר: מתחלה עובדי עבודת גלולים היו אבותינו; ושמואל אמר: עבדים היינו.

[3] "כי נר מצוה ותורה אור..." (משלי ו:כג).

had experienced the clarity provided by the *or gadol* that the Rav's lucid and penetrating analysis offered them.

Various friends, colleagues and relatives read drafts of respective chapters, and their suggestions have enhanced the final product. I am especially grateful to Prof. Isaiah Gafni, Rabbi Baruch Goldman, Rabbi Mark Gottlieb, Dr. Jeremy Kahan, Rabbi Dr. Nehemia Polen, Rabbi Avraham Preil, Rabbi Moshe Rosenberg, and Rabbi Steven Weil for their particular contributions. *Acharon acharon chaviv.* Rabbi Schacter read every word of successive drafts of the manuscript, and offered invaluable suggestions in matters both substantive and stylistic. Although I accept full responsibility for the inadequacies of this volume, its strengths are in large measure due to Rabbi Schacter's encouragement and guidance.

I am indebted to the School Committee and the administration of Maimonides School, and to the directors of the Rabbi Soloveitchick Institute for enabling me to devote my time to learning *torat ha-Rav.*

I dedicate this volume to my dear wife, Miriam.

"קמו בניה ויאשרוה, בעלה ויהללה".

Above all, I express my profound gratitude to the *Ribbono shel Olam.*

"ברוך אלקים אשר לא הסיר תפילתי וחסדו מאתי" (תהלים סו:כ).

Chazal expressed their conviction that the influence of *tzadikim* lives on beyond their departure from this world:

<u>ברכות יח.</u>

כי החיים יודעים שימותו (קהלת ט:ה) – אלו צדיקים שבמיתתן נקראו חיים.

Not only are the living nurtured by the teachings of the deceased, but Chazal suggest – in a particularly poignant passage – that the souls of the departed continue to live and to experience gratification when the living teach their Torah insights:

<u>יבמות צו:– צז., בכורות לא:</u>

מאי דכתיב "אגורה באהלך עולמים" (תהלים סא:ה)? וכי אפשר לו לאדם לגור בשני עולמים? אלא אמר דוד לפני הקדוש ברוך הוא: רבונו של עולם, יהי רצון שיאמרו דבר

שמועה מפי בעוה"ז; דאמר רבי יוחנן משום רבי שמעון בן יוחי: כל ת"ח שאומרים דבר
שמועה מפיו בעולם הזה, שפתותיו דובבות [רש"י: נעות] בקבר.

Presenting the Rav's teachings is a daunting responsibility. I close with two phrases from the *tefillah* of רבי נחוניא בן הקנה:[4]

"שלא תארע תקלה על ידי...וישמחו בי חברי".

David Shapiro
Brookline, Massachusetts
Elul 5764
September 2004

---

[4] See the Maharsha's interpretation of *Berachot* 28b. See also *Teshuvot Chatam Sofer, Orach Chayyim* #208.

Chapter 1

The Relationship of Two *Mitzvot* to Each Other: The Annual Mitzvah of "*Sippur Yetzi'at Mitzrayim*" and the Daily *Mitzvah* of "*Zechirat Yetzi'at Mitzrayim*"

Our goal will be to define each of these two *mitzvot*, and to understand each in light of the other.

A.

One way to focus the issue is to look at the night of the 15th of Nisan – the first night of Pesach – and to ask why both *mitzvot* are necessary on that night. Why can't we satisfy the requirement of *ve-higadeta le-vincha* (or, according to the Rambam, *Zachor et ha-yom ha-zeh asher yitzatem mi-Mitzrayim*) by reciting, as we do each evening, the third *parashah* of *keri'at shema*? Why did the Torah superimpose the *mitzvah* of *sippur be-leil tet-vav* onto the nightly *mitzvah* of *le-ma'an tizkor et yom tzeitcha mei-eretz Mitzrayim kol yimei chayecha*?

Another way to focus the issue is to look at the *Haggadah shel Pesach* and to ask why the Mishnah from *Berachot* 12b is included. Isn't it, ostensibly, irrelevant to the theme of *sippur yetzi'at Mitzrayim*?

Our sources for the Rav's contributions to this discussion are drawn from:

(1) The first three pages of the opening *shiur* in *Shiurim le-Zecher Abba Mari*, vol. 1.

(2) "*Be-Inyan Sippur Yetzi'at Mitzrayim*," *Shiurim le-Zecher Abba Mari*, vol. 2 (particularly pp. 152–53).

(3) The Rav's essay, "The Nine Aspects of the Haggadah," in *The Yeshiva University Haggadah* (S.O.Y., 1985), pp. 7–13 [Reprinted in Joseph Epstein, *Shiurei ha-Rav* (Ktav, 1994), pp. 33–45].

(4) *Nor'ot ha-Rav*, vol. 4 (1997; ed. B. David Schreiber), pp. 182–85.

(5) *Nor'ot ha-Rav*, vol. 8 (1998; ed. B. David Schreiber), pp. 66–68, 85–90.
(6) The edition of the *Haggadah* entitled *Si'ach ha-Grid*, prepared by the Rav's grandson Rabbi Yitzchak Lichtenstein (particularly pp. 33–38).
(7) The tape of a *shiur* delivered by Rabbi Yonason Sacks of Passaic, N.J. entitled "Zechiras Yetzi'as Mitzrayim."[1]
(8) Shlomo H. Pick, *Mo'adei HaRav* (Ramat Gan, 2003), pp. 139–45.

B.

Let's begin – as the Rav *zt"l* would – with the Rambam's formulation of our two *mitzvot*:

רמב"ם, הלכות קריאת שמע – פרק א

הלכה א

פעמיים בכל יום קוראין ק"ש בערב ובבקר, שנאמר "ובשכבך ובקומך" (דברים ו:ז) בשעה שדרך בני אדם שוכבין וזה הוא לילה, ובשעה שדרך בני אדם עומדין וזה הוא יום.

הלכה ב

ומה הוא קורא שלשה פרשיות אלו הן: שמע והיה אם שמוע ויאמר, ומקדימין לקרות פרשת שמע מפני שיש בה יחוד השם ואהבתו ותלמודו שהוא העיקר הגדול שהכל תלוי בו, ואחריה והיה אם שמוע שיש בה צווי על (זכירת) שאר כל המצות, ואחר כך פרשת ציצית שגם היא יש בה צווי זכירת כל המצות.

הלכה ג

אע"פ שאין מצות ציצית נוהגת בלילה קוראין אותה בלילה מפני שיש בה זכרון יציאת מצרים ומצוה להזכיר יציאת מצרים ביום ובלילה שנאמר "למען תזכור את יום צאתך מארץ מצרים כל ימי חייך" (דברים טז:ג). וקריאת פרשיות אלו על סדר זה היא הנקראת קריאת שמע.

Thus the daily *mitzvah* of *zechirah*.

---

[1] I refer to the first tape (#401) in a set of six tapes that was marketed by Keren Achvah (316 Howard Ave.; Passaic, N.J. 07055; 732-473-0684) under the collective title *Me'avdus le-Cheirus: Insights into The Pesach Seder and Haggadah.*

As to the annual *mitzvah* of *sippur* on Pesach:

רמב"ם, הלכות חמץ ומצה – פרק ז
הלכה א

מצות עשה של תורה לספר בנסים ונפלאות שנעשו לאבותינו במצרים בליל חמשה עשר בניסן שנאמר "זכור את היום הזה אשר יצאתם ממצרים" (שמות יג:ג) כמו שנאמר " זכור את יום השבת" (שמות כ:ח). ומנין שבליל חמשה עשר? תלמוד לומר: "והגדת לבנך ביום ההוא לאמר בעבור זה" – בשעה שיש מצה ומרור מונחים לפניך.2

ואף על פי שאין לו בן, אפילו חכמים גדולים חייבים לספר ביציאת מצרים וכל המאריך בדברים שאירעו ושהיו הרי זה משובח.

הלכה ב

מצוה להודיע לבנים ואפילו לא שאלו שנאמר והגדת לבנך, לפי דעתו של בן אביו מלמדו, כיצד אם היה קטן או טיפש אומר לו בני כולנו היינו עבדים כמו שפחה זו או כמו עבד זה במצרים ובלילה הזה פדה אותנו הקב"ה ויוציאנו לחירות, ואם היה הבן גדול וחכם מודיעו מה שאירע לנו במצרים ונסים שנעשו לנו ע"י משה רבינו הכל לפי דעתו של בן.

Take note of the fact that the Rambam derives the daily *mitzvah* of *zechirah* from *Devarim* 16:3 ("*Le-ma'an tizkor..*") and the annual *mitzvah* of *sippur* on Pesach from *Shemot* 13:3 ("*Zachor et hayom ha-zeh...*"). The former is consonant with the view of Ben Zoma in the Mishnah in *Berachot* 12b:

מזכירין יציאת מצרים בלילות. אמר רבי אלעזר בן עזריה: הרי אני כבן שבעים שנה, ולא זכיתי שתאמר יציאת מצרים בלילות עד שדרשה בן זומא. שנאמר: למען תזכר את יום צאתך מארץ מצרים כל ימי חייך. ימי חייך – הימים, כל ימי חייך – הלילות;...

---

2 The Rav *zt"l* used to comment that the qualifying phrase in the first line

מצות עשה של תורה לספר בנסים ונפלאות שנעשו לאבותינו במצרים <u>בליל חמשה עשר בניסן</u>

can be understood as modifying either מצות עשה של תורה לספר or

בנסים ונפלאות שנעשו לאבותינו במצרים.

The fact that the Rambam derives the *mitzvah* of *sippur* from זכור את היום הזה.... and that he continues with מנין שבליל חמשה עשר? תלמוד לומר.... suggests that he intended the latter of the two options. In fact, the Rav noted, in the Rambam's text of the *Haggadah* (at the end of *Hilchot Chametz u-Matzah*) there is no mention of any of the miracles which occured at *keri'at yam suf* seven days later. His *Haggadah* includes neither the *midrashim* of Rabi Yosi ha-Gelili, Rabi Eliezer, and Rabi Akiva (from *Mechilta* on *Parshat Beshallach*) nor "*Dayeinu*."

and with Rashi *Berachot* 21a:

<u>אמת ויציב דאורייתא היא</u> – שמזכיר בה יציאת מצרים, דחיובא דאורייתא היא, דכתיב למען תזכר את יום צאתך מארץ מצרים.

On the other hand, the *Mechilta* on *Shemot* 13:3 derives the daily *mitzvah* of *zechirah* from that verse – at least for the daytime performance of the *mitzvah*.

<u>מכילתא דרבי ישמעאל – בא, פרשה טז</u>

ויאמר משה אל העם זכור את היום הזה אשר יצאתם ממצרים וגו' – אין לי אלא שמזכירים יציאת מצרים בימים; בלילות מנין? אנש מר למען תזכר את יום צאתך מארץ מצרים כל ימי חייך – ימי חייך הימים, כל ימי חייך הלילות – כדברי בן זומא.

Rashi on *Shemot* 13:3 took his cue from the *Mechilta*; he thus commented:

<u>זכור את היום הזה</u> – למד שמזכירין יציאת מצרים בכל יום.

The Rambam chose to ignore this *Mechilta* (which, admittedly, introduces an intermediary step which is seemingly superfluous). As noted above, he derives both the daily daytime and nighttime performance of *zechirah* directly from *Devarim* 16:3:

<u>הלכות קריאת שמע א:ג</u>

אע"פ שאין מצות ציצית נוהגת בלילה קוראין אותה בלילה מפני שיש בהזכרון יציאת מצרים; ומצוה להזכיר יציאת מצרים ביום ובלילה שנאמר "למען תזכור את יום צאתך מארץ מצרים כל ימי חייך."

(Parenthetically: why did the Rambam invoke *Shemot* 13:3 as the basis for *sippur*? Why did he not simply rely on "*Ve-higadeta le-vincha*" (*Shemot* 13:8) which most sources accept as a sufficient basis for that *mitzvah*? This question has been the subject of much discussion amongst Rishonim and Acharonim, but it is not within the purview of this chapter.)

C.

Now that we have established the basis for the *mitzvah* of *zechirah*, we must confront the surprising – and perplexing – fact that the Rambam did not include it in his delineation of the 613 *mitzvot*. It does not appear at all in his

Sefer ha-Mitzvot. Moreover, although – as we have seen – he cites it in the *Mishneh Torah* within his codification of *mitzvat keri'at Shema*, and clearly designates it as "a *mitzvah*," he does not even there list it in his formal enumeration of *mitzvot*. Thus, his caption for that section reads:

הלכות קריאת שמע – מצות עשה אחת, והיא לקרות קריאת שמע פעמיים ביום. וביאור מצוה זו בפרקים אלו.

This glaring omission in the scheme of the Rambam is highlighted by the fact that R. Yitzchak of Corbeille in his *Sefer Mitzvot Katan* did include *zechirah* in his list of 613 *mitzvot*:

<u>מצוה קי</u> – להזכיר יציאת מצרים, דכתיב למען תזכור את יום צאתך מארץ מצרים. לכך תקנו חכמים פרשת ציצית בקריאת שמע; וגם תיקנו חכמים אמת ויציב, אמת ואמונה.

D.

The challenge posed by the Rambam's decision not to list *zechirah* as one of the formal 613 *mitzvot* has been noted by many prominent Acharonim:

בספר <u>צל"ח</u> (<u>ציון לנפש חיה</u>) על מס' ברכות יב:, כתב וז"ל – ואמנם מה דתמיה לי טובא הוא דעכ"פ לכ"ע מצוה לזכור י"מ בכל יום, למר ביום ולמר בין ביום ובין בלילה; וזהו מלבד סיפור י"מ בליל פסח...ולפ"ז קשה לי בדברי הרמב"ם...ומצות זכירת י"מ בכל יום, שהיא מצות למען תזכור, לא מנה כלל. וכעת לא ידעתי טעם לזה, ולא ראיתי למפרשי דבריו שנתעוררו בזה; וגם הסמ"ג והרמב"ן לא הזכירו מצוה זו...עכ"ל.

בספר <u>קרן אורה</u>[3] על מס' ברכות יב:, כתב וז"ל – והנה יציאת מצרים בכל יום מבואר בש"ס דמה"ת היא; ולא ידעתי לכאורה למה לא מנאו הרמב"ם ז"ל במנין המצות...עכ"ל.

בפירוש <u>מנחת חינוך</u> <u>לספר החינוך</u>, מצוה כ"א, כתב וז"ל – ...זכירת י"מ ביום הוי עשה, ולא מצאתי לר"מ והרב המחבר [= בעל ס' החינוך] ומוני המצוות שימנו זכירת י"מ למצות עשה בשום פעם...וצ"ע למה, כיון דילפינן מקרא למה לא נמנה למצוה ככל המצוות?...עכ"ל.

E.

There are essentially three distinct approaches to address this question of why the Rambam, and so many others, did not include *zechirah* amongst their delineation of *taryag mitzvot*.

---

[3] This talmudic commentary was written by R. Yitzchak of Karlin (1788–1852). His brother, R. Ya'akov of Karlin, was the author of very influential responsa entitled *Mishkenot Ya'akov*.

The Rav often advanced one approach in the name of his grandfather, Reb Chayyim of Brisk. This approach retains the original assumption that *zechirah* is, in fact, a *mitzvah mi-d'oraita*. There is, however, a technical reason that precludes its inclusion in the formal list of *taryag mitzvot*. According to the third criterion – of the fourteen established by the Rambam in his *Sefer ha-Mitzvot* – for inclusion, a *mitzvah* must remain operative forever; it cannot have a built-in "expiration date." Our *mitzvah* of *zechirah* fails to meet this criterion.

This approach requires some elaboration. Some directives in the Torah were one-time commands (like *Shemot* 16:33 ["*kach tzintzenet achat...*"]) or were intended for that generation only (like *Bamidbar* 4:20 ["*ve-lo yavo'u lir'ot kevala et hakodesh...*"]). By definition, argued the Rambam, these cannot be included in the "official" list of 613. All *mitzvot* which are included in this list of 613 will remain operative at all times, even during the messianic era.

At this point an analysis of the Mishnah in *Berachot* 12b is necessary. Ben Zoma and the Chachamim dispute the interpretation of the adjective *kol* in *Devarim* 16:3 (*Le-ma'an tizkor at yom tzeitcha me-eretz Mitzrayim kol yemei chayecha*). They both agree that there is a daily *mitzvah* of *zechirat yetzi'at Mitzrayim* by day. According to Ben Zoma, the inclusive *kol* extends the *mitzvah* to each night as well. The Chachamim, however, assert that *kol* is needed to extend the *mitzvah* into the messianic age. Hence, they have no basis for requiring *zechirah* each night. By the same token, however, Ben Zoma has no basis for extending the *mitzvah* into the messianic era. He will have to concede, therefore, that it will no longer be operative.[4] Since the

---

[4] In the Gemara (*Berachot* 12b) Ben Zoma's view is presented as a rhetorical question:

תניא, אמר להם בן זומא לחכמים: וכי מזכירין יציאת מצרים לימות המשיח? והלא כבר נאמר: (ירמיהו כג:ז—ח) הנה ימים באים נאם ה' ולא יאמרו עוד חי ה' אשר העלה את בני ישראל מארץ מצרים, כי אם חי ה' אשר העלה ואשר הביא את זרע בית ישראל מארץ צפונה ומכל הארצות אשר הדחתים שם.

In the *Mechilta (ibid.)*, it is presented as a declarative statement:

אמר להם בן זומא: עתידים ישראל שלא להזכיר יציאת מצרים לעתיד לבוא, שנאמר לכן הנה ימים באים נאם ה' ולא יאמר עוד חי ה' אשר העלה את בני ישראל ממצרים כי אם חי ה' אשר העלה את ישראל מארץ צפון. (ירמיה טז:יד—טו)

Paranthetically, note the respective *pesukim* from *Yirmiyahu* cited by the above two sources:

Rambam adopts Ben Zoma's view as normative, and thus requires *zechirah* each night, he has no choice but to accept the "temporary" status of the *mitzvah*. It thus fails to meet his own (third) criterion. He could, therefore, not – suggested Reb Chayyim Brisker – include it in his enumeration of *taryag mitzvot*.

F.

The second approach to the question of why the Rambam did not include *zechirah* amongst the *taryag mitzvot* rejects the original assumption that *zechirah* is a *mitzvah mi-d'oraita*. It should be understood rather as "a religiously meritorious act." The use of the term *mitzvah* by the Rambam in *Hilchot Keri'at Shema* 1:3 is, thus, similar to the use of the term in *Chullin* 106a:

אמר רב אידי בר אבין אמר רב יצחק בר אשיאן: נטילת ידים לחולין מפני סרך תרומה, ועוד משום מצוה. מאי מצוה? אמר אביי: מצוה לשמוע דברי חכמים....

רש"י

מצוה לשמוע דברי חכמים – שתקנוה.

and, even more subtly, in *Sukkah* 11b:

דתניא: לולב מצוה לאוגדו, ואם לא אגדו – כשר...אמאי מצוה? – ...משום שנאמר "זה קלי ואנוהו" – התנאה לפניו במצות.

From this perspective let us return to the citations from the *Tzelach*, *Keren Orah* and *Minchat Chinuch* to see how they each addressed their common question as to why the Rambam did not count *zechirah* as one of the 613 *mitzvot*.

ירמיהו – פרק טז

(יד) לכן הנה ימים באים נאם ה' ולא יאמר עוד חי ה' אשר העלה את בני ישראל מארץ מצרים.

(טו) כי אם חי ה' אשר העלה את בני ישראל מארץ צפון ומכל הארצות אשר הדיחם שמה והשבתים על אדמתם אשר נתתי לאבותם.

ירמיהו – פרק כג

(ז) לכן הנה ימים באים נאם ה' ולא יאמרו עוד חי ה' אשר העלה את בני ישראל מארץ מצרים.

(ח) כי אם חי ה' אשר העלה ואשר הביא את זרע בית ישראל מארץ צפונה ומכל הארצות אשר הדחתים שם וישבו על אדמתם.

צל"ח – ונתתי לבי לדבר זה והדרנא בי, ויפה כיוונו שלא מנו מצוה זו במנין המצוות כיון שלא נאמרה מצוה זו בלשון ציווי. דאם היתה כתיב זכור את יום צאתך וגו' היתה נחשב מצוה לעצמה; אבל כיון דכתיב למען תזכור וגו' אדלעיל קאי, ונתינת טעם הוא למה דכתיב לעיל מיניה מצות אכילת פסח ואכילת מצה, ונתן טעם שע"י זה תזכור את יום צאתך וגו'. וכן פירש רש"י שם בחומש: למען תזכור ע"י אכילת הפסח והמצה יום צאתך עכ"ל רש"י. ואף שממילא אנו למדים שזכירת יצ"מ כל ימי חייך הוא מצוה – וכן הוא לשון הרמב"ם בפ"א מק"ש הלכה ג' ומצוה להזכיר י"מ וכו' מ"מ אינו נכנס לכלל מנין רמ"ח מצוות....

קרן אורה – ונראה דזכירה דשבת ומעשה עמלק – זכירה שלהם נאמר בלשון ציווי: זכור את יום השבת, זכור את אשר עשה לך עמלק; אבל זכירה דיציאת מצרים לא נאמר בלשון ציווי – זכור את יום צאתך מארץ מצרים – אלא למען תזכור, וא"כ אדלעיל קאי – אמצוה דפסח ומצה – שמחמתן תזכור את יום צאתך מארץ מצרים כל ימי חייך. וכן פי' רש"י ז"ל בחומש למען תזכור ע"י אכילת הפסח והמצה יום צאתך עכ"ל וממילא ש"מ דצריך לזכור יציאת מצרים כל הימים, ע"כ אינו נכנס במנין המצוות....

מנחת חנוך – וגם בצל"ח ברכות הקשה זה...וכתב דנפקא מפסוק למען תזכור ולא נאמר בלשון ציווי זכור...עיי"ש. ולכאורה קשה למה לא נפקא להו לרבותינו מפסוק זה בפרשה דכתיב זכור את היום הזה – והוא בדרך ציווי. וצריך לומר דקים להו דפסוק זה מיירי בליל ט"ו, כמבואר כאן בר"מ....

To sum up: this second approach accounts for the exclusion of *zechirah* from the "official' list of *taryag mitzvot* while retaining the integrity of the use of the term *mitzvah*. One question remains, however: How can the Gemara in *Berachot* 21a refer to it as *d'oraita?*

Perhaps the most eloquent – certainly the most poetic and suggestive – formulation of the second approach is presented by the *Ohr Same'ach* in response to this very question.

אור שמח, הל' ק"ש, א:ג

...ודע כי חיפשתי בדברי רבנו בספר המצוות ולא מצאתי שימנה מצות יציאת מצרים להזכיר בכל ימות השנה...הלא דבר הוא, וכן בחיבורו לא הזכיר זה למצוה בפ"ע רק בהלכות ק"ש כתב כאן דמצוה להזכיר י"מ. לכן אמינא דעיקר מצות יצ"מ להזכיר מקרא דלמען תזכור את יום צאתך מארץ מצרים פשטא דקרא מיירי בחודש האביב ועשית פסח ולא תאכל עליו חמץ כו' כי בחפזון יצאת כו' למען תזכור את יום צאתך, וזהו או כפרש"י

בחומש דע"י אכילת מצה ופסח תזכור את יום צאתך כו'...או דלמען תזכור היינו ע"י מצות
תפילין וימים טובים שבהם אנו זוכרים יציאת מצרים. ולכך לא כתיב בלשון ציווי. והא
דקרי לה הגמרא דאורייתא – היינו דיש תקנות חכמים שאין זה רק משום משמרת וכמו
נט"י וכי"ב; ויש שהוא משום ענינים שנתחדשו אחרי מתן תורה, כמו קריאת מגילה
וכי"ב; ויש ענינים שהם להפקת רצון הבורא – אף כי לא הטיל ולא הכביד בתורת חובה –
בכ"ז כאשר ראו ראשי הכנסיה כי זהו הפקת רצון הבורא לאופן היותר נרצה התחייבו
בזה...והנה באשר אנו רואין שהבורא יתברך הגיד בתורתו שלתכלית זה יצאו בחפזון,
ומפני זה צוה בפסח ובשאר מצוות למען תזכור כו' כל ימי חייך, תקנו אבותינו לזכור בפה
מלא יצ"מ בכל יום ולהודות לו ע"ז; וזהו השלמת רצון הבורא יתברך...לכן מקרי
דאורייתא;...ומה שכתב רבנו "ומצוה להזכיר יציאת מצרים" אינו רק מדרבנן. וידעתי כי
הוא חדש מאד, בכ"ז הגדתי אשר עם לבבי....

G.

The first two approaches to the question of why the Rambam did not include *zechirah* in his list of *taryag mitzvot* classify it as a distinct religious act.

The first view – that of Reb Chayyim Brisker, as quoted by the Rav – sees it as a *mitzvah mi-d'oraita* which cannot, for a technical reason, be included amongst the "official 613."

The second view – held in common by the *Tzelach, Keren Orah, Minchat Chinuch*, and *Or Same'ach* – sees *zechirah* as rabbinically ordained, based on their inference from *Devarim* 16:3. It is, nonetheless, referred to as a *mitzvah* and it is even characterized as *d'oraita*.

A third approach sees *zechirah* not as a distinct religious act, but as but a component of the comprehensive mitzvah of *keri'at Shema* – or, more precisely, *kabbalat ol malchut shamayyim*. This approach was also attributed by the Rav to his grandfather, Reb Chayyim.[5]

At this point, the Rambam's formulation of *mitzvat keri'at Shema* bears re-reading:

רמב"ם, הלכות קריאת שמע – פרק א
הלכה א
פעמיים בכל יום קוראין ק"ש בערב ובבקר....

---

[5] Reb Chayyim's two answers are also reported by R. Ahron Soloveichik in *Sefer Parach Mateh Aharon: Sefer Ahavah* (Jerusalem, 1999), pp. 2–3.

<u>הלכה ב</u>

ומה הוא קורא? שלשה פרשיות – אלו הן: שמע, והיה אם שמוע, ויאמר....

<u>הלכה ג</u>

אע"פ שאין מצות ציצית נוהגת בלילה, קוראין אותה [= פרשת "ויאמר"] בלילה מפני שיש בה זכרון יציאת מצרים ומצוה להזכיר יציאת מצרים ביום ובלילה שנאמר למען תזכור את יום צאתך מארץ מצרים כל ימי חייך; וקריאת שלש פרשיות אלו על סדר זה היא הנקראת קריאת שמע.

One of the proofs that the Rav used to cite in support of this third view (the second of his grandfather's views) was from *Berachot* 13b:

תנו רבנן: שמע ישראל ה' אלקינו ה' אחד – זו קריאת שמע של רבי יהודה הנשיא. אמר ליה רב לרבי חייא: לא חזינא ליה לרבי דמקבל עליה מלכות שמים. אמר ליה: בר פחתי! בשעה שמעביר ידיו על פניו מקבל עליו עול מלכות שמים. חוזר וגומרה, או אינו חוזר וגומרה? בר קפרא אומר: אינו חוזר וגומרה, רבי שמעון ברבי אומר: חוזר וגומרה. אמר ליה בר קפרא לרבי שמעון ברבי: בשלמא לדידי דאמינא אינו חוזר וגומרה – היינו דמהדר רבי אשמעתא דאית בה יציאת מצרים, אלא לדידך דאמרת חוזר וגומרה, למה ליה לאהדורי? כדי להזכיר יציאת מצרים בזמנה.

<u>רש"י</u>

<u>לא חזינא דמקבל עליה מלכות שמים</u> – שהיה שונה לתלמידיו מקודם זמן קריאת שמע, וכשהגיע הזמן לא ראיתיו מפסיק.

<u>חוזר וגומרה</u> – לאחר שעמדו התלמידים.

<u>דקא מהדר</u> – לשנות לתלמידים בכל יום שמעתא דאית בה יציאת מצרים במקום פרשת ציצית ואמת ויציב.

<u>בז</u> – מנה בזמן קריאת שמע.

The *Or Same'ach* presumably had this Gemara in mind when he wrote the following elliptical passage (immediately after the long citation above):

...דנראה מהגמרא והרמב"ם דזמנים של יצ"מ הוא נכלל בזמן ק"ש, וכמו שכתב: "וג' פרשיות אלו על סדר זה היא נקראת קריאת שמע", וע"ז כתב כל הלכות ק"ש והזמנים....

Thus, the fact that the performance of *zechirah* is governed by the time parameters of *keri'at Shema* supports the assertion that the former is but a component of the latter. One would, therefore, not expect *zechirah* to be listed separately as one of the *taryag mitzvot*.[6]

H.

We have, thus far, identified the respective basis for each of our two *mitzvot* – *zechirah* and *sippur* – and we have explored the challenging fact that, with the exception of the *Semak*, none of the *monei ha-mitzvot* list *zechirah* amongst the 613 *mitzvot*.

Let us now turn to some of the individuating features of each of these two *mitzvot*. The Rav reported that Reb Chayyim would begin his *Seder* each year on Pesach by delineating the following four distinctions:

(1) The *mitzvah* of *zechirat yetzi'at Mitzrayim* is to be performed each day and each night of the year; the *mitzvah* of *sippur yetzi'at Mitzrayim* is to be performed exclusively on the night of the fifteenth of Nisan.

(2) The *mitzvah* of *zechirat yetzi'at Mitzrayim* is fulfilled by a mere mention of the fact. Thus, the recitation of the *pasuk*.

אני ה' אלקיכם אשר הוצאתי אתכם מארץ מצרים להיות לכם לאלקים אני ה' אלקיכם
(במדבר טו:מא)

without any commentary or elaboration is sufficient.

On the other hand, the *mitzvah* of *sippur yetzi'at Mitzrayim* requires a detailed accounting of the many miracles that were performed in Egypt. The following brief selection of sources will document this halachic fact.

<u>משנה פסחים קטז.</u>

...מתחיל בגנות ומסיים בשבח, ודורש מארמי אובד אבי עד שיגמור כל הפרשה כולה.

<u>גמרא שם</u>

מאי בגנות? רב אמר: מתחלה עובדי עבודת גלולים היו אבותינו. ושמואל אמר: עבדים היינו.

---

[6] There is a dispute between the Rambam and the Ramban as to whether *keri'at Shema* itself constitutes one or two of the *taryag mitzvot*. See *Sefer ha-Mitzvot*, *Aseh* #10; and the Ramban at the end of his *hassagot* to the section of *mitzvot lo ta'aseh* (in his concluding essay, in the paragraph which begins "*ve-atah, im tavin kol mah she-katavnu...*"). Also see the last few lines of the *Sefer ha-Chinuch* in *Parshat Va'etchanan*, *mitzvah* #420.

משנה פסחים, פרק י

רבן גמליאל היה אומר כל שלא אמר שלשה דברים אלו בפסח לא יצא ידי חובתו;
ואלו הן: פסח מצה ומרור.
פסח – על שום שפסח המקום על בתי אבותינו במצרים;
מצה – על שום שנגאלו אבותינו במצרים;
מרור – על שום שמררו המצריים את חיי אבותינו במצרים.

רמב"ם, הלכות חמץ ומצה – פרק ז

הלכה א

מצות עשה של תורה לספר בנסים ונפלאות שנעשו לאבותינו במצרים... וכל המאריך בדברים שאירעו ושהיו הרי זה משובח.

הלכה ב

...ואם היה הבן גדול וחכם מודיעו מה שאירע לנו במצרים ונסים שנעשו לנו ע"י משה רבינו הכל לפי דעתו של בן.

הלכה ד

וצריך להתחיל בגנות ולסיים בשבח, כיצד מתחיל ומספר שבתחלה היו אבותינו בימי תרח ומלפניו כופרים וטועין אחר ההבל ורודפין אחר ע"ז, ומסיים בדת האמת שקרבנו המקום לו והבדילנו מן התועים וקרבנו ליחודו, וכן מתחיל ומודיע שעבדים היינו לפרעה במצרים וכל הרעה שגמלנו ומסיים בנסים ונפלאות שנעשו לנו ובחירותנו, והוא שידרוש מ"ארמי אובד אבי" (דברים כו) עד שיגמור כל הפרשה, וכל המוסיף ומאריך בדרש פרשה זו הרי זה משובח.

(3) The *mitzvah* of *zechirat yetzi'at Mitzrayim* can be performed alone; it consists – in effect – of a soliloquy. The *mitzvah* of *sippur yetzi'at Mitzrayim*, however, requires – by definition – a dialogue. Even if someone is alone, the recitation has to take the form of a dialogue. Again, a brief selection of sources will serve to support this assertion.

פסחים קטז.

משנה. מזגו לו כוס שני, וכאן הבן שואל אביו. ואם אין דעת בבן אביו מלמדו: מה נשתנה... ולפי דעתו של בן, אביו מלמדו.
גמרא. תנו רבנן: חכם בנו – שואלו, ואם אינו חכם – אשתו שואלתו. ואם לאו – הוא שואל לעצמו. ואפילו שני תלמידי חכמים שיודעין בהלכות הפסח – שואלין זה לזה.

רמב"ם, הלכות חמץ ומצה – פרק ז

הלכה ב

מצוה להודיע לבנים ואפילו לא שאלו שנאמר והגדת לבנך, לפי דעתו של בן אביו מלמדו....

הלכה ג

וצריך לעשות שינוי בלילה הזה כדי שיראו הבנים וישאלו ויאמרו מה נשתנה הלילה הזה מכל הלילות עד שישיב להם ויאמר להם כך וכך אירע וכך וכך היה.

אין לו בן אשתו שואלתו, אין לו אשה שואלין זה את זה מה נשתנה..., ואפילו היו כולן חכמים. היה לבדו, שואל לעצמו מה נשתנה הלילה הזה.

(4) (The first three distinctions relate to the substance of the two respective *mitzvot*; the fourth does not. It is, rather, a formal issue.)

The *mitzvah* of *zechirat yetzi'at Mitzrayim* is not an independent *mitzvah* amongst the *taryag mitzvot*,[7] whereas the *mitzvah* of *sippur yetzi'at Mitzrayim* is.

I.

These are the four distinctions that Reb Chayyim used to identify. The Rav, in various *shi'urim* over many years, added three more. They follow now as numbers 5–7.

(5) The *mitzvah* of *zechirat yetzi'at Mitzrayim* does not require more than the mere mention of the fact. No expression of gratitude or praise to the *Ribbono shel Olam* is required.

On the other hand, the *mitzvah* of *sippur yetzi'at Mitzrayim* includes the expectation that the narrative will prompt, naturally, an expression of gratitude and praise.[8] Thus:

---

[7] This is true according to either of Reb Chayyim's two explanations of why *zechirah* is not one of the 613 "official" *mitzvot*.

[8] This required *Hallel* will be the topic of Chapter 2.

<u>פסחים קטז:</u>

<u>משנה</u> – בכל דור ודור חייב אדם לראות את עצמו כאילו הוא יצא ממצרים, שנאמר "והגדת לבנך ביום ההוא לאמר בעבור זה עשה ה' לי בצאתי ממצרים" (שמות יג:ח). לפיכך אנחנו חייבים להודות להלל לשבח לפאר לרומם להדר לברך לעלה ולקלס למי שעשה לאבותינו ולנו את כל הנסים האלו, הוציאנו מעבדות לחרות מיגון לשמחה ומאבל ליום טוב ומאפלה לאור גדול, ומשעבוד לגאולה, ונאמר לפניו הללוקה. עד היכן הוא אומר? בית שמאי אומרים: עד "אם הבנים שמחה". ובית הלל אומרים: עד "חלמיש למעינו מים". וחותם בגאולה. רבי טרפון אומר: אשר גאלנו וגאל את אבותינו ממצרים, ולא היה חותם. רבי עקיבא אומר: כן ה' אלקינו ואלקי אבותינו יגיענו למועדים ולרגלים אחרים הבאים לקראתנו לשלום, שמחים בבנין עירך וששים בעבודתך ונאכל שם (מן הפסחים ומן הזבחים) [מן הזבחים ומן הפסחים] כו', עד ברוך אתה ה' גאל ישראל.

<u>שם קיז:</u>

משנה. מזגו לו כוס שלישי – מברך על מזונו. רביעי – גומר עליו את הלל, ואומר עליו ברכת השיר....

<u>שם קטז.</u>

גמרא – ...אמר ליה רב נחמן לדרו עבדיה: עבדא דמפיק ליה מריה לחירות ויהיב ליה כספא ודהבא, מאי בעי למימר ליה? אמר ליה: בעי לאודויי ולשבוחי.

<u>רמב"ם, הלכות חמץ ומצה, ז:י</u>

כל כוס וכוס מארבעה כוסות האלו מברך עליו ברכה בפני עצמה... כוס רביעי גומר עליו את ההלל ומברך עליו ברכת השיר.

<u>רמב"ם, שם – פרק ח</u>

<u>הלכה ה</u>

ואומר: לפיכך אנו חייבין להודות להלל לשבח לפאר להדר לרומם לגדל ולנצח למי שעשה לנו ולאבותינו את כל הנסים האלו והוציאנו מעבדות לחירות מיגון לשמחה ומאפלה לאור גדול ונאמר לפניו הללוקה, הללוקה הללו עבדי ה' וגו' עד חלמיש למעינו מים, וחותם ברוך אתה ה' אלקינו מלך העולם אשר גאלנו וגאל את אבותינו ממצרים והגיענו ללילה הזה לאכול בו מצה ומרורים, ובזמן הזה מוסיף כן ה' אלקינו ואלקי אבותינו יגיענו למועדים ולרגלים אחרים הבאים לקראתנו לשלום שמחים בבנין עירך וששים בעבודתך ונאכל שם מן הזבחים ומן הפסחים שיגיע דמם על קיר מזבחך לרצון ונודה לך שיר חדש על גאולתנו ועל פדות נפשנו ברוך אתה ה' גאל ישראל, ומברך בורא פרי הגפן ושותה הכוס השני.

הלכה י

ואחר כך נוטל ידיו ומברך ברכת המזון על כוס שלישי ושותהו, ואחר כך מוזג כוס רביעי וגומר עליו את ההלל, ואומר עליו ברכת השיר והיא יהללוך ה' כל מעשיך וכו',... ויש לו למזוג כוס חמישי ולומר עליו הלל הגדול והוא מהודו לה' כי טוב עד על נהרות בבל, וכוס זה אינו חובה כמו ארבעה כוסות, ויש לו לגמור את ההלל בכל מקום שירצה אע"פ שאינו מקום סעודה.

(6) (This distinction is meaningful only within the Rambam's conception of the parameters of *sippur yetzi'at Mitzrayim*.) The *mitzvah* of *zechirat yetzi'at Mitzrayim* includes reference to *keri'at yam suf* as well, whereas the *mitzvah* of *sippur yetzi'at Mitzrayim* is restricted to the events of the fifteenth of Nisan.[9]

The following *Tosefta* is relevant:

תוספתא ברכות ב:א

הקורא את שמע צריך להזכיר יציאת מצרים באמת ויציב.

רבי אומר צריך להזכיר בה מלכות.

אחרים אומרים צריך להזכיר בה מכת בכורות וקריעת ים סוף.

(7) The *mitzvah* of *zechirat yetzi'at Mitzrayim* does not incorporate any *talmud Torah*, while the mitzvah of *sippur yetzi'at Mitzrayim* does.[10] Thus:

פסחים קטז.

משנה.... ודורש מ"ארמי אובד אבי" (דברים כו) עד שיגמור כל הפרשה כולה.

---

[9] See n. 2 above.

[10] On p. 39 of the *Haggadah* entitled *Si'ach ha-Grid*, Rabbi Lichtenstein reports two observations of the Rav:

(a) The term *sippur* can also have the connotation of *limmud*, as in Tehillim 119:13 –

בשפתי ספרתי כל משפטי פיך.

אבן עזרא : ...שספרתי ולמדתי משפטיך לאנשי דורי.

(b) The element of *talmud Torah* within the *mitzvah* of *sippur* is reflected in the language of the Mishnah – ולפי דעתו של בן אביו מלמדו; we would have expected:

ולפי דעתו של בן אביו מספר לו.

רמב"ם, הלכות חמץ ומצה – פרק ז
הלכה ד

וצריך להתחיל בגנות ולסיים בשבח... והוא שידרוש מארמי אובד אבי עד שיגמור כל
הפרשה, וכל המוסיף ומאריך בדרש פרשה זו הרי זה משובח.[11]

On the basis of this required component of *talmud Torah* in the
performance of *sippur yetzi'at Mitzrayim*, the Rav suggested that the
introductory exclamation in the *Haggadah*:

ברוך המקום ברוך הוא; ברוך שנתן תורה לעמו ישראל ברוך הוא. כנגד ארבעה בנים
דברה תורה....

should be understood as a *birchat ha-Torah* before we begin to cite and
interpret *pesukim*. The Rav was later gratified to find that the Ritva had
already implied this in his commentary to the *Haggadah*:[12]

וז"ל ברוך המקום שנתן תורה לעמו ישראל וכו' – מפני שצריך לדרוש ד' פסוקים חלוקים
בעניינם שנאמרו בתורה בעסק ד'. בנים, לכך מתחיל לברך את ה' שנתן לנו תורה שלמה.

J.

This chapter has emphasized the differences between the two *mitzvot* of
zechirah and *sippur*. Let us conclude by calling attention to the
complementary dimension of their relationship. Our text is a passage in the
Ha'amek Davar, by the Netziv on *Devarim* 16:3 (*le-ma'an tizkor...*).

---

[11] This call (in *halachah daled*) to elaborate in the interpretation of the *pesukim* is
independent of the earlier statement:

הלכה א : מצות עשה של תורה לספר בנסים ונפלאות שנעשו לאבותינו במצרים... וכל המאריך
בדברים שאירעו ושהיו הרי זה משובח.

[12] It was published at the end of *Pesachim* in the Mossad ha-Rav Kook edition of the
Chiddushei ha-Ritva (page 22 in the back of the volume).

Rabbi Lichtenstein, in a note on page 40 of *Si'ach ha-Grid*, points to the same idea in
Shibbolei ha-Leket, chapter 218. The author – R. Tzidkiya b. Avraham, who lived in
Rome during the second half of the 13th century – wrote:

וז"ל ברוך שנתן תורה לישראל ברוך הוא – יש מפרשין לפי שרצו לדרוש מקראות הללו הכתובים
ארבעה בנים, מתחיל בברכות התורה. וכן פירש רבינו ישעיה זצ"ל התחלת הדרשה היא ומברך תחילה
ואח"כ דורש עכ"ל.

למען תזכור וגו' – וכמו שהאב מספר לבנו מעשה שיש בו מוסר, והספור ארוך כדי שעה; ובכל יום מזכירו ברמז קל כל הסיפור, ובכל שנה חוזר ומספר מחדש כדי שיעשה שורש בלבבו; כך מצוה לעשות ספור ארוך בזה הלילה, ובכל יום סגי בזכירה לבד.

There is a reciprocal, mutually reinforcing, relationship between the daily *mitzvah* of *zechirah* and the once-a-year *mitzvah* of *sippur*. As Rabbi Yitzchak Twersky *zt"l*, the Rav's son-in-law and devoted disciple, formulated it: the daily *zechirah* provides a substratum and a context which gives greater meaning to the annual performance of *sippur*. On the other hand, the cursory mention that satisfies the halachic requirement for *zechirah* would become stale and hollow without the periodic infusion of the detailed and passionate[13] narrative required on the night of the fifteenth of Nisan.[14]

K.

משלי – פרק ט, פסוק ט

תן לחכם ויחכם עוד....

רלב"ג

תן לחכם – דבר חכמה – ויחכם עוד בה... יוסיף עליו להשלים החקירה בה....

---

[13] This is implicit in the halachic demand:

משנה פסחים קטז:

בכל דור ודור חייב אדם לראות את עצמו כאילו הוא יצא ממצרים....

רמב"ם, הלכות חמץ ומצה – פרק ז, הלכה ו

בכל דור ודור חייב אדם להראות את עצמו כאילו הוא בעצמו יצא עתה משעבוד מצרים....

[14] Rabbi Twersky *zt"l* suggested two analogies:

(a) The relationship of the formal, periodic, *mitzvah* of *ve-samachta be-chagecha* to the ongoing expectation that a Jew will live each day with a sense of *simchah* which derives – generally – from our abiding awareness of the *Ribbono shel Olam*'s immanence in our lives, and – specifically – from the *simchah shel mitzvah* which we should experience regularly. It would be unrealistic to reach for a state of *u-s'machtem lifnei Hashem* on Yom Tov if we did not have the continuous substratum of *simchah*; conversely, the intense, focused, experience of *simchat Yom Tov* enriches our year-round state of *simchah*.

(b) The relationship of the once-a-year observance of Tish'ah be-Av to the halachic requirement for year-round mourning for the loss of the *beit ha-mikdash*.

(ועיין שו"ע או"ח, סי' א', סעיף ג; וסי' תק"ס.)

Those readers who would like to pursue more comprehensive, and/or more nuanced, treatments of the central theme of this chapter are directed to:

(א) פרי מגדים על או"ח, פתיחה כוללת, הל' ק"ש, אות ד'.

(ב) שו"ת שאגת אריה, סימנים ח–יג.

Chapter 2

Hallel at the *Seder*

A.

In this chapter we shall explore the following questions:

(1) Is *Hallel* at the *Seder* required *mi-d'oraita* or *mi-d'rabanan*?

(2) What is the relationship of *Hallel* to the other *mitzvot* performed at the *Seder*?

(3) Why is this *Hallel* divided into two segments (the first segment is recited before the second *kos*, the second segment is recited before the fourth *kos*)?

Our sources for the Rav's contributions to this topic are drawn from:

(1) The first three pages of the opening *shiur* in *Shiurim le-Zecher Abba Mari*, vol. 1.

(2) "*Be-Inyan Sippur Yetzi'at Mitzrayim*," *Shiurim le-Zecher Abba Mari,* vol. 2 (particularly pp. 160–61).

(3) "The Mitzvah of Sippur Yetzi'at Mitzrayim" in Abraham R. Besdin, *Reflections of the Rav* (particularly pp. 215–16).

(4) *Nor'ot ha-Rav*, vol. 4 (1997; ed. B. David Schreiber), pp. 1–35.

(5) *Nor'ot ha-Rav*, vol. 8 (1998; ed. B. David Schreiber), pp. 53–58.

(6) The edition of the *Haggadah* entitled *Si'ach ha-Grid*, prepared by the Rav's grandson Rabbi Yitzchak Lichtenstein (particularly pp. 37–38, 88–89).

(7) The tape of a *shi'ur* delivered by Rabbi Yonason Sacks of Passaic, N.J. entitled "The Pesach Seder."[1]

---

[1] I refer to the third tape (#403) in a set of six tapes. See Chapter 1, n. 1.

B.

In Chapter I we saw that Reb Chayyim of Brisk, the Rav's grandfather, identified four distinctions between *mitzvat zechirat yetzi'at Mitzrayim* and *mitzvat sippur yetzi'at Mitzrayim*, and that amongst the three distinctions added by the Rav was the following: *mitzvat zechirat yetzi'at Mitzrayim* does not demand more than the mere mention of the fact; no expression of gratitude or praise to the *Ribbono shel Olam* is required. On the other hand, *mitzvat sippur yetzi'at Mitzrayim* includes the expectation that the narrative will prompt, naturally, an expression of gratitude and praise. The sources we marshalled from the Mishnah, the *Gemara* and the Rambam's *Mishneh Torah* do not indicate whether this requirement for *Hallel* is biblical or rabbinic in origin.

The Rav *zt"l* used to emphasize that although our recitation of *Hallel* during the rest of the year is *mi-d'rabanan*,[2] at the *Seder* it is part of the *mitzvah d'oraita* of *sippur yetzi'at Mitzrayim*. In support of this contention he used to refer to the following passages in the Rambam's *Sefer ha-Mitzvot* and in the *Sefer ha-Chinuch*.

<u>ספר המצות להרמב"ם – מצות עשה – מצוה קנז</u>

היא שצונו לספר ביציאת מצרים בליל חמשה עשר מניסן בתחלת הלילה כפי צחות לשון המספר וכל מי שיוסיף במאמר ויאריך הדברים בהגדלת מה שעשה לנו השם ומה שעשו לנו המצרים מעול וחמס ואיך לקח השם נקמתנו מהם <u>ובהודות לו על מה שגמלנו מחסדיו</u> יהיה יותר טוב כמו שאמרו כל המספר ביציאת מצרים הרי זה משובח והכתוב שבא על הצווי הזה הוא אמרו והגדת לבנך ביום ההוא וגו' ובא הפירוש והגדת לבנך יכול מראש חדש תלמוד לומר ביום ההוא אי ביום ההוא יכול מבעוד יום תלמוד לומר בעבור זה לא אמרתי אלא בשעה שיש מצה ומרור מונחים לפניך כלומר מתחלת הלילה אתה חייב לספר ולשון מכילתא מכלל שנאמר כי ישאלך בנך יכול אם ישאלך אתה מגיד לו ואם לאו אין אתה מגיד לו תלמוד לומר והגדת לבנך אע"פ שלא שאלך אין לי אלא בזמן שיש לו בן בינו לבין עצמו בינו לבין אחרים מנין תלמוד לומר ויאמר משה אל העם זכור את היום הזה כלומר שהוא צוה לזכרו כמו אמרו זכור את יום השבת לקדשו וכבר ידעת לשון

---

[2] See, for example:

<u>רמב"ם, משנה תורה – הלכות חנוכה ג:ו</u>

ולא הלל של חנוכה בלבד הוא שמדברי סופרים, אלא קריאת ההלל לעולם מדברי סופרים בכל הימים שגומרין בהן את ההלל.

אמרם אפילו כלנו חכמים כלנו נבונים כלנו יודעים את התורה כלה מצוה עלינו לספר ביציאת מצרים וכל המספר ביציאת מצרים הרי זה משובח וכבר התבארו משפטי מצוה זו בסוף פסחים.

ספר החינוך – מצוה כא

מצות סיפור יציאת מצרים: לספר בענין יציאת מצרים בליל חמשה עשר בניסן כל אחד כפי צחות לשונו, ולהלל ולשבח השם יתברך על כל הנסים שעשה לנו שם, שנאמר (שמות יג, ח') "והגדת לבנך וגו'". וכבר פירשו הכמים דמצות הגדה זו היא בליל חמשה עשר בניסן בשעת אכילת מצה.

On the other hand, the *Ba'alei Tosafot* in *Megillah* 21a seem to be of the opinion that *Hallel* at the *Seder* is not *d'oraita* (and is, thus, not different in this respect from *Hallel* throughout the year).

תוספות מגילה כא.

לאתויי אכילת פסחים ודלא כרבי אלעזר ב"ע – מ"מ נראה דהלכה כר' אלעזר דהא איכא סתמא בערבי פסחים (פסחים קכ: ושם) דקאי כוותיה דתנן הפסח אחר חצות מטמא את הידים וכן משנה באיזהו מקומן (זבחים דף נו:) וסתמא בסוף פ"ק דברכות (דף ט.) גבי מעשה ובאו בניו של רבן גמליאל מבית המשתה וכו' אמר להם כל מה שאמרו חכמים עד חצות מצותן עד שיעלה עמוד השחר ואילו אכילת פסחים לא קתני ומוקי לה כראב"ע דאמר עד חצות.

וא"כ צריך למהר לאכול מצה בלילי פסחים קודם חצות ואפילו מצה של אפיקומן שהרי חיוב מצה בזמן הזה הוה דאורייתא, אבל בהלל של אחר אפיקומן אין להחמיר כל כך שהרי מדרבנן הוא.

Are we, then, confronting a *machloket* between the Rambam (in his *Sefer ha-Mitzvot*) and the author of *Sefer ha-Chinuch*, on the one hand, and the *Ba'alei Tosafot* (in *Megillah*), on the other hand, as to the basis of the requirement to recite *Hallel* at the *Seder*?

Before we present the Rav's suggestion to harmonize these views, and before we bolster the *d'oraita* position with citations from Rashi, the Me'iri, and the Ran, it would be helpful to offer some background information about the relationship of the various *mitzvot* that we perform at the *Seder*.

C.

The *pesukim* which relate to the evening of the *Seder* are:

שמות יב:ח

ואכלו את הבשר בלילה הזה צלי אש ומצות על מרורים יאכלוהו.

שמות יג:ח

והגדת לבנך ביום ההוא לאמר בעבור זה עשה ה' לי בצאתי ממצרים.

In these two *pesukim* we have the four *mitzvot* of *korban Pesach*, *matzah*, *maror*, and *sippur yetzi'at Mitzrayim.* The rabbinic sources that provide the halachic parameters for our implementation of these *mitzvot* are:

מכילתא דרבי ישמעאל – בא – פרשה יז

והגדת לבנך. שומע אני מראש חדש ת"ל ביום ההוא, אי ביום ההוא יכול מבעוד יום ת"ל בעבור זה בשעה שיש מצה ומרור מונחים לפניך על שולחנך.

ברכות ט.

דתניא: "ואכלו את הבשר בלילה הזה" – רבי אלעזר בן עזריה אומר: נאמר כאן בלילה הזה ונאמר להלן (שמות יב:יב) "ועברתי בארץ מצרים בלילה הזה" – מה להלן עד חצות, אף כאן עד חצות. אמר ליה רבי עקיבא: והלא כבר נאמר (שם יב:יא) "בחפזון" – עד שעת חפזון! אם כן מה תלמוד לומר בלילה? יכול יהא נאכל כקדשים ביום, תלמוד לומר: "בלילה", בלילה הוא נאכל, ולא ביום.

רש"י

שעת חפזון – שנחפזו לצאת, והיינו עמוד השחר, כדכתיב "לא תצאו איש מפתח ביתו עד בקר" (שמות יב:כב).

יכול יהא נאכל – כשאר קדשים ביום שחיטתו, כדרך תודה שאף היא זמן אכילתה יום אחד, ואוכל והולך כל יום שחיטתה והלילה עד הבקר, כדין תודה, דכתיב "ביום קרבנו יאכל [לא יניח ממנו עד בקר]" (ויקרא ז:טו).

תוספות פסחים צט:

עד שתחשך – ...ואומר הר"י מקורבי"ל דגבי מצה דווקא בעינן "עד שתחשך" כדתניא בתוספתא הפסח ומצה ומרור מצותן משתחשך וטעמא משום דכתיב "ואכלו את הבשר בלילה הזה", ומצה ומרור איתקשו לפסח, אבל סעודת שבת וימים טובים מצי אכיל להו

מבעוד יום כדאמר בפרק תפלת השחר (ברכות דף כז:) "מתפלל אדם של שבת בערב
שבת ואומר קידוש היום מבעוד יום."

Our first *pasuk* (*Shemot* 12:8) links the 3 *mitzvot* of *pesach*, *matzah* and *maror*. The second *pasuk* (*Shemot* 13:8) – as interpreted by the *Mechilta* – limits the fulfillment of *sippur yetzi'at Mitzrayim* ("*ve-higadeta'*") to a time when one can also fulfill the *mitzvot* of *matzah* and *maror*.[3] The *terminus ad quem* is provided by R. Elazar b. Azaryah (in *Berachot* 9a), whose view – *chatzot* (the midpoint between sunset and sunrise) – is normative. The *terminus a quo* is provided by the *Ba'alei Tosafot* (in *Pesachim* 99b, s.v. *ad she-techeshach*) quoting R. Isaac of Corbeille – *tzeit ha-kochavim* ("*mi-she'techeshach*").

On the night of the *Seder*, we thus have to perform these four *mitzvot* (*korban Pesach, matzah, maror, and sippur yetzi'at Mitzrayim*) between *tzeit ha-kochavim* and *chatzot*. We have already seen that the Rambam (in *Sefer ha-Mitzvot* #137) and the author of *Sefer ha-Chinuch* (#21) both assert that the recitation of *Hallel* is an integral part of *mitzvat sippur yetzi'at Mitzrayim*. It follows, therefore, that *Hallel* should be recited during the same time period.

Why, then, did the *Ba'alei Tosafot* in *Megillah* 21a adopt the seemingly anomolous position that

"צריך למהר לאכול מצה בלילי פסחים קודם חצות ואפילו מצה של אפיקומן שהרי חיוב
מצה בזמן הזה הוה דאורייתא, אבל בהלל של אחר אפיקומן אין להחמיר כל כך שהרי
מדרבנן הוא."?

D.

The Rav suggested that there is no *machloket Rishonim* here. Rather, they are each addressing respective segments of *Hallel*. The *Sefer ha-Mitzvot* and the *Sefer ha-Chinuch* are referring to the first part of *Hallel* that we recite before

---

[3] The qualifying clause *be-sha'ah she-yesh matzah u-maror munachim lefanecha* cannot refer to the physical presence of the two; it must refer to the period of time during which those two *mitzvot* may be fulfilled. See the picturesque language of R. Yisrael Isserlein in his *Terumat ha-Deshen* (#137):

...בשעה שיש מצה ומרור מונחים לפניך, ר"ל בשעה שראוי לאכול מצה ומרור, דהא מבעוד יום נמי
היה יכול להניח לפניו.

the second *kos*. The *Ba'alei Tosafot* are commenting on the second part of *Hallel* that we recite before the fourth *kos*.

Is there an intrinsic quality to each of these two segments of *Hallel* that would account for why the first is *mi-d'oraita* – and therefore bound to the segment of time between *tzeit ha-kochavim* and *chatzot* – while the second is *mi-d'rabanan*? We shall return to this question in section F, after we have adduced further evidence that at least part of *Hallel* at the *Seder* is *d'oraita*. It is thus highly unlikely that the *Ba'alei Tosafot* would insist that the *Hallel* that we recite at the *Seder* is entirely *mi-d'rabanan*.

That *Hallel* at the *Seder* is a *mitzvah mi-d'oraita* is corroborated by Rashi's explanatory comment in *Pesachim* 36a:

פסחים לו.

...דאמר שמואל: "לחם עני" (דברים טז:ג) – לחם שעונין עליו דברים הרבה.

רש"י

שעונין עליו דברים – שגומרים עליו את ההלל, ואומרים עליו הגדה.

The Me'iri later in *Pesachim* makes a similar comment:

פסחים קטו:

אמר שמואל: "לחם עני"ל – חם שעונין עליו דברים.

תניא נמי הכי: "לחם עני" – לחם שעונין עליו דברים הרבה.

המאירי (שם)

זה שקראה תורה לחם זה "לחם עוני" – רמז יש בו להרבה דברים.

הוא שאמרו: לחם עוני – שעונין עליו דברים הרבה, ר"ל הגדה <u>והתחלת הלל</u>.[4]

Further support is found in the Ran in his commentary to R. Yitzchak al-Fasi's *Sefer Halachot* at the end of the second *perek* of *Megillah* (p. 7a in the Rif; s.v. *zeh ha-kelal*):

---

[4] The Me'iri's language (*hatchalat* Hallel) supports the Rav's observation that the *Ba'alei Tosafot* specifically identified *Hallel shel achar ha-afikoman* as rabbinic in origin. Rashi's choice of words (*she-gomrin alav et ha-Hallel*) should be understood in light of the discussion in *Tosafot Berachot* 14a (*s.v. yamim*). The verb *ligmor* in its liturgical connotation does not mean "to finish"; it means "to recite."

...לא פסיקא לן הלכתא כמאן [כראב"ע או כר"ע] ולפיכך צריך להזהר שלא לאכול מצת מצוה שבלילי פסחים אחר חצות. וכן בהלל שבלילי פסחים החמירו בתוס' שלא לקרותו אחר חצות.[5]

Notice the Ran's reference to the view of the *Ba'alei Tosafot*:

וכן בהלל שבלילי פסחים החמירו בתוס' שלא לקרותו אחר חצות.

In our editions of *Tosafot*, however, we have:

אבל בהלל של אחר אפיקומן אין להחמיר כל כך שהרי מדרבנן הוא.

Did the Ran have a variant tradition of the opinion espoused by the *Ba'alei Tosafot*? Alternatively, is he citing a different view amongst the *Ba'alei Tosafot* (in other words, were there conflicting opinions within the various schools of the *Ba'alei Tosafot* themselves)?

Or – a third possibility – is the Ran implicitly supporting the Rav's proposal to avert a *machloket Rishonim*? Thus, the Ran might be limiting his statement to "*Hallel shel lifnei afikoman*" (i.e., that part of *Hallel* which is recited *be-sha'ah she-yesh matzah u-maror munachim lefanecha*). It is this first part of *Hallel* at the *Seder* that all Rishonim would then agree is *mi-d'oraita* and therefore must be recited before *chatzot* in order to comply with the *terminus ad quem* for eating *pesach-matzah-maror*[6] identified by R. Elazar b. Azarya – either because his view was adopted as normative (the opinion of *Tosafot Megillah* 21a) or because his dispute with R. Akiva was not resolved halachically, and we simply "play it safe" by complying with the more stringent view (the opinion of the Ran).

E.

Before we encounter the Rav's analysis of the difference between the two different segments of Hallel (in section F), let us see one last proof cited by the Rav to support the view that there is a biblical obligation to recite *Hallel* at the *Seder*.

---

[5] The Ran's use of the term *lefichach* requires brief comment. How does the fact that he (the Ran) considers the *machloket* between R. Elazar b. Azaryah and R. Akiva (about how late we may eat the *korban Pesach*) to be unresolved lead to the logical conclusion (*lefichach*) that one should eat the *matzah* before *chatzot*? This is a further reflection of the link between *korban Pesach*, *matzah*, *sippur yetzi'at Mitzrayim* and *Hallel*.

[6] This time restriction also governs, as we have seen, the fulfillment of *sippur yetzi'at Mitzrayim* and its integral component – *Hallel*.

The *pasuk* that presents *mitzvat sippur yetzi'at Mitzrayim* is

והגדת לבנך ביום ההוא לאמר.... (שמות יג: ח)

This verb *ve-higadeta* was then adopted by *Chazal* – in noun form – when they referred to the fulfillment of *sippur yetzi'at Mitzrayim*. Thus:

פסחים קטו:

ואין עוקרין את השלחן אלא לפני מי שאומר הגדה.

רש"י

ואין עוקרין את השלחן – אין צריך להגביה קערה כשמתחיל הגדה אלא מלפני הגדול שבהן שעושה הסדר ואומר ההגדה.

שם קטז:

אמר רב אחא בר יעקב: סומא פטור מלומר הגדה.... איני? והאמר מרימר: שאלתינהו לרבנן דבי רב יוסף: " מאן דאמר אגדתא בי רב יוסף?" אמרו:רב יוסף. "מאן דאמר אגדתא בי רב ששת?" אמרו:רב ששת. – קסברי רבנן: מצה בזמן הזה דרבנן. מכלל דרב אחא בר יעקב סבר מצה בזמן הזה דאורייתא? והא רב אחא בר יעקב הוא דאמר מצה בזמן הזה דרבנן!⁷

רש"י

רב יוסף ורב ששת – מאורי עינים היו.

This biblical verb *ve-higadeta,* and thus its rabbinically-derived noun form *haggadah* or (in Aramaic) *aggadeta*, includes the connotation of "praise." For example:

דברים כו:ג

ובאת אל הכהן אשר יהיה בימים ההם ואמרת אליו הגדתי היום לה' אלקיך כי באתי אל הארץ אשר נשבע ה' לאבתינו לתת לנו.

תרגום יונתן

...ותיעלון לות כהנא די יהוי ממני לכהן רב ביומיא האינון ותימרון ליה אודינן יומא דין קדם ה' אלקך ....

---

⁷ The assumption of the *Gemara* that the nature of the obligation to eat *matzah* should determine whether a blind person is obligated to fulfill *sippur yetzi'at Mitzrayim* is yet one more indication of the link between these *mitzvot*.

תרגום ירושלמי

...ותיתי לות כהנא די יהוי ממנא כהן רב ביומיא האינון ותמרון ליה <u>אודינן ושבחינן</u> יומא הדין קדם ה' אלקא....

The Rav noted that the Avudraham had already called attention to this meaning of *ve-higadeta*:

"ונקראה הגדה על שם "והגדת לבנך..."". ועוד שמגיד בה ענין יציאת מצרים, הנסים ונפלאות שעשה עמנו הקב"ה באותו זמן. ויש מפרשים "הגדה" שהוא לשון הודאה ושבח להקב"ה על שהוציאנו מארץ מצרים כמו שמתרגם בירושלמי "הגדתי היום לה' אלקיך" – שבחית יומא דין. וכן תרגמו רבנו סעדיה בערב".[8]

We thus see that reciting *Hallel* at the *Seder* is *mi-d'oraita*.

F.

We introduced this chapter by listing three questions:

(1) Is *Hallel* at the *Seder* required *mi-d'oraita* or *mi-d'rabanan*?
(2) What is the relationship of *Hallel* to the other *mitzvot* performed at the *Seder*?
(3) Why is this *Hallel* divided into two segments (the first segment is recited before the second *kos*, the second segment is recited before the fourth *kos*)?

We have addressed comprehensively the first two questions. We come now to the third. We are privileged to have a tape of a *shiur* on the *Haggadah* delivered by the Rav *zt"l* on *Motza'ei Shabbat ha-Gadol* 5732 (March 25, 1972). What follows is essentially a transcription of the Rav's own words. Notwithstanding minor editorial revisions, prompted by the differences between an oral and a written presentation, the tone of the original delivery has been retained. This accounts for the Ashkenazic transliterations and for the occasional emphatic repetitions.

The question which I would raise is that we split *Hallel* into two unequal parts. For the earlier section of the *Haggadah* we borrow just two psalms from the *Hallel* – *Hallelukah, hallelu avdei Hashem*, and

---

[8] See *Excursus* I.

B'tzeis Yisrael mi-Mitzrayim [*Tehillim* 113 and 114] – while for the fourth cup we recite all the rest – from *Lo lanu* down through *Hodu laShem ki tov ki l'olam chasdo* [*Tehillim* 115–118].

What is the difference between the two psalms that we recite over the second cup and the balance of *Hallel* that is recited over the fourth cup? It was not just an incidental split. Apparently, the rest fits more into the context of the fourth cup, while the first two psalms are related to the theme of the second cup.

If you analyze the various chapters, you will see that the first two are purely thanksgiving and hymnal chapters. It is praise exclusively; there is not a single petition or request. It is *shevach v'hoda'ah* exclusively; there is nothing else. *Hallelukah, hallelu avdei Hashem…Mi-mizrach shemesh ad mevo'o mehullal shem Hashem…Ram al kol goyim Hashem, al ha-shamayim kevodo. Mi ka-Shem Elokeinu ha-magbihi lashaves, ha-mashpili lir'os ba-shamayim u-va'aretz.* You speak about past events, very important events, which are inseparably connected with our destiny. Then you say: *B'tzeis Yisrael mi-Mitzrayim, beis Ya'akov me'am lo'ez; hay'sah Yehudah le'kodsho, Yisrael mamshelosov.* You describe how people who were downtrodden and oppressed, in bondage and in servitude, have been suddenly raised to a high level of freedom, and how a new nation was born.

Those two chapters fit beautifully into the context of the *Haggadah.*[9] They are just *shevach v'hoda'ah.*

On the other hand, the psalms from *Lo lanu* down – through *Ahavti ki yishma…; Min ha-meitzar karasi; Anah Hashem hoshi'ah nah, anah Hashem hatzlichah nah* – are very strange. As a matter of fact, I sometimes ask myself why those chapters were integrated into *Hallel.* There is, perhaps, more petition than praise. You express thanksgiving, and in the next verse you ask for something.

Take, for instance: *Lo lanu, Hashem, lo lanu – ki l'shimcha tein kavod…Lamah yomru ha-goyim ayei Elokeihem…* As a matter of fact, it contradicts the whole spirit of *yetzi'as Mitzrayim.* At *yetzi'as Mitzrayim* God's name was glorified and exalted – *ve-yade'u Mitzrayim ki ani*

---

[9] The Rav here uses the term in its limited sense, designating the liturgical recitation beginning with *Mah nishtanah* and ending with the second cup.

Hashem...[*Shemot* 7:5 and 14:4, 18]. Everyone admitted that God is omnipotent and omnipresent. Suddenly, you ask a question: *Lamah yomeru ha-goyim ayei Elokeihem.* And the next psalm is: *Ahavti ki yishma...afafuni chevlei maves, u-mitzarei she'ol mitza'uni; tzarah ve-yagon emtzah, u-v'shem Hashem ekrah – Anah Hashem maltah nafshi.* This is completely different [from the triumphal tone of *B'tzeis Yisrael mi-Mitrayim*]!

In *Yahadus*, there is no pure praise in our liturgy. There cannot be pure praise, without *tefillah*, because the *halachah* is – as the Mishnah has formulated it in *Ha-Ro'eh* [the ninth chapter of *Berachot*] – *nosein hoda'ah le-she'avar*, he praises God and thanks Him for past events which already occurred; *ve-tzo'ek le'asid lavo*, and he prays and petitions God for the future. Man is never secure. There is no security according to *Yahadus*, and the fact that I am happy now does not mean that I'll be happy the next day.

Now you understand why the *Hallel* was divided in such a manner. Into the first part of the *Haggadah*, the element of *tefillah* was not introduced at all. In the first part of the *Haggadah* – after you finish the narration of *d'tzach, adash, be-ach'av*, or of *Rabban Gamliel hayah omeir* – when you say *Le'fichach anachnu chayavim l'hodos l'hallel*, you have only one duty: you are just obligated *l'hodos, l'hallel, l'shabe'ach, l'fa'er, l'romem* – to glorify and to extol, to praise and to give thanks. Nothing else! No petition, no *tefillah* – nothing! We forget for a while that we are human; that after *yetzi'as Mitzrayim* we went through many more experiences, and that not all our historical experiences were very pleasant; that we were *avadim* quite a number of times, perhaps under conditions much worse than the conditions that prevailed in *Mitzrayim*; when we offered up millions of sacrifices, when there was so much blood and so much martyrdom. The first time we forget all about it. We offer just praise.

And actually, the sections that consist exclusively of hymnal praise, without any petitional motif, are only those two – *Hallelukah* and *B'tzeis*.

Take, for instance, *Min ha-meitzar karasi Koh, anani va-merchav Koh. Hashem li, lo irah; mah ya'aseh li adam.* At first, the impression is conveyed that, again, it's a chapter of praise exclusively. Then you say: *Zeh hayom asah Hashem, nagilah ve-nismechah vo*; so it seems to culminate in an outcry of joy, in the shouting of the happy person.

But right away you say: *Anah Hashem hoshi'ah nah, anah Hashem hatzlichah nah*. It's part of this chapter of *Min ha-meitzar*. That it's printed in our Siddurim with big letters doesn't mean it's a separate chapter. It's part of the chapter *Min ha-meitzar* [see *Tehillim* 118]. This seems to be jarringly discontinuous. You just said: *zeh hayom asah Hashem, nagilah ve-nismechah vo* – this is the day of joy, and happiness and bliss! But at the very instant when you achieve the height of bliss, of joyousness, you feel how unhappy you are, how insecure you are, how much help you still need from God. You say: *Anah Hashem hoshi'ah nah!*

So, over the fourth cup we recite not only *Hallel*, but *Hallel* and *tefillah* as well. Praise and petition. We not only give thanks to *Hakodosh Boruch Hu*; we intercede with him as well. It is not only a shout of joy, but an outcry of pain as well. It's very strange. The structural pattern is dialectical. There is an inner contradiction. The happy person feels that he still needs help and salvation. *Zeh hayom asah Hashem, nagilah ve-nismechah vo* – this is the thesis. The antithesis is: *Anah Hashem hoshi'ah nah*. That's the fourth cup.[10]

Why did Chazal choose those sections for the fourth cup? The fourth cup is not related to *yetzi'as Mitzrayim*. The fourth cup is related to the final act of redemption, which will usher in the messianic as well as the eschatlological era; when *ge'ulah* will be complete, and all promises will be consummated; all pledges on the part of God will be fulfilled.

We are in need of *ge'ulah*, the greatest of all *ge'ulos* – namely, the messianic redemption. That's why the psalms dealing with that don't consist of pure praise. There is, rather, a mixture of praise and petition, of joy and fear, of happiness and distress.

---

[10] The Rav's characterization of the dialectical nature of the second part of *Hallel* corresponds to his analysis of the combined two-day observance of Ta'anit Esther and Purim. Since the *Gemara* in *Megillah* 6b establishes a link, thematically, between Purim and Pesach (*mismach ge'ulah le-geu'lah*), we have devoted *Excursus* II to this topic.

That's why Hallel was divided into those two parts.

This philosophical analysis by the Rav of the distinction between the two segments of *Hallel* at the *Seder* offers a basis to understand the halachic distinction we have seen in Rishonim between the *Hallel* recited on the second *kos* (*be-sha'ah she-yesh matzah u-maror munachim lefanecha*) and the *Hallel* recited on the fourth *kos* (*shel achar afikoman*).[11]

G.

We established earlier (in section C), on the basis of the *Mechilta*, that the *mitzvah* of *ve-higadeta* (that is, the *mitzvah* of *sippur yetzi'at Mitzrayim*) has to be fulfilled *be-sha'ah she-yesh matzah u-maror munachim lefanecha*, and that *Hallel* at the *Seder* is part of our fulfillment of *ve-higadeta*. It is clear that our recitation of the first part of *Hallel*, before the second *kos*, complies with this demand; the *matzah* and *maror* are still on the table, since the *Seder* calls for them to be eaten after the second *kos*. However, asked the Rav, doesn't the later recitation of the second part of *Hallel* (after even the *afikoman* has been eaten) violate this requirement? After all, there is no longer any *matzah u-maror munachim lefanecha*.

The Rav strengthened his question by citing the ruling of the *Rama*:

שולחן ערוך אורח חיים – תעז:א

לאחר גמר כל הסעודה אוכלים ממצה השמורה תחת המפה כזית כל אחד, זכר לפסח הנאכל על השובע, ויאכלנו בהסיבה ולא יברך עליו, ויהא זהיר לאכלו קודם חצות. [הגה] (ויקדים עצמו שגם ההלל יקרא קודם חצות) (ר"ן פ' ע"פ וסוף פ"ב דמגילה).

This *Rama* reinforces what we have seen earlier: that the recitation of *Hallel* is governed by the times within which one may fulfill the *mitzvah* of *matzah* (that is, before *chatzot* according to the view of R. Elazar b. Azaryah in *Berachot* 9a). How, then, may we recite the second part of *Hallel* if there is no longer any *matzah*?

The Rav, to address this question, pointed to an otherwise puzzling formulation of the Rambam:

---

[11] The Tashbetz reports that the Maharam of Rothenberg would recite two *berachot*: one for the *Hallel* before the *se'udah*, and one for the *Hallel* after the *se'udah*. See Rav Hershel Schachter, *Mi-Peninei Ha-Rav* (New York, 2001), pp. 92–93.

<u>רמב"ם, הלכות חמץ ומצה ח:ט</u>
ואחר כך נמשך בסעודה ואוכל כל מה שהוא רוצה לאכול ושותה כל מה שהוא רוצה לשתות, ובאחרונה אוכל מבשר הפסח אפילו כזית ואינו טועם אחריו כלל, ובזמן הזה אוכל כזית מצה ואינו טועם אחריה כלום, כדי שיהיה הפסק סעודתו <u>וטעם בשר הפסח או המצה בפיו שאכילתן היא המצוה.</u>

Since the *sippur yetzi'at Mitzrayim*, of which *Hallel* is a component, has to be performed *be-sha'ah she-yesh matzah u-maror munachim lefanecha*, the lingering taste of *matzah* – suggested the Rav – serves as the link to enable us to continue with our *sippur/Hallel* even after the *afikoman* has been eaten. The Rav supported his suggested nexus of the *ta'am ha-matzah* with *sippur/Hallel* on the basis of a ruling by the *Ba'al ha-Ma'or.*

<u>בעל המאור, סוף פסחים (כו: בדפי הרי"ף)</u>
והא דתנן אין מפטירין אחר הפסח אפיקומן יש פירשו טעם של דבר... ואין טעם זה מספיק לנו.... ונ"ל טעם דבר זה ...שלא יפסיד קריאת ההלל...;... מאחר שפירשנו טעם אין מפטירין אחר הפסח ואחר המצה אפיקומן שלא ישכח מלומר את ההלל, אחר שגמר את ההלל מה לנו עליו בכל מה שיעשה? ואם אכל מצה וחזר ואכל כל הלילה מה עבירה היא בידו?....

Although this view of the *Ba'al ha-Ma'or* did not become normative,[12] it does reinforce the Rav's conceptual linkage of the *ta'am ha-matzah* with *sippur/Hallel.*[13]

Excursus I

It is interesting that the Rav, on another occasion, saw in the term *ve-higadeta* a reference to *talmud Torah* as a necessary component of *sippur*

---

[12] The *Shulchan Aruch*'s formulation, for example, does not contain even a hint that the prohibition terminates at *chatzot.* It is, rather, widely accepted as operative throughout the rest of the night.

<u>שולחן ערוך אורח חיים, תעח:א</u> – "אחר אפיקומן אין לאכול שום דבר."

[13] See *Nor'ot ha-Rav*, ed. B. David Schreiber, vol. 4 (1997), 13–14. For a further application of this approach, see *Excursus* III.

yetzi'at Mitzrayim. In a *shiur* on *Motza'ei Shabbat Parah* 5728 (March 23, 1968), the Rav developed the following:

Chazal employ the term *haggadah* to refer to our liturgical recitation in fulfillment of *mitzvat sippur yetzi'at Mitzrayim* [for example, in *Pesachim* 115b cited above]. The Rambam, following Chazal, did the same. Thus:

רמב"ם, הלכות חמץ ומצה ז:ה

כל מי שלא אמר שלשה דברים אלו בליל חמשה עשר לא יצא ידי חובתו ואלו הן, פסח מצה ומרור, פסח על שם..., מרורים על שם....., מצה על שם..., ודברים האלו כולן הן הנקראין הגדה.

Why, asked the Rav, was the term *sippur* not used? After all, there are two *pesukim*:

שמות יג:ח

והגדת לבנך ביום ההוא לאמר...

שמות י:ב

ולמען תספר באזני בנך ובן בנך...

The answer, suggested the Rav, is based on the response of the *Ba'al ha-Haggadah* to the *ben chacham*:

אף אתה אמור לו כהלכות הפסח, אין מפטירין אחר הפסח אפיקומן.

This is understood to mean that we should teach the *ben chacham* the various laws of Pesach, up to and including the final Mishnah of *Pesachim*. It is thus interpreted as if it had read

"...כהלכות הפסח, עד "אין מפטירין אחר הפסח אפיקומן."

So it is not sufficient, argued the Rav, to merely relate the story of *yetzi'at Mitzrayim.* There must be a component of *talmud Torah* in the fulfillment of *sippur yetzi'at Mitzrayim.*

Further evidence, continued the Rav, can be adduced from the story of the Tana'im studying all night in Bnai Brak. The Rav asked two questions: (1) Why did it take them all night to recount the details of the exodus? (2) Why is this report followed by the statement of R. Elazar b. Azaryah that we know from the Mishnah in *Berachot*? What is its relevance to the fulfillment of *mitzvat sippur yetzi'at Mitzrayim*?

The answer to both questions, suggested the Rav, can be found in the Rambam's version of the *Haggadah*. His *nusach* is:

מעשה ברבי אליעזר ורבי יהושע ורבי אלעזר בן עזריה ורבי עקיבה ורבי טרפון שהיו
מסובין בבני ברק והיו מספרין ביציאת מצרים כל אותו הלילה עד שבאו תלמידיהם ואמרו
להם רבותינו הגיע זמן קרית שמע של שחרית.
אמר להם רבי אלעזר בן עזריה הרי אני כבן שבעים שנה...

The one additional word, *lahem*, which we do not have in our *Haggadot* is critical. It tells us that it was precisely on that occasion that R. Elazar b. Azaryah made his comment about fulfilling *zechirat yetzi'at Mitzrayim* at night. Although this halachic discussion did not contribute to their narration of the story of *yetzi'at Mitzrayim,* it constituted an exercise in *talmud Torah.* Apparently, then, *talmud Torah* is an indispensable component of *sippur yetzi'at Mitzrayim.*

The Rav pointed further to the comment of *Hagahot Maimoniyot* on the Rambam's *Haggadah (*on the story of the five Tana'im in Bnai Brak):

הגה"מ, או"ק ג' – תניא בתוספתא פרק בתרא דמכילתין: מעשה ברבן גמליאל וזקנים
שהיו מסובין בבית ביתוס בן זונין בלוד והיו עסוקין בהלכות הפסח כל הלילה עד קרות
הגבר הגביהו מלפניהן ונועדו והלכו להן לבית המדרש.

Hence, the Rav concluded, "*ve-higadeta le-vincha* means more than just telling a story; it refers also to the *masorah. Ko somar le-beis Yaakov ve-saged livnei Yisoel. The mesiras ha-Torah, the nesinas ha-Torah, comes under the term 'haggadah.'* That's why it is called *haggadah* and not *sippur. Ve-higadeta le-vincha* means that not only the *sippur* is important, but also that which goes hand in hand with the narrative – namely, our tradition, our Torah."

We should note that although this elaborate presentation by the Rav concerning the role of *talmud Torah* within the performance of *mitzvat sippur yetzi'at Mitzrayim* stands in contrapuntal relationship to his use of the term *ve-higadeta* as a basis for *Hallel*, it does reinforce his contribution to the list of differences between *zechirat yetzi'at Mitzrayim* and *sippur yetzi'at Mitzrayim.* See Chapter I, where the seventh distinction lies in the fact that *talmud Torah* plays no role in the former, but is an integral part of the latter.

Excursus II

There are three sources with regard to Purim that stimulated the Rav's approach in this area. Let us cite the sources before commenting upon them.

(1)

טור אורח חיים – סימן תרצג

כתב ר"ע [רב עמרם גאון] ז"ל בליל פורים אחר קריאת מגילה אומר ובא לציון... ובבוקר מתפללין כבשאר ימים... ואין קורין ההלל. כתב ר"ע ז"ל מנהג בשתי ישיבות ליפול על פניהם כיון שהוא יום נס ונגאלו בו צריכין אנו לבקש רחמים שיגאלנו באחרונה כבראשונה; ובתשובה מצאתי שאין נופלים על פניהם וכן המנהג. ומוציאין ס"ת וקורין שלשה בפרשת בשלח מויבא עמלק עד סוף סדרא וקורין המגילה ואח"כ סדר קדושה.

(2)

מגילה ד.

ואמר רבי יהושע בן לוי: חייב אדם לקרות את המגילה בלילה ולשנותה ביום, שנאמר "[קלי קלי למה עזבתני, רחוק מישועתי דברי שאגתי.] אלקי אקרא יומם ולא תענה, ולילה ולא דמיה לי" (תהלים כב)... איתמר נמי, אמר רבי חלבו אמר עולא ביראה: חייב אדם לקרות את המגילה בלילה ולשנותה ביום, שנאמר (תהלים ל) " למען יזמרך כבוד ולא ידם, ה' אלקי לעולם אודך."

רש"י

ולשנותה ביום – זכר לנס, שהיו זועקין בימי צרתן יום ולילה.

אקרא – במזמור למנצח על אילת השחר הוא, שנאמר על אסתר, כדאמרינן במסכת יומא (כט, א): למה נמשלה אסתר כאילת כו'.

יזמרך כבוד – ביום, ולא ידום בלילה, והאי קרא במזמור ארוממך ה' כי דליתני דרשינן בפסיקתא במרדכי ואסתר והמן ואחשורוש, וקריאת מגילה שבח הוא, שמפרסמין את הנס, והכל מקלסין להקדוש ברוך הוא.

(3)

מגילה ב.

...ואימא תריסר ותליסר! – כדאמר רב שמואל בר יצחק: שלשה עשר זמן קהילה לכל היא, ולא צריך לרבויי. הכא נמי שלשה עשר זמן קהילה לכל היא ולא צריך לרבוי.

רש"י

<u>זמן קהלה לכל היא</u> – הכל נקהלו להנקם מאויביהם בין בשושן בין בשאר מקומות, כמו שכתוב בספר, הלכך לא צריך קרא לרבויי שיהא ראוי לקרייה, דעיקר הנס בו היה.

רא"ש (שם) – פרק א, סימן א

פירש רש"י שנקהלו לעמוד על נפשם ולכך לא צריך קרא; ולא נהירא... ופירש רבנו תם זמן קהילה לכל היא שהכל מתאספין לתענית אסתר... לומר סליחות ותחנונים לפי שבו נקהלו לעמוד על נפשם והיו צריכים רחמים... מכאן נראה לרבנו תם סעד לתענית אסתר שאנו עושים כמו שעשו בימי מרדכי ואסתר כשנקהלו היהודים לעמוד על נפשם, ולא מצינו לו סמך בשום מקום אלא בכאן.

With regard to #1, the *minhag* in the Babylonian *yeshivot* to say *tachanun* on Purim certainly strikes us an anomolous.

As far as #2, the second derivation (from *Tehillim* 30) is clearly appropriate. The first one (from *Tehillim* 22) is, to say the least, perplexing.

On the basis of #3 we understand our practice of fasting on the 13th of Adar rather than during the month of Nisan, when Esther's three-day fast was observed. However, in view of the general practice, recorded in *Megillat Ta'anit*, of not fasting on the day before a holiday, it is puzzling that we do fast on Erev Purim. Moreover, would it not be appropriate to at least break the fast before reading the Megillah. Why do we prefer to read it "on an empty stomach," as an extension of the fast? Aren't the two motifs antithetical and mutually exclusive?

In response to all these questions, generated by the three sources cited above, Rabbi Yitzchak Twersky *zt"l*, the Rav's son-in-law and devoted disciple, presented the Rav's analysis of the combined, "hyphenated," observance of Adar 13–14, of Ta'anit Esther-Purim. He explained it in the same terms as he did the second part of *Hallel* at the *Seder*. There is a dialectical integration of praise and petition, of a shout of joy and a cry of pain, of our acknowledgement of the past *geu'lah* and our recognition of the need for our future *geu'lah*.

Hence the rationale for reciting *tachanun* on Purim.

Hence the derivation of *keri'at ha-Megillah* from:

תהלים – פרק כב

(ב) קלי קלי למה עזבתני, רחוק מישועתי דברי שאגתי.

(ג) אלקי אקרא יומם ולא תענה, ולילה ולא דומיה לי.

Hence our continuum on the 13th and 14th of Adar which fuses the *selichot* and the fasting of Ta'anit Esther with the *al ha-nisim* and the *se'udah* of Purim.

See also R. Hershel Schachter, *Nefesh ha-Rav* (New York, 1994), p. 94, n. 40; *Mi-Peninei ha-Rav* (New York, 2001), 92–93; *Shiurei HaRav*, ed. J. Epstein (Ktav, 1994), 175–77.

Excursus III

A later authority who endorsed the view of the *Ba'al ha-Ma'or* (although he does not refer to him), and hence the conceptual analysis of the Rav, is the Sochotshover Rebbe.[14] His responsum deals with the liturgical formulation of the *berachah* recited before eating the *matzah* – *al achilat*, rather than *le'echol* – but he applies his insight to our issue.

שו"ת אבני נזר – חלק או"ח – סימן שפא

א) <u>נתתי אל לבי לעיין בענין ברכת על אכילת מצה ועל אכילת מרור. ומהראוי היה לברך</u> <u>לאכול.</u> כיון שהוא מצוה שאי אפשר לקיים על ידי שליח. והרמב"ן והר"ן כתבו באמת בלמד לאכול. אך גירסת ספרים שלנו בפרק ערבי פסחים על אכילת כו' והלבוש כתב משום דבעל הבית מוציא כל המסובין שייך יותר על אכילת כו'. ותירוץ זה אינו עולה למנהגינו שכל אחד מברך לעצמו ומכל מקום מברכינן על. והחק יעקב סי' תל"ב כתב לפי שאין משנין לשון תורה על מצות ומרורים וכו' ותימה דמה ענין על מצות לעל אכילת.

ב) <u>ולפענ"ד נראה ליתן טעם מה שמברכין על ביעור חמץ.</u> ולכאורה הי' יותר ראוי לברך לבער דודאי להבא משמע. ועיין בתוספות ור"ן. ולפענ"ד נראה כיון דמצוות ביעור נעשה בהגיע פסח. דאין הביעור מצוה מצד הזמן שנעשה בו הביעור, רק מצד הפסח שבא אחר הביעור. וכיון שבהגיע פסח כבר נתבער החמץ שייך יותר לברך על ביעור דמשמע נמי לשעבר ולא לבער דלא משמע אלא להבא לבד.

ג) <u>ובזה יש ליתן טעם דמברכינן על אכילת מצה ומרור לראב"ע דאכילת פסח עד חצות</u> ויליף מגזירה שוה דועברת בארץ מצרים בלילה הזה מה להלן עד חצות אף בלילה הזה

---

14 R. Avraham b. Ze'ev Nachum Bornstein.

דכתיב באכילת פסח עד חצות. והדבר יפלא. שהרי העברה בארץ מצרים הי' ברגע חצות ממש. ואיך יליף לאכילת פסח עד חצות. וצ"ל כיון דאי אפשר לאכול בחצות ממש שאין בו המשך זמן כלל. והמעשה צריך המשך זמן. על כורחך הפירוש שבחצות יהי' כבר הבשר פסח נאכל. וכן במצה דיליף מפסח וכל שכן מרור דכתיב גבי פסח. ואם כן כיון דמצוות מצה ומרור שהבגיע חצות יהי' כבר נאכל יותר טוב לברך בעל כנ"ל.

ד) ובזה יש ליתן טעם שאין מפטירין אחר הפסח אפיקומן. שאסור לאכול לאחר הפסח. ולהנ"ל יש לפרש כיון שהמצוה בהגיע חצות. אם כן צריך שיהי' טעם פסח אז בפיו שלא יהי' כלה אכילת פסח מכל וכל. על כרחך שיהי' טעם מצה אז וישאר אז רושם מהמצוה.

ה) ועל כן נראה לדינא למאן דאמר אין הפסח נאכל [אלא] עד חצות. והוא הדין מצה. דלאחר חצות מותר לאכול. ובלאו הכי נראה כן דודאי אין חיוב שישאר טעם פסח ומצה בפיו רק בזמן המצוה. ועל כן נראה דאם בתחילת הסעודה או באמצע רואה שהוא קרוב לחצות. יאכל כזית מצה על תנאי אם הלכה כר' אלעזר בן עזרי' יהי' לשם אפיקומן. וימתין עד לאחר חצות ויאכל סעודתו. ואחר כך יאכל שנית אפיקומן ויוצא ממה נפשך. אם הלכה כראב"ע דעד חצות יוצא באפיקומן ראשון. ואחר חצות מותר לאכול דברים אחרים ואם הלכה כרב עקיבא דעד שיעלה עמוד השחר יוצא באפיקומן השני.

Chapter 3

Ma'aseh ha-Mitzvah and Kiyyum ha-Mitzvah

A.

In Chapter 2 we saw the interdependence of various *mitzvot* that are performed at the *Seder*. Their relationship was expressed in their modes of implementation (for example, *sippur yetzi'at Mitzrayim* has to be performed with *matzah u-maror munachim lefanecha*) as well as in the time alloted for their respective fulfillment (thus, the time parameters of *korban Pesach* and *matzah* govern the time during which *sippur* – and *Hallel*, which is a component of *sippur* – may be performed).

In this chapter, we shall explore a fundamental difference between some of these same *mitzvot*, and we shall examine yet another *mitzvah* which we perform at the *Seder* and over the entire week of Pesach – the *mitzvah* of *simchat Yom Tov*. Our topic will afford us the opportunity to review one of the many specific categories of analysis that the Rav *zt"l* contributed to the world of Torah discourse.

Amongst our sources for this chapter are:

(1) The first *shiur* in *Shiurim le-Zecher Abba Mari*, vol. 1 (particularly pp. 27–33; see, especially, p. 29, n. 56).

(2) *"Be-Inyan Sippur Yetzi'at Mitzrayim"* in *Shiurim le-Zecher Abba Mari*, vol. 2 (particularly pp. 152–54 and 161–63).

(3) *"Be-Inyan Aveilut"* in the same volume (particularly pp. 188–91).

(4) *Mesorah*, vol. 13 (The Orthodox Union in New York; February, 1997), pp. 6–9.

(5) Rabbi Mayer Twersky (the Rav's grandson), *"B'Inyan Mitzvat Keri'at Shema ve-Kavanat Mitzvot,"* in *Zichron ha-Rav* (RIETS, N.Y.; 1994), pp. 111–21.

(6) The Rav, *Al ha-Teshuvah* (ed. P. Peli; Jerusalem, 1974), pp. 40–45. In the English edition: *On Repentance* (Paulist Press, N.J.; 1984), pp. 70–75.

(7) Gerald J. Blidstein, "On the Halakhic Thought of Rabbi Joseph B. Soloveitchik: The Norms and Nature of Mourning," in *Tradition* 30:4 (Summer, 1996), pp. 115–30 [reprinted in Menachem D. Genack ed., *Rabbi Joseph B. Soloveitchik: Man of Halacha, Man of Faith* (Ktav, 1998), pp. 139–59].

B.

One way to introduce our theme of *ma'aseh ha-mitzvah* and *kiyyum ha-mitzvah* is to ask: what is the relationship of *keri'at Shema* (that is, the *mitzvah* to recite certain *pesukim* twice daily) to *kabbalat ol malchut shamayim*.[1]

Alternatively, the two concepts could emerge from a careful reading of the Rambam's introduction to *Hilchot Tefillah*:

רמב"ם, הלכות תפילה ונשיאת כפים

הקדמה (כותרת)

הלכות תפלה וברכת כהנים. יש בכללן שתי מצות עשה:

אחת – לעבוד את ה' בכל יום בתפלה;

שנייה – לברך כהנים את ישראל בכל יום....

פרק א, הלכה א

מצות עשה להתפלל בכל יום שנאמר "ועבדתם את ה' אלקיכם" (שמות – כג:כה);[2] מפי השמועה למדו שעבודה זו היא תפלה שנאמר "ולעבדו בכל לבבכם" (דברים – יא:יג) – אמרו חכמים (ספרי דברים, פיסקא מא; מס' תענית ב.) – אי זו היא עבודה שבלב? זו תפלה....

---

[1] See the Mishnah at the beginning of the second chapter of *Berachot* (13a), where the terms *kabbalat ol malchut shamayyim* and *kabbalat ol mitzvot* are introduced.

[2] Cf. *Sefer ha-Mitzvot*:

רמב"ם ספר המצות – מצות עשה – מצוה ה

היא שצונו לעבדו . וכבר נכפל צווי זה [כמה] פעמים באמרו "ועבדתם את ה' אלקיכם" ואמר (דברים יג:ה) "ואותו תעבדו" ואמר (שם ו:יג) " ואותו תעבוד" ואמר "ולעבדו" ...שהוא צוה בתפלה, ולשון ספרי – "ולעבדו זו תפלה"....

In the *Sefer ha-Mitzvot*, the Rambam formulates the *mitzvah* as *"le-ovdo"* whereas in the *Mishneh Torah* he formulates it as "*le-hitpalel*." This apparent inconsistency begs for comment; the Rav's analysis of the relationship of *avodah* to *tefillah* resolves the difficulty. The question now is only to account for the difference in emphasis within the two books.

The question that arises naturally is: what is the relationship between *la'avod et Hashem* and *le-hitpalel*?

It might be further instructive to direct students' attention to the following passage:

<u>רמב"ם, הלכות אבל – פרק יד, הלכה א</u>

מצות עשה של דבריהם לבקר חולים, ולנחם אבלים, ולהוציא המת, ולהכניס הכלה, וללוות האורחים, ולהתעסק בכל צרכי הקבורה,... וכן לשמח הכלה והחתן, ולסעדם בכל צרכיהם,...; אע"פ שכל מצות אלו מדבריהם, הרי הן בכלל "ואהבת לרעך כמוך"....

Although the illustration from *Hilchot Avel* (where the relationship is of a *mitzvah d'rabanan* to a *kiyyum d'oraita*) is not fully analagous to the cases of *keri'at Shema* and *tefillah* (where the relationship is of a *mitzvah d'oraita* to a *kiyyum d'oraita*), all three serve to help the student begin to grasp the Rav's penetrating and incisive distinction between the *ma'aseh ha-mitzvah* and the *kiyyum ha-mitzvah*.

C.

By the use of these two technical terms (*ma'aseh ha-mitzvah* and *kiyyum ha-mitzvah*), the Rav distinguishes between the performance of a mitzvah and its fulfillment. The performance often constitutes a physical act or a verbal recitation, either of which can be executed mindlessly and automatically. [3] In the extreme, they can be performed so mechanically that the individual is even unaware of the action. [4] The fulfillment, on the other hand, is the religious/spiritual goal that is attained by the performance, and this requires concentration and a sense of purposiveness.

In some *mitzvot*, the two are inseparable. The action itself, the physical performance, constitutes the *bona fide* fulfillment of the *mitzvah*. The classic example of this is:

<u>ראש השנה כח.</u>

שלחו ליה לאבוה דשמואל: כפאו ואכל מצה – יצא. כפאו מאן? ...אמר רב אשי: שכפאוהו פרסיים...אכול מצה אמר רחמנא, והא אכל....

---

[3] This, of course, is hardly a desirable mode of performance. In fact, it raises the issue of whether *kavannah* is merely an optimal concomitant of a prescribed behavioral ritual performance or whether it is a *sine qua non* for its fulfillment (see below, n. 5).

[4] The halachic term for this is *mit'asek*.

<u>רש"י</u>

<u>שכפאוהו פרסיים</u> – ואף על גב שלא נתכוון לצאת ידי חובת מצה בליל ראשון של פסח – יצא.

<u>אכול מצה קאמר רחמנא והא אכל</u> – ונהנה באכילתו, הלכך לאו מתעסק הוא, שהרי אף לענין חיוב חטאת אמרינן (כריתות יט, ב): המתעסק בחלבים ובעריות – חייב, שכן נהנה.

<u>רמב"ם, הלכות חמץ ומצה ו:ג</u>

אכל מצה בלא כונה – כגון שאנסוהו גוים או לסטים לאכול – יצא ידי חובתו.

The ingestion *per se* of *matzah*, without any reference to a context outside of that physical act, is sufficient to comply with the *mitzvah d'oraita* of "*ba-erev tochlu matzot*" (*Shemot* 12:18). In the Rav's formulation, the *ma'aseh ha-mitzvah* and the *kiyyum ha-mitzvah* are one and the same.

The classic counterpoint to *mitzvat matzah* is the *mitzvah* of *shofar* on Rosh Hashanah:

<u>רמב"ם, הלכות שופר ב:ד</u>

המתעסק בתקיעת שופר להתלמד לא יצא ידי חובתו; וכן השומע מן המתעסק לא יצא. נתכוון שומע לצאת ידי חובתו ולא נתכוון התוקע להוציאו, או שנתכוון התוקע להוציאו ולא נתכוון השומע לצאת – לא יצא ידי חובתו, עד שיתכוון שומע ומשמיע.

Here, then, is a *mitzvah* whose mechanical, physical performance is not sufficient. In order to fulfill the *mitzvah d'oraita* of "*zichron teru'ah*" (*Vayikra* 23:24) the performance must be accompanied by a sense of purpose, by a degree of intention. Without this, the performance falls short of the fulfillment. In the Rav's terms, the *ma'aseh* will not lead to a *kiyyum*.[5]

I quote, with slight editorial modification, from pp. 70–71 of *On Repentance:*

---

[5] The requirement for a *kiyyum* in *mitzvat shofar* is based on "*zichron teru'ah*" (*Vayikra* 23:24) rather than "*yom teru'ah*" (*Bamidbar* 29:1); see *Yimei Zikaron* (Jerusalem, 1989), p. 233. This, in turn, depends on a particular *girsa* in *Rosh Hashanah* 28a-b; see *Beit Ha-Levi*, III: 51 (#3). See also B. David Schreiber, *Nor'ot Ha-Rav*, Vol. 9 (New York, 1998), p. 28.

For further elaboration of the character of *mitzvat teki'at shofar*, and for a bibliography on our topic generally, see *Excursus*.

...there are two kinds of precepts. The first consists of those whose fulfillment and performance are combined – for example, the precept of taking four species on Sukkot. The Torah ordained "*u-lekachtem lachem bayom harishon…*" (*Vayikra* 23:40) so that when one takes the four species in hand, one performs the precept and fulfills it at the same time. The same is true, for example, of the precept to sacrifice the Paschal lamb or the precept to count "the Omer," the forty-nine-day period between Pesach and Shavu'ot.

But there are other precepts whose performance and fulfillment are not identical – for example, when the performance of the precept is through specific action of some kind, or through a verbal utterance, but its fulfillment is emotional or psychological. The precept is, in fact, performed by means of an utterance or an external act, but fulfillment is dependent on attaining a certain degree of spiritual awareness.

D.

We have seen that *mitzvat achilat matzah* exemplifies the first category (which includes *daled minim*, *korban Pesach*, and *sefirat ha-omer*), while *mitzvat shofar* represents the second category (which includes *keri'at Shema* and *tefillah*).

What of the other *mitzvot* that are to be performed at the *Seder*? In which category should they each be placed? What would the Rav *zt"l* have said about the *mitzvah d'oraita* of *sippur yetzi'at Mitzrayim*?

פסחים קטז:

(משנה – בא"ד) ...בכל דור ודור חייב אדם לראות את עצמו כאילו הוא יצא ממצרים.

What does this demand for re-experiencing *yetzi'at Mitzrayim* indicate about the relationship of the performance (the *ma'aseh ha-mitzvah*) to the fulfillment (the *kiyyum ha-mitzvah*)?

Or, based on the following, what would the Rav have said about the *mitzvah d'rabanan* to drink *daled kosot*?

פסחים קח:

אמר רב יהודה אמר שמואל: ארבעה כוסות הללו צריך שיהא בהן כדי מזיגת כוס יפה.

שתאן חי – יצא, שתאן בבת אחת – יצא....

שתאן חי – יצא. אמר רבא: ידי יין יצא, ידי חירות לא יצא.

רש"י

ידי יין יצא – ששתה ארבעה כוסות.

ידי חירות לא יצא – כלומר אין זו מצוה שלימה.

What is Rava's distinction between *yedei yayin* and *yedei cheirut*, and what does this indicate about the relationship of the *ma'aseh* to the *kiyyum*?

E.

At this point in the development of our topic it is appropriate to introduce the Rav's analysis of a *halachah* that we encounter, unfortunately, all too frequently: the fact that *aveilut* and *Yom Tov* are mutually exclusive, whereas *aveilut* and *Shabbat* are not.

This *halachah* is relevant for two reasons: Firstly, because it is perhaps the most graphic example (and the one with the most conspicuous normative implications) of the *ma'aseh ha-mitzvah / kiyyum ha-mitzvah* dichotomy, and this theme is so central – as we have seen – to the *mitzvot* of Pesach.

Secondly, the *mitzvah* of *simchat Yom Tov* is itself one of the *mitzvot* of Pesach and, as such, deserves attention. In fact, Pesach is the only one of the *shalosh regalim* where *simchah* is not mentioned explicitly in the Torah. "*Ve-samachta be-chagecha...ve-hayita ach same'ach*" (*Devarim* 16: 14–15) and "*...u-semachtem lifnei Hashem Elokeichem...*(*Vayikra* 23: 40) are stated in the context of Sukkot, and "*Ve-samachta lifnei Hashem Elokecha...*" (*Devarim* 16: 11) appears in the context of Shavu'ot. On the other hand, the *locus* for the talmudic discussion of *simchat Yom Tov* is in *Massechet Pesachim* (109a).

Let us begin by reviewing the sources for *simchat Yom Tov* (in section F) and *aveilut* (in section G), respectively.

F.

דברים (פ' ראה) – טז:יד

ושמחת בחגך אתה ובנך ובתך ועבדך ואמתך והלוי והגר והיתום והאלמנה אשר בשעריך.

פסחים קט.

תנו רבנן: חייב אדם לשמח בניו ובני ביתו ברגל, שנאמר "ושמחת בחגך".[6] במה משמחם? ביין. רבי יהודה אומר: אנשים בראוי להם, ונשים בראוי להן. אנשים בראוי להם – ביין; ונשים במאי? תני רב יוסף: בבבל – בבגדי צבעונין, בארץ ישראל – בבגדי פשתן מגוהצין.[7]

תניא, רבי יהודה בן בתירא אומר: בזמן שבית המקדש קיים – אין שמחה אלא בבשר, שנאמר "וזבחת שלמים ואכלת שם ושמחת לפני ה' אלקיך" (דברים כז:ז).[8] ועכשיו שאין בית המקדש קיים – אין שמחה אלא ביין, שנאמר "ויין ישמח לבב אנוש" (תהלים קד:טו).

חגיגה ח. – ח:

ישראל יוצאין ידי חובתן בנדרים ונדבות. תנו רבנן: "ושמחת בחגך" – לרבות כל מיני שמחות לשמחה. מכאן אמרו חכמים: ישראל יוצאין ידי חובתן בנדרים ונדבות ובמעשר בהמה, והכהנים בחטאת ואשם ובבכור ובחזה ושוק. יכול אף בעופות ובמנחות – תלמוד לומר ושמחת בחגך מי שחגיגה באה מהם, יצאו אלו שאין חגיגה באה מהם. רב אשי אמר: מ"ושמחת" נפקא, יצאו אלו שאין בהן שמחה.

רמב"ם, הלכות יום טוב – פרק ו

הלכה יז

שבעת ימי הפסח ושמונת ימי החג עם שאר ימים טובים כולם אסורים בהספד ותענית, וחייב אדם להיות בהן שמח וטוב לב הוא ובניו ואשתו ובני ביתו וכל הנלוים עליו שנאמר

---

[6] The *Ba'alei Tosafot* clearly had a *girsa* which cited *Devarim* 14:26 (*"ve-samachta ata u-veitecha"*) rather than *Devarim* 16:14 (*"ve-samachta be-chagecha"*); see the reference in *Massoret ha-Shas* to the comment by Maharsha. Hence the following reaction in the *Tosafot*:

שנאמר ושמחת אתה וביתך – תימה דהאי קרא גבי מעשר שני כתיב בפ' ראה ולא מייתי קרא דכתיב בפ' ראה גבי רגל ושמחת אתה ובנך ובתך וי"ל דיליף ממעשר דכתיב ביתו בהדיא.

[7] See the gloss in *Tosafot*:

בא"י בכלי פשתן המגוהצין – אבל בבבל לא היו בקיאים לגהץ כדאמר (תענית כט:) גיהוץ שלנו ככיבוס שלהם.

This bit of sociology in *Massechet Ta'anit* explains why our source in *Massechet Pesachim* prescribes respective expressions of *simchah* for *Bavel* and *Eretz Yisrael.*

[8] The *Ba'alei Tosafot* here raise a question which will probably not escape many readers:

וזבחת שלמים ואכלת שם ושמחת – תימה דהאי קרא בהר עיבל כתיב ולא מייתי קרא דושמחת בחגך דדרשינן מיניה בחגיגה (דף ח.) לרבות כל מיני שמחות לשמחה מכאן אמרו ישראל יוצאין ידי חובתן בנדרים ונדבות וי"ל משום דהכא בהדיא כתיב וזבחת שלמים ושמחת.

"ושמחת בחגך וגו'", אף על פי שהשמחה האמורה כאן היא קרבן שלמים כמו שאנו מבארין בהלכות חגיגה[9] יש בכלל אותה שמחה לשמוח הוא ובניו ובני ביתו כל אחד ואחד כראוי לו.[10]

<u>הלכה יח</u>

כיצד? הקטנים נותן להם קליות ואגוזים ומגדנות, והנשים קונה להן בגדים ותכשיטין נאים כפי ממונו. והאנשים אוכלין בשר ושותין יין, שאין שמחה אלא בבשר ואין שמחה אלא ביין....

---

[9] <u>רמב"ם, הלכות חגיגה – א:א</u>

שלש מצות עשה נצטוו ישראל בכל רגל משלש רגלים ואלו הן: הראייה שנאמר "יראה כל זכורך", והחגיגה שנאמר "תחוג לה' אלקיך", והשמחה שנאמר "ושמחת בחגך";... והשמחה האמורה ברגלים היא שיקריב שלמים יתר על שלמי חגיגה, ואלו הם הנקראים שלמי שמחת חגיגה שנאמר "וזבחת שלמים ואכלת שם ושמחת לפני ה' אלקיך", ונשים חייבות במצוה זו.

השגת הראב"ד – ונשים חייבות במצוה זו. א"א לא בקרבן אלא בשמחה שתשמח עם בעלה שתעלה עמו והוא ישמח אותה.

<u>שם – ב:י</u>

יוצאין ישראל ידי חובת שלמי שמחה בנדרים ונדבות ובמעשר בהמה, והכהנים בחטאת ובאשם ובבכור ובחזה ושוק, שמצוה זו היא לשמוח באכילת בשר לפני ה' והרי אכלו, אבל אין יוצאין ידי חובתן לא בעופות ולא במנחות שאינן בשר המשמח...

[10] The Rambam's view is that *"ve-samachta be-chagecha"* remains operative *d'oraita* even after the *churban bayit*, when we can no longer offer *korbanot*. See also:

<u>ספר החינוך – מצוה תפח</u>

מצוה לשמוח ברגלים, שנאמר "ושמחת בחגך". והענין הראשון הרמוז בשמחה זו הוא שנקריב שלמים על כל פנים בבית הבחירה וכענין שכתוב "וזבחת שלמים", והדר "ושמחת בחגך"....

ואמרו זכרונם לברכה במסכת פסחים "חייב אדם לשמח בניו ובני ביתו ברגל", ושם נאמר: תניא רבי יהודה בן בתירה אומר בזמן שבית המקדש קיים אין שמחה אלא בבשר... עכשיו אין שמחה אלא ביין... ואמרו עוד: במה משמחם? אנשים בראוי להם – ביין, ונשים בראוי להן – בבגדים נאים....

... ונוהגת מצוה זו לענין השמחה אבל לא לענין הקרבן בכל מקום ובכל זמן, בזכרים ונקבות.

והעובר על זה ואינו משמח עצמו ובני ביתו והעניים כפי יכולתו לשם מצות הרגל ביטל עשה זה,...

On the other hand, the *Ba'alei Tosafot* in *Mo'ed Kattan* maintained that the biblical *mitzvah* can be performed only by offering *korbanot*. We are therefore left only with a *mitzvah d'Rabanan*.

For an elaborate treatment of this issue see:

<u>ספר שאגת אריה – סימן סה (מצות שמחה ביו"ט בזה"ז)</u>

שאלה – אי מצות עשה דושמחת בחגך נוהג נמי בזמן הזה מן התורה, או דילמא אינו נוהג מן התורה כיון דאין לנו שלמי שמחה?

Finally, see *"Be-Seter u-va-Galui"* in *Be-Sod ha-Yachid ve-ha-Yachad* (Jerusalem, 1976), p. 303, n. 13.

תוספות מועד קטן יד:

עשה דיחיד – ...מיהו נראה לי דשמחת הרגל נמי דרבנן; "ושמחת" היינו בשלמי שמחה, כדאיתא בחגיגה (ח.).

שולחן ערוך אורח חיים – תקכט:ב

חייב אדם להיות שמח וטוב לב במועד, הוא ואשתו ובניו וכל הנלוים אליו. כיצד משמחן? הקטנים נותן להם קליות ואגוזים; והנשים קונה להם בגדים ותכשיטין כפי ממונו.

G.

רמב"ם, הלכות אבל – פרק א, הלכה א

מצות עשה להתאבל על הקרובים, שנאמר "ואכלתי חטאת היום הייטב בעיני ה'" (ויקרא י:יט).

ואין אבילות מן התורה אלא ביום ראשון בלבד שהוא יום המיתה ויום הקבורה,[11] אבל שאר השבעה ימים אינו דין תורה; אף על פי שנאמר בתורה "ויעש לאביו אֵבֶל שבעת ימים" (בראשית נ:י), ניתנה תורה ונתחדשה הלכה.[12] ומשה רבינו תקן להם לישראל שבעת ימי אבלות ושבעת ימי המשתה.

---

[11] The basis for the *mitzvah* of *aveilut* – whether it is entirely *mi-d'oraita* (the view of some Ge'onim), partially *mi-d'oraita* (the view of other Ge'onim and the Rambam), or entirely *mi-d'rabanan* (the view of the *Ba'alei Tosafot*) – is a complex topic that is well beyond the parameters of this unit. The reader who is interested in pursuing this is referred to:

(a) The commentaries of the *Kesef Mishneh* and the Radvaz, *ad locum*;

(b) The elaborate discussion of the Rif at the end of the second *perek* of *Massechet Berachot* (pp. 9b–10a in the Rif) [see Chapter Six, n. 2];

(c) *Tur Yoreh De'ah* 398.

(d) *"Peleitat Sofreihem"* in *Be-Sod ha-Yachid ve-ha-Yachad*, p. 258, n. 3.

[12] This principle – that any precedent which antedates *matan Torah* is not binding normatively – is well beyond the scope of our topic. A reader who would like to pursue it should refer to:

(א) תוספות מועד קטן כ. – ד"ה מה חג שבעה

...ומ"ויעש לאביו אבל שבעת ימים" (בראשית נ) לא מצי לאתויי, דהתם קודם קבורה היה. ובירושלמי משני דאין למידין מקודם מתן תורה; והתם בירושלמי מייתי קראי טובא.

(ב) תלמוד ירושלמי, מסכת מועד קטן – פרק ג, הלכה ה

מניין לאבל מן התורה שבעה? "ויעש לאביו אבל שבעת ימים". ולמידין דבר קודם למתן תורה?!...

(ג) רמב"ם, פירוש המשניות – מסכת חולין – פרק ז, משנה ו

<u>שם – פרק ה, הלכה א</u>

אלו דברים שהאבל אסור בהן ביום ראשון מן התורה ובשאר ימים מדבריהם: אסור לספר, ולכבס, ולרחוץ, ולסוך, ולשמש מטתו, ולנעול את הסנדל, ולעשות מלאכה, ולקרות בדברי תורה, ולזקוף את המטה, ולפרוע את ראשו, ולשאול שלום, הכל אחד עשר דבר.

<u>תוספות מועד קטן יד:</u>

<u>עשה דיחיד</u> – ...מיהו נראה לי דשמחת הרגל <u>נמי</u> דרבנן; "ושמחת" היינו בשלמי שמחה, כדאיתא בחגיגה (ח.).

The word *nami* (also) indicates that *aveilut* is assumed to be *d'rabanan*. The Rosh, in *siman gimmel* of *Perek Eilu Megalchin*, attributes this view to the Ri.

H.

Now that we have reviewed the underlying sources of both *simchat Yom Tov* and *aveilut*, we are ready to consider what happens when the two *mitzvot* confront one another.

<u>מועד קטן יט.</u>

<u>משנה.</u> הקובר את מתו שלשה ימים קודם לרגל – בטלה הימנו גזרת שבעה... מפני שאמרו: שבת עולה ואינה מפסקת;[13] רגלים מפסיקין ואינן עולין.

...ושים לבך על העיקר הגדול הנכלל במשנה הזאת והוא מה שאמר מסיני נאסר לפי שאתה הראת לדעת שכל מה שאנו מרחיקים או עושים היום אין אנו עושין אלא במצות הקב"ה ע"י משה רבינו ע"ה לא שהקב"ה אמר זה לנביאים שלפניו כגון זה שאין אנו אוכלין אבר מן החי אינו מפני שהקב"ה אסרו לנח אלא לפי שמשה אסר עלינו אבמ"ה במה שצוה בסיני שיתקיים אסור אבר מן החי וכמו כן אין אנו מלין מפני שאברהם אבינו ע"ה מל עצמו ואנשי ביתו אלא מפני שהקב"ה צוה אותנו ע"י משה רבינו שנמול כמו שמל אברהם אבינו ע"ה, וכן גיד הנשה אין אנו הולכים אחר איסור יעקב אבינו אלא מצות משה רבינו ע"ה, הלא תראה מה שאמרו תרי"ג מצות נאמרו לו למשה מסיני וכל אלו מכלל המצות.

[13] The difference between *Shabbat* and *Yom Tov* with regard to *aveilut* is tangential to our immediate focus. For the reader's convenience the following sources are appended:

<u>תוספות מו"ק כג:, ד"ה "מאן דאמר יש אבילות בשבת" – בא"ד</u>

...אע"ג דשבת עולה, רגל אינו עולה – הואיל ואין אבילות כלל משום דכתיב בהן שמחה;

שבת מיהא לא כתיב שמחה – אפילו אינה נוהגת עולה . בירושלמי מפרש טעמא דשבת דאין אבילות נוהג בו משום דכתיב (משלי י) "ברכת ה' היא תעשיר ולא יוסיף עצב עמה", ושבת כתיב ביה ברכה.

<u>תלמוד ירושלמי, מסכת מועד קטן – פרק ג, הלכה ה</u>

<u>שם כ.</u>

תנו רבנן... אמר רבי אלעזר ברבי שמעון: הן הן דברי בית שמאי, הן הן דברי בית הלל.
שבית שמאי אומרים: שלשה ימים, ובית הלל אומרים: אפילו יום אחד. אמר רב הונא
אמר רבי חייא בר אבא אמר רבי יוחנן, ואמרי לה אמר רבי יוחנן לרבי חייא בר אבא
ולרב הונא: אפילו יום אחד, אפילו שעה אחת. ...אמר ליה רב חביבא לרבינא: הלכתא
מאי? – אמר ליה: אפילו יום אחד, ואפילו שעה אחת.

<u>רמב"ם, הלכות אבל – פרק י, הלכה ג</u>

הרגלים... אין דבר מדברי אבלות נוהג בהן, וכל הקובר את מתו אפילו שעה אחת קודם
הרגל... בטלה ממנו גזירת שבעה.

<u>טור יורה דעה – סימן שצט</u>

הקובר מתו קודם הרגל בענין שחל עליו אבילות ונהג בו אפילו שעה אחת קודם הרגל –
הרגל מפסיק האבילות ומבטל ממנו גזירת ז' וימי הרגל עולין לו למנין ל'. הרי שבעה לפני
הרגל, וימי הרג, ומשלים עליהם השלשים...

The Mishnah in *Mo'ed Katan* 19a and the Gemara's explication of it on
20a simply establish the halachic facts. They do not offer a rationale for the
fact that *aveilut* yields to *Yom Tov*. This dimension is contributed by an
earlier passage on 14b:

....שאין אבל בשבת דכתיב ברכת ה' היא תעשיר זו ברכת שבת ולא יוסיף עצב עמה זו אבילות....

....אמר רבי בא: איפשר לשבעה בלא רגל, אבל אי איפשר לשבעה בלא שבת.

<u>בראשית רבה (וילנא) – פרשה ק, סימן ז</u>

...ומנין שאין אבל בשבת? ר' יהושע דסכנין בשם ר' לוי מייתי לה מהכא (משלי י) "ברכת ה' היא
תעשיר ולא יוסיף עצב עמה"; "ברכת ה' היא תעשיר" – (בראשית ב) "ויברך אלקים את יום
השביעי", "ולא יוסיף עצב עמה" – זה האבל, המד"א (שמואל ב, יט) "כי נעצב המלך על בנו".

<u>רמב"ם, הלכות אבל – פרק י, הלכה א</u>

השבת עולה למנין אבילות, ואין אבילות בשבת אלא בדברים שבצנעה,..... אבל דברים שבגלוי אינו
נוהג בהן אבלות,.....

<u>טור יורה דעה – סימן ת</u>

שבת אינו מפסיק האבילות כמו הרגל שא"א לשבעת הימים בלא שבת ואם היה מפסיק א"כ לא יהיו
לעולם ז' ימים ועולה שהרי קצת דיני אבילות נוהגין בו.

אבל אינו נוהג אבילותו ברגל, שנאמר "ושמחת בחגך". אי אבילות דמעיקרא הוא – אתי
עשה דרבים[14] ודחי עשה דיחיד. ואי אבילות דהשתא הוא – לא אתי עשה דיחיד ודחי עשה
דרבים.

רש"י
אתי עשה דרבים – "ושמחת".
ודחי עשה דיחיד – אבל, דכתיב "אבל יחיד עשי לך" (ירמיהו ו).[15]
דהשתא – שאירעו במועד.

The *Ba'alei Tosafot* (*s.v. aseh d'yachid*) point out that the Gemara here
assumes that the two *mitzvot* of *simchat Yom Tov* and *aveilut* are either both
mi-d'oraita or both *mi-d'rabanan*. Otherwise, the issue of *aseh d'rabim* vis-a-vis
aseh d'yachid would be irrelevant; the determinant consideration would be a
d'oraita vis-a-vis a *d'rabanan*. [We have seen above that the Rambam's view is
that both are *mi-d'oraita* (at least if the first day of *aveilut* is the day of both
the death and the burial), whereas the *Ba'alei Tosafot* consider them both to
be *mi-d'rabanan*.]

The Gemara is unequivocal about the fact that the individual
observance of *aveilut* must yield to the communal observance of *simchat Yom
Tov*. The assumption is clearly that they are mutually exclusive, and that the
observance of both cannot be coterminous.

The Rav, in a pedagogic *tour de force*, questions rhetorically this
assumption.[16] Why, he asks, can the *avel* not eat meat and drink wine (i.e.,

---

[14] The definition of *aseh d'rabbim* is challenging, but it need not distract us for the
purposes of this unit. The reader, for personal interest, might want to consult:

(א) תוס' שם, ד"ה מהו

(ב) שולחן ערוך אורח חיים – סימן תרצו, סעיף ז – "יש מי שאומר שאונן מותר בבשר ויין, דלא אתי
עשה דיחיד דאבילות ודחי עשה דרבים דאורייתא לשמוח בפורים, דדברי קבלה נינהו שהם כדברי
תורה."

(ג) מג"א שם, או"ק י"ג; ו"המחבר" בסימן תקמ"ח, סעיף ג.

[15] The version of Rashi which was printed together with the *Sefer Halachot* of the Rif
cites the *pasuk* in *Yechezke'el* 24:17, *"hei'anek dom."* Either way, we are dealing with a
rabbinic innovation that was associated with a *pasuk* from the *navi*.

[16] *Shiurim le-Zecher Abba Mari*, vol. 2, p. 188; "U-Vikashtem mi-Sham" (in *Ish ha-
Halachah – Galui ve-Nistar* [Jerusalem, 1979]), p. 210, n. 19; *Nor'ot ha-Rav*, vol. IX (1998;
ed. B. David Schreiber), p. 145.

comply with the demands of the *mitzvah* of *simchat Yom Tov*) while continuing to practice the rites of *aveilut* (e.g., to sit on the ground in a torn garment without leather shoes, to refrain from bathing, etc.). After all, in actual practice, the two performances seem not at all to be incompatible. This compelling question leads the Rav to develop the distinction between the performance (the *ma'aseh*) as an outward act and the fulfillment (the *kiyyum*) as an inner experience. Although the physical implementation of "*ve-samachta be-chagecha*" consists of eating meat and drinking wine, the ultimate fulfillment of the *mitzvah* entails an inward sense of rejoicing in the presence of the *Ribbono shel Olam*. Similarly, although the behavioral demands of the *mitzvah* of *aveilut* consist of the eleven items delineated by the Rambam in *Hilchot Avel* 5:1 (quoted above), they are simply designed to help the mourner undergo the inner experience of pain and grief, and a feeling in the wake of the death of a family member of a sense of alienation from the Source of Life. It is at this fundamental level of *mitzvah* fulfillment that *simchat Yom Tov* and *aveilut* cannot coexist. This, answers the Rav, is why the Gemara had to identify a criterion by which one would defer to the other.

In conclusion, we have seen that our theme of *ma'aseh ha-mitzvah* vis-a-vis *kiyyum ha-mitzvah* – popularized by the Rav *zt"l* – lies at the core of some of the *mitzvot* of the *Seder* (*matzah*, *maror*,[17] *sippur yetzi'at Mitzrayim* and *daled kosot*) as well as, more generally, of the week-long fulfillment of *simchat Yom Tov*. Beyond Pesach, our theme helps us appreciate the "inner experience" that we must strive to attain daily during the recitation of *keri'at Shema* and during *tefillah*.

A comprehensive bibliography of the Rav's discussions of the incompatibility of *aveilut* and *simchah* can be found in Rabbis Jacob J. Schacter and David Weinberger, *Siddur Nechamat Yisrael: Seder Tefillot u-Minhagei Yemei Aveilut* (The Orthodox Union in New York, 1995), p. xii, n. 1.

[17] The Rav mentions *maror* explicitly on p. 162 of "*Be-Inyan Sippur Yetzi'at Mitzrayim*," and treats it like *matzah*.

Excursus

Many readers will recognize that *matzah* and *shofar* are the two pivots in the classic discussion regarding whether or not *mitzvot tzerichot kavannah* (see the *Maggid Mishneh*, *Kesef Mishneh* and *Lechem Mishneh* on *Hilchot Shofar* 2:4). We shall treat this topic in Chapter Five.

On the basis of the last paragraph on p. 42 of *Al ha-Teshuvah*, *"veha ra'ayah"* [the second paragraph on p. 73 of *On Repentance* ("The best proof...")] it would seem that this issue of *mitzvot tzerichot kavannah* may very well have stimulated the Rav's analysis of *ma'aseh ha-mitzvah* and *kiyyum ha-mitzvah*. See also pp. 30–33 in *Shiurim le-Zecher Abba Mari*, Vol. 1.

What, in fact, was the Rav's view of *mitzvat teki'at shofar*? Is it like *matzah* and *lulav*, or like *keri'at Shema* and *tefillah*?

From pp. 59–63 of *Halakhic Man* (JPS, 1983) [pp. 56–59 in *Ish ha-Halachah – Galui ve-Nistar* (Jerusalem, 1979)] it would appear that the Rav glorified his father's response to the *ba'al teki'ah* in the following story, using it as an illustration in endorsement of his typologized *Ish Halachah*.

> Once my father was standing on the synagogue platform on Rosh Hashanah, ready and prepared to guide the order of the sounding of the *shofar*. The *shofar*-sounder, a god-fearing Habad Hasid who was very knowledgeable in the mystical doctrine of the "Alter Rebbe," R. Shne'ur Zalman of Lyady, began to weep. My father turned to him and said: "Do you weep when you take the *lulav*? Why then do you weep when you sound the *shofar*? Are not both commandments of God?

On the other hand, Rav Herschel Schachter reports in *Peninei ha-Rav* (New York, 2001), p. 126, that the Rav explicitly, in a *shiur* in Elul 1984, disassociated himself from his father's view and insisted that *shofar* is one of those *mitzvot* whose *ma'aseh* is incomplete without the accompanying *kiyyum ba-lev*.

It should be noted that the Rav regularly emphasized the primacy of the objective religious act, even in those *mitzvot* that have an indispensable *kiyyum*-component. See, e.g., Rabbi Joseph B. Soloveitchik, *Family Redeemed* (ed. David Shatz and Joel B. Wolowelsky; New York, 2000), pp. 40–41; *Nor'ot ha-Rav*, vol. 10 (1999; ed. B. David Schreiber), pp. 90–95; Abraham R. Besdin, "The Common Sense Rebellion," in *Reflections of the Rav* (Jerusalem, 1979), pp. 142–46; R. Aharon Lichtenstein, "Rabbi Joseph Soloveitchik," in Simon Noveck, ed., *Great Jewish Thinkers of the Twentieth Century* (Clinton, Mass, 1963), pp. 294–95; Marvin Fox, "The Unity and Structure of Rabbi Joseph B. Soloveitchik's Thought," in Marc D. Angel, ed., *Exploring the Thought of Rabbi Joseph B. Soloveitchik* (Hoboken, 1997), pp. 35–38, and p. 51, n. 19 [reprinted from *Tradition* 24:2 (Winter, 1989), pp. 52–54, and p. 64, n. 19]; S.A. Safran's review of Menachem D. Genack, ed., *Rabbi Joseph B. Soloveitchik: Man of Halacha, Man of Faith* (Ktav, 1998) in *B.D.D.* 9 (Summer, 1999), p. 106, n. 19.

Further references to the Rav's formulation of the *ma'aseh/kiyyum* dichotomy generally, and to the respective character of *matzah* and *lulav* vis-à-vis *shofar* specifically, may be found in the following: Arnold Lustiger, *Before Hashem You Shall Be Purified: Rabbi Joseph B. Soloveitchik on the Days of Awe* (New Jersey, 1998), pp. 18–21; *Family Redeemed* (in the context of *kibbud u-mora av va-eim*), pp. xviii, xxv–xxvi, 126–30; R. Aharon Lichtenstein, "The Rav at Jubilee: An Appreciation," in Menachem D. Genack ed., *Rabbi Joseph B. Soloveitchik: Man of Halacha, Man of Faith* (Ktav, 1998), p. 48 [reprinted from *Tradition* 30:4 (Summer, 1996)]; Pinchas Peli, "Repentant Man," in *Exploring the Thought of Rabbi Joseph B. Soloveitchik*, pp. 239–40 [reprinted from *Tradition* 18:2 (Summer, 1980), pp. 143–44]; B. David Schreiber, ed. *Nor'ot ha-Rav*, vol. I (1996), pp. 1–2, 106, 128–29; vol. IX (1998), pp. 14–15, 143–46.

Chapter 4

Af Hen Hayu be-Oto ha-Nes

A.

In each of the previous three chapters we have focused on a theme that has the following characteristics:

(1) It is an area of *Halachah* in which the Rav *zt"l* contributed significantly to our understanding;

(2) It is a topic whose study will enrich the reader's Pesach experience;

(3) It is a theme that has practical application, *halachah le-ma'aseh*, beyond the week of Pesach.

Thus, the Rav's analysis of the distinctions between *sippur yetzi'at Mitzrayim* and *zechirat yetzi'at Mitzrayim* (Chapter 1) has implications not only for the night of the *Seder* but also for our daily recitation of *keri'at Shema*. His characterization of the respective components of *Hallel* (Chapter 2) deepens our experience not only at the *Seder* but each time we recite *Hallel* during the year. His conception of the relationship of the *ma'aseh ha-mitzvah* (or *pe'ulat ha-mitzvah*) to the *kiyyum ha-mitzvah* (Chapter 3) enriches our observance not only of the *mitzvot* of Pesach but also of many that we observe year-round.

Our theme for Chapter 4 (*af hen hayu be-oto ha-nes*) satisfies these same three criteria:

(1) It is a topic to which the Rav has contributed, in the name of his father, a penetrating insight; (2) It is a halachic principle which underlies women's performance of the *mitzvah* to drink *daled kosot* at the seder, and – according to some authorities – their obligation to perform *mitzvat sippur yetzi'at Mitzrayim* and the *mitzvah* to recite *Hallel* at the *Seder*; (3) It is also the basis of women's obligation to light Chanukah candles and to hear the *Megillah*

on Purim, and – again, according to some authorities – to perform other *mitzvot* during the year.

Our sources for this chapter are:

(1) *Mesorah*, vol. 2 (The Orthodox Union in New York; October, 1989), pp. 10–12.

(2) *Iggrot ha-Grid ha-Levi* (Jerusalem, 2001), pp. 91–92.

(3) R. Mordechai Willig, "Be-Inyan Pirsumei Nisa," *Zichron ha-Rav* (New York, 1994), pp. 58–82.

(4) My personal (extensive) notes of a *shiur* on this topic by Rav Ahron Soloveichik *zt"l* delivered before Pesach in 1963, in which he presented the view of his father. The first three sources provide us with reports based on *shiurim* by the Rav *zt"l*, but they do not flesh out Rav Moshe's exposition. Many elements in the chapter are, thus, based on these notes from Rav Ahron's *shiur*.

B.

The legal principle of *af hen hayu be-oto ha-nes* appears three times in the Gemara:

<u>שבת כג.</u>
דאמר רבי יהושע בן לוי: נשים חייבות בנר חנוכה, שאף הן היו באותו הנס.

<u>פסחים קח. – קח:</u>
ואמר רבי יהושע בן לוי: נשים חייבות בארבעה כוסות הללו, שאף הן היו באותו הנס.

<u>מגילה ד.</u>
ואמר רבי יהושע בן לוי: נשים חייבות במקרא מגילה, שאף הן היו באותו הנס.

This consideration, that women were involved in the historic miraculous event that the *mitzvah* commemorates, is the basis for women's obligation to perform the *mitzvah*. The implication is, clearly, that if not for this consideration women would be exempt. These three *mitzvot* are each time-bound; i.e., each has to be performed on a particular date and at a specific time. They thus fall within the category of *mitzvot aseh she-ha-z'man gerama*, from which we know that women are exempt.[1]

On the other hand, these three *mitzvot* of *ner Chanukah*, *daled kosot* and *Megillat Esther* are all of rabbinic origin. Does the principle of *mitzvot aseh she-ha-z'man gerama nashim peturot* govern *mitzvot d'rabanan* as well? The answer to this question is provided by the *Ba'alei Tosafot* in *Pesachim* 108b:

שאף הן היו באותו הנס – ואי לאו האי טעמא לא היו חייבות, משום דנשים פטורות ממצות עשה שהזמן גרמא; אף ע"ג דארבעה כוסות דרבנן, כעין דאורייתא תיקון.

Similarly, with regard to *tefillah* – which is a *mitzvah d'rabanan* according to most Rishonim[2] – and Hallel,[3] the *Ba'alei Tosafot* also operate with the

---

[1] The primary talmudic *locus* for the discussion of women's exemption from *mitzvot aseh she-ha-z'man gerama* is *Kiddushin* 29a and 34a–35a. This exemption is limited to *mitzvot* aseh *she-ha-z'man gerama*. The Mishnah in *Kiddushin* 29a explicitly states:

"וכל מצות עשה שלא הזמן גרמא – אחד האנשים ואחד הנשים חייבין.

וכל מצות לא תעשה, בין שהזמן גרמא בין שלא הזמן גרמא – אחד האנשים ואחד הנשים חייבין, חוץ מ..."

See also the Gemara's discussion (*Kiddushin* 35a; and *Pesachim* 43a).

There is a *machloket* between Rabbenu Tam and the Rambam as to whether women recite a *birkhat ha-mitzvah* when they voluntarily perform a *mitzvat aseh she-ha-z'man gerama*.

עיין תוספות חגיגה טז: ד"ה לעשות; קידושין לא. ד"ה דלא; עירובין צו.-צו: ד"ה דילמא; ר"ה לג. ד"ה הא. ועיין רמב"ם הל' ציצית פ"ג ה"ט. ועיין ש"ע או"ח תקפ"ט:ו (מחלוקת מחבר ורמ"א), וברמ"א יז:ב.

The Rav *zt"l* has a stimulating analysis of this *machloket* (see *Nor'ot ha-Rav*, vol. 5 [1997], p. 39). He suggests that according to Rabbenu Tam the *berachah* relates to the *kiyyum*, to the fulfillment of the *mitzvah*, whereas according to the Rambam it relates to the obligation to perform the *mitzvah*.

[2] The Rambam is alone in maintaining that the *mitzvah* of *tefillah* is *d'oraita*.

עיין ספר המצוות, שרש א' [בתרגום הרב קאפח: כלל א'], ובהשגת הרמב"ן באריכות; הל' תפלה א:א, ובכ"מ שם.

[3] See Chapter 2, n. 2. We quote here only the first part of *Tosafot Sukkah* 38a. We shall refer later to the second part that distinguishes between *Hallel* on Sukkot and Shavu'ot, on the one hand, and *Hallel* at the *Seder*, on the other hand.

assumption that women are exempt because these two are *mitzvot aseh*, albeit rabbinic, *she-ha-z'man gerama*:[4]

תוספות ברכות כ:

בתפלה פשיטא כיון דכתיב "ערב"... ואהמה" כמ" ע שהזמן גרמא הוי, קמ"ל דרחמי נינהו – ורש"י לא גריס ליה, שהרי תפלה דרבנן היא – ומאי מ"ע שייכי ביה. ומ"מ יש ליישב דהא הלל דרבנן ונשים פטורות מהאי טעמא דמצות עשה שהזמן גרמא הוא כדאמרינן בסוכה (דף לח.) מי שהיה עבד ואשה או קטן מקרין אותו עונה אחריהן מה שהם אומרים דאין השומע פטור מקריאתן כיון שהם פטורים.

תוספות סוכה לח.

מי שהיה עבד ואשה – משמע כאן דאשה פטורה מהלל דסוכות, וכן דעצרת; וטעמא משום דמצוה [דרבנן] שהזמן גרמא היא....

C.

Having established that our principle is legitimately applied to *mitzvot d'rabanan* from which women would otherwise be exempt, the next question is: what is the nature of this basis for the obligation of women? What did R. Yehoshua b. Levi[5] mean by "women's historic participation in these miraculous events," and how or why should that participation generate a source of obligation on their part to perform the *mitzvah*?

The answer to this question is the subject of dispute amongst Rishonim. Rashbam maintains that women were the central figures who, in each case,

---

[4] This axiom, that rabbinic legislation is modeled after the biblical paradigm, is a well-established talmudic principle with wide-ranging applications beyond our theme of *mitzvot aseh she-ha-z'man gerama* [see *Pesachim* 30b, and the other references cited by *Mesoret ha-Shas*]. It is invoked often by the *Ba'alei Tosafot*; the references are listed here for the reader's convenience:

ברכות טז: ד"ה אנינות; ראש השנה יב. ד"ה תנא; מגילה יט: ד"ה אלא; יבמות יא. ד"ה רבי; יבמות נא: ד"ה אי; כתובות נא. ד"ה מני; נדרים מד: ד"ה המפקיר; בכורות כד: ד"ה והיינו; נדה לג. ד"ה רואה.

[5] Although the principle is attributed to R. Yehoshua b. Levi, it is unlikely that he – a first-generation Amora – initiated it. He is most certainly transmitting a tradition that originated much earlier. An analogy is to be found in what is known as *gezeirah de-Rabbah*. It is hardly likely that this rabbinic prohibition – not to perform the *mitzvot* of *lulav, shofar* or *Megillat Esther* on *Shabbat*, lest one carry them from one domain to another or through the "public domain" and thereby violate a biblical prohibition (*Sukkah* 42b; *Rosh Hashanah* 29b; *Megillah* 4b) – was introduced by Rabbah, a third-generation Amora. He is simply credited with transmitting a venerable tradition. See Rashi, *Rosh HaShanah* 29b, *s.v., Nadun.* See also *Pesachim* 69a and *Betza* 17b–18a.

effected salvation. Esther was the central figure in the miracle of Purim, Yehudit was the heroine who beheaded the Greek general during the Maccabean war, and it was – according to the *midrash* – the merit of the *nashim tzidkaniyot* which brought about *yetzi'at Mitzrayim* [see *Yalkut Shim'oni, Yechezke'el*, #354.]

An anonymous *Ba'al Tosafot* is of the opinion that women were subject to the same life-threatening danger as the men, and that is sufficient to warrant their active participation in the performance of the commemorative *mitzvah*. Rashi seems to be attracted to each of these approaches. The sources are:

<u>תוספות מגילה ד.</u>

<u>שאף הן היו באותו הנס</u> – פירש רשב"ם שעיקר הנס היה על ידן : בפורים על ידי אסתר, בחנוכה על ידי יהודית, בפסח שבזכות צדקניות שבאותו הדור נגאלו.
וקשה דלשון "שאף הן" משמע שהן טפלות, ולפירושו היה לו לומר "שהן"; לכך נראה לי שאף הן היו בספק דלהשמיד ולהרוג, וכן בפסח שהיו משועבדות לפרעה במצרים, וכן בחנוכה הגזירה היתה מאד עליהן....

<u>תוספות פסחים קח:</u>

<u>היו באותו הנס –</u> פי' רשב"ם שעל ידם נגאלו וכן במגילה ע"י אסתר ובחנוכה ע"י יהודית.
וקשה ד"אף" משמע שאינן עיקר, ועוד דבירושלמי גריס "שאף הן היו באותו ספק" – משמע באותה סכנה דלהשמיד להרוג ולאבד.

<u>תלמוד ירושלמי, מגילה – פרק ב, הלכה ה</u>

...בר קפרא אמר : צריך לקרותה לפני נשים ולפני קטנים <u>שאף אותם היו בספק</u>.
ר' יהושע בן לוי עבד כן – מכנש בנוי ובני בייתיה וקרי לה קומיהון....

<u>רש"י פסחים קח:</u>

<u>שאף הן היו באותו הנס</u> – כדאמרינן (סוטה יא, ב) בשכר נשים צדקניות שבאותו הדור נגאלו, וכן גבי מקרא מגילה, נמי אמרינן הכי, דמשום דעל ידי אסתר נגאלו, וכן גבי נר חנוכה במסכת שבת (כג, א).

<u>רש"י מגילה ד.</u>

<u>שאף הן היו באותו הנס</u> – שאף על הנשים גזר המן "להשמיד להרוג ולאבד מנער ועד זקן טף ונשים וגו'" [אסתר ג, יג].

רש"י שבת כג.

היו באותו הנס – שגזרו יוונים על כל בתולות הנשואות להיבעל לטפסר תחלה, ועל יד אשה נעשה הנס.

D.

In view of this principle that women should be obligated to perform *mitzvot*, even *mitzvot she-ha-z'man gerama*, which commemorate a historic event in which they were participants, we might now ask: should this not serve as a basis of obligation for *mitzvot* other than the three mentioned by R. Yehoshua b. Levi? The *Ba'alei Tosafot*, in fact, ask just this question and offer two answers:

תוספות מגילה ד. – בא"ד

שאף הן היו באותו הנס –

...גבי מצה יש מקשה: למה לי היקשא ד"כל שישנו בבל תאכל חמץ ישנו בקום אכול מצה"? תיפוק ליה מטעם ש"הן היו באותו הנס"!

וי"ל דמשום האי טעמא לא מחייבא אלא מדרבנן, אי לאו מהיקשא.

ורבינו יוסף איש ירושלים תירץ דסלקא דעתך למיפטרה מגזירה שוה דט"ו ט"ו דחג הסוכות כדפי' פרק אלו עוברין (פסחים מג: ד"ה סלקא).

Some background information is in order. *Prima facie*, women should be exempt from the *mitzvah* of eating *matzah* on the night of the fifteenth of Nisan since it is a *mitzvat aseh she-ha-z'man gerama*. However, the Gemara reports a tradition that links the *mitzvah* of eating *matzah* with the prohibition of eating *chametz*, to the effect that whoever is subject to the latter is also bound by the former:

פסחים – מג:, צא:

דאמר רבי אלעזר: נשים חייבות באכילת מצה דבר תורה, שנאמר "לא תאכל עליו חמץ, שבעת ימים תאכל עליו מצות" (דברים טז:ג) – כל שישנו בבל תאכל חמץ, ישנו בקום אכול מצה. והני נשי, הואיל וישנן בבל תאכל חמץ, ישנן בקום אכול מצה![6]

---

[6] It is appropriate to cite here the analogous tradition with regard to the *mitzvot* of *Shabbat*, since it is the basis for the weekly obligation of women to fulfill the *mitzvat aseh she-ha-z'man gerama* of "*Zachor et yom ha-Shabbat le-kadsho*":

ברכות כ: (והשווה שבועות כ:)

אמר רב אדא בר אהבה: נשים חייבות בקדוש היום דבר תורה.

אמאי? מצות עשה שהזמן גרמא הוא, וכל מצות עשה שהזמן גרמא נשים פטורות!

The very cogent question of the *Ba'alei Tosafot* is thus: why resort to an unconventional exegetical derivation if we have the principle of *af hen hayu be-oto ha-nes* which can be invoked in a much more straightforward manner?

Their first answer is: Chazal introduced this principle only within the context of three rabbinically ordained *mitzvot*. It is, itself, a halachic principle that is operative only *mi-d'rabanan*. At most, therefore, it could obligate women only on a rabbinic level to perform the *mitzvah* of *matzah*. The exegetical basis of "*kol she-yeshno...*" is, therefore, preferable because it raises their level of obligation to that of *d'oraita*.

The second answer presented in *Tosafot Megillah* 4a, attributed to Rav Yosef of Jerusalem, is: the principle of "*af hen...*" is, in fact, operative on a biblical level. It could, indeed, obligate women at a *d'oraita* level to eat *matzah* on the night of the fifteenth of Nisan (even though it is a *mitzvat aseh she-ha-z'man gerama* from which they should otherwise be exempt), and it would thus obviate the need to resort to the unconventional exegetical derivation of "*kol she-yeshno....*" However, *af hen* would be neutralized by another factor – the *gezeirah shavah* based on the mutuality of "*tet-vav, tet-vav*" that appear in the *pesukim* with regard to both Pesach and Sukkot.

A brief digression will be helpful at this point.

E.

The Torah employs the calendar designation of *chamishah-asar* for both Pesach and Sukkot:

<u>ויקרא כג:ו</u> – <u>ובחמשה עשר יום</u> לחדש הזה חג המצות לה' שבעת ימים מצות תאכלו.

אמר אביי: מדרבנן.

אמר ליה רבא: והא דבר תורה קאמר! ועוד, כל מצות עשה נחייבינהו מדרבנן!

אלא אמר רבא: אמר קרא "זכור" (שמות כ') ו"שמור" (דברים ה') – כל שישנו בשמירה ישנו בזכירה,
והני נשי, הואיל ואיתנהו בשמירה – איתנהו בזכירה.

<u>רש"י</u>

<u>קדוש היום</u> – מצות עשה שהזמן גרמא הוא – "זכור את יום השבת לקדשו" (שמות כ')...

<u>בשמירה</u> – ד"לא תעשה מלאכה" (שמות כ').

<u>והני נשי איתנהו בשמירה</u> – דתנן (קדושין כ"ט.) "כל מצות לא תעשה, בין שהזמן גרמא

בין שאין הזמן גרמא – נשים חייבות", דהשוה הכתוב אשה לאיש לכל עונשים שבתורה.

<u>ויקרא כג:לד</u> – דבר אל בני ישראל לאמר <u>בחמשה עשר יום</u> לחדש השביעי הזה חג הסכות
שבעת ימים לה'.

Chazal had a tradition[7] that this creates the basis for a *gezeirah shavah* that
establishes an halachic equivalence between the two *Yamim Tovim*. Thus:

<u>סוכה כז.</u>

<u>משנה</u>. רבי אליעזר אומר: ארבע עשרה סעודות חייב אדם לאכול בסוכה, אחת ביום ואחת
בלילה. וחכמים אומרים: אין לדבר קצבה, חוץ מלילי יום טוב ראשון של חג בלבד...

<u>גמרא</u>. מאי טעמא דרבי אליעזר? "תשבו" כעין תדורו, מה דירה – אחת ביום ואחת
בלילה, אף סוכה – אחת ביום ואחת בלילה.
ורבנן? כדירה, מה דירה – אי בעי אכיל אי בעי לא אכיל, אף סוכה נמי – אי בעי אכיל אי
בעי לא אכיל. אי הכי, אפילו לילי יום טוב ראשון נמי! – אמר רבי יוחנן משום רבי שמעון
בן יהוצדק: נאמר כאן "חמשה עשר" ונאמר "חמשה עשר" בחג המצות, מה להלן – לילה
הראשון חובה, מכאן ואילך רשות, אף כאן – לילה הראשון חובה, מכאן ואילך רשות.
והתם מנלן? – אמר קרא "בערב תאכלו מצות" (שמות יב:יח) – הכתוב קבעו חובה.

Since the Torah establishes an obligation to eat on the first night of
Pesach, the *gezeirah shavah* based on the symmetry of *chamishah-asar* then
extends this obligation to the first night of Sukkot as well.[8]

Similarly, women's obligation to eat *matzah* on the night of the fifteenth
of Nisan (based on "*kol she-yeshno...*") would transfer to Sukkot and create a
similar obligation for women to eat in the *sukkah*, although it is a *mitzvat
aseh she-ha-z'man gerama*. This transfer of obligation does not occur,
however, for a technical reason: there is a *halachah le-Moshe mi-Sinai* that
specifically exempts women from *mitzvat sukkah*.

<u>סוכה כח. – כח:</u>

<u>משנה</u>. ...נשים... פטורין מן הסוכה.

---

[7] With regard to *gezeirah shavah* generally, it is important to emphasize that

"אין אדם דן גזרה שוה מעצמו" (פסחים סו., נדה יט:).

ועיין רש"י שמוסיף "אא"כ נתקבלה ובאה מסיני" או "אא"כ למדה מרבו, ורבו מרבו עד משה רבנו"
(פסחים סו. ד"ה וכי מאחר, וד"ה הכי קאמר; סוכה יא: ד"ה לא ילפינן; מגילה ב: ד"ה פרזי פרזי;
קידושין יז. ד"ה מיכה מיכה; סנהדרין טז. ד"ה דבר דבר; מנחות פב: ד"ה זאת אומרת; נדה יט:, ד"ה
אין אדם).

[8] See also *Beit Yosef, Orach Chayyim* 639, *s.v. ein kitzvah.*

גמרא. מנא הני מילי? – דתנו רבנן: "אזרח" – זה אזרח;"האזרח" – להוציא את הנשים (ויקרא כג:מב) ...אמר רבה: הלכתא [=הלכה למשה מסיני] נינהו, ואסמכינהו רבנן אקראי. – הי קרא, והי הלכתא? ותו, קרא למה לי, הלכתא למה לי? הא סוכה מצות עשה שהזמן גרמא, וכל מצות עשה שהזמן גרמא נשים פטורות!

...אמר אביי: לעולם סוכה הלכתא, ואיצטריך: סלקא דעתך אמינא "תשבו" כעין תדורו, מה דירה – איש ואשתו, אף סוכה – איש ואשתו, קמשמע לן.

רבא אמר: איצטריך, סלקא דעתך אמינא יליף חמישה עשר, חמשה עשר מחג המצות, מה להלן נשים חייבות – אף כאן נשים חייבות, קמשמע לן. והשתא דאמרת סוכה הלכתא, קרא למה לי? – לרבות את הגרים.

Both Abaye and Rava agree that although *mitzvat sukkah* is a *mitzvat aseh she-ha-z'man gerama*, on which basis women should be exempt, a specific *halachah le-Moshe mi-Sinai* was necessary to exempt them. According to Abaye, we might have otherwise argued that the obligation to dwell in the *sukkah* under normal living conditions (*teishvu k'ein taduru*) would mandate that a wife dwell with her husband, thereby overriding her usual exemption on the basis of *mitzvat aseh she-ha-z'man gerama*. Rava asserts that the *halachah le-Moshe mi-Sinai* is necessary to counter the *gezeirah shavah* based on the symmetry of *chamishah-asar*, which might otherwise transfer the woman's obligation from the first night of Pesach (based on "*kol she-yeshno...*") to the first night of Sukkot.

F.

We can now understand the answer of Rav Yosef of Jerusalem (to the question in *Tosafot* as to why "*af hen...*" cannot serve as the basis of obligation for *matzah*). "*Af hen,*" although operative on a *d'oraita* level, would be neutralized by another factor – the *gezeirah shavah* based on the mutuality of "*tet-vav, tet-vav.*" Women are exempt from *mitzvat sukkah* because there is a specific *halachah le-Moshe mi-Sinai* to that effect. The *gezeirah shavah* would then transfer that exemption to *matzah* and would override the force of "*af hen....*" However, the *gezeirah shavah* does not negate the obligation based on "*kol she-yeshno....*" Apparently, a specific factor that pertains uniquely to a particular *mitzvah* (such as "*kol she-yeshno*" with regard to *matzah*, or the *halachah le-Moshe mi-Sinai* with regard to *sukkah*) is not overpowered by a general principle (such as the *gezeirah shavah* or "*af hen...*").

G.

The stage is now set for the *chiddush* of Rav Moshe Soloveichik, as reported by both the Rav *zt"l* and Rav Aharon Soloveichik *zt"l*.

Rav Moshe offered a third answer to the question of the *Ba'alei Tosafot* in *Megillah* 4a. The reason *"af hen..."* cannot replace *"kol she-yeshno..."* as the basis for obligating women to eat *matzah* is a function of the intrinsic nature of *"af hen."* It is based on the notion that whoever experienced the original miracle should actively share in its ritual re-creation. It thus was intended to apply only to those *mitzvot* that aim to re-create an historic experience and thereby to publicize it (*pirsum ha-nes*), rather than merely to commemorate it.

In Chapter 3, we discussed the difference between *mitzvot* in which the *ma'aseh* (*pe'ulah*) is sufficient to attain the full *kiyyum*, and *mitzvot* that require for their *kiyyum* a dimension of emotional or intellectual experience beyond the physical *ma'aseh* (*pe'ulah*). We saw, for example:

ראש השנה כח.

שלחו ליה לאבוה דשמואל: כפאו ואכל מצה – יצא. כפאו מאן? ...אמר רב אשי: שכפאוהו פרסיים... אכול מצה אמר רחמנא, והא אכל....

The ingestion of *matzah per se*, without any reference to a context outside of that physical act, is sufficient to comply with the *mitzvah d'oraita* of *"ba-erev tochlu matzot"* (*Shemot* 12:18). In the Rav's formulation, the *ma'aseh ha-mitzvah* and the *kiyyum ha-mitzvah* are one and the same.

This is so even though the *mitzvah* to eat *matzah* is clearly intended to evoke historic associations of the slavery in Egypt and of our subsequent redemption.

משנה פסחים, קטז.–קטז:

רבן גמליאל היה אומר כל שלא אמר שלשה דברים אלו בפסח לא יצא ידי חובתו, ואלו הן:

פסח מצה ומרור...

...מצה – על שום שנגאלו אבותינו ממצרים, [שנאמר "ויאפו את הבצק אשר הוציאו ממצרים...." (שמות יב:לט)]

77

On the other hand, we indicated that *daled kosot* is one of those *mitzvot*, like *shofar*, in which the physical act must be accompanied by an experiential component. Thus:

פסחים קח:

אמר רב יהודה אמר שמואל: ארבעה כוסות הללו צריך שיהא בהן כדי מזיגת כוס יפה.

שתאן חי – יצא, שתאן בבת אחת – יצא....

שתאן חי – יצא. אמר רבא: ידי יין יצא, ידי חירות לא יצא.

רש"י

<u>ידי יין יצא</u> – ששתה ארבעה כוסות.

<u>ידי חירות לא יצא</u> – כלומר אין זו מצוה שלימה.

It is not sufficient just to be mindful of the historic backdrop of this *mitzvah* as one performs it. The individual must experience a sense of freedom, must re-experience the release from bondage and the feeling of independence in order to fully comply with the *mitzvah* of *daled kosot*. The *kiyyum* and the *pirsum ha-nes* are expressed through this experience.

Rav Moshe Soloveichik explained that this particular requirement of *pirsum ha-nes* is true only of the three *mitzvot* to which *Chazal* applied the principle of "*af hen hayu be-oto ha-nes.*"

It is noteworthy in this connection that *Tosafot Sukkah* 38a, which we cited earlier, distinguishes *Hallel* on Pesach at the *Seder* from *Hallel* on Sukkot and Shavu'ot:

תוספות סוכה לח.

<u>מי שהיה עבד ואשה</u> – משמע כאן דאשה פטורה מהלל דסוכות וכן דעצרת וטעמא משום דמצוה שהזמן גרמא היא.

אע"ג דבהלל דלילי פסחים משמע בפרק ערבי פסחים (דף קח.) דמחייבי בד' כוסות, ומסתמא לא תיקנו ד' כוסות אלא כדי לומר עליהם הלל ואגדה, שאני הלל דפסח דעל הנס בא – ואף הן היו באותו הנס – אבל כאן לא על הנס אמור.

Our understanding of the second half of this *Tosafot* is enhanced greatly by Rav Moshe's insight. Every recitation of *Hallel* throughout the year is, after all, an expression of our gratitude and praise for God's miraculous intervention in history on our behalf. The difference is that on Sukkot and Shavu'ot (as well as on Chanukah) we are mindful of the historic background that prompted its recitation; there is no expectation, however, that we should try to re-experience the miracle and to thereby publicize it. Only during the recitation of *Hallel* at the *Seder*, in conjunction with the *daled kosot*, is this the case.

To support his characterization of these three *mitzvot* Rav Moshe pointed out that these are the only *mitzvot* which are introduced by the *berachah*:

שעשה נסים לאבותינו בימים ההם בזמן הזה.[9]

Furthermore, these are the only *mitzvot* to which the term *pirsumei nisa* is applied.[10] This obligation to "publicize the miracle" is an integral component of the physical *mitzvah* act. The *pirsum ha-nes* constitutes the *kiyyum* that is indispensable to the *ma'aseh ha-mitzvah*. Thus, the *Ba'alei Tosafot* write:

תוספות שבת כא:

דאי לא אדליק מדליק – אבל מכאן ואילך עבר הזמן.

אומר הר"י פורת דיש ליזהר ולהדליק בלילה מיד שלא יאחר יותר מדאי ומ"מ אם איחר ידליק מספק דהא משני שינויי אחרינא.

ולר"י נראה דעתה אין לחוש מתי ידליק, דאנו אין לנו היכרא אלא לבני הבית שהרי מדליקין מבפנים.

---

[9] This *berachah* is most certainly recited when we perform the *mitzvot* on Chanukah and Purim. Where, however, do we find this *berachah* in connection with *daled kosot*? The answer is provided by the *piyyut* for *Shabbat ha-Gadol* (*'Elokei ha-Ruchot le-Chol Basar...'*) that was written by R. Yosef Tov-Elem (Bonfils), an older contemporary of Rashi. In his description of the *Seder* he writes:

ראשון מברך על היין, ואחר כך קידוש וזמן; ואינו אומר נס [=שעשה נסים] עדיין –

שצריך לאמרו באגדה [בתוך "מגיד"], וראוי לכפלו אַיִן.

Thus, the *"asher ge'alanu, ve-ga'al et avoteinu..."* which is recited toward the end of *"magid"* constitutes the equivalent of *"she-asah nisim...."*

The *pirsumei nisa* dimension of *Hallel* at the *Seder* in conjunction with the *daled kosot* is so prominent that it carries over to the earlier recitation that evening of *Hallel* in the *Bet ha-Kenesset* after *Ma'ariv*. See *Be'urei ha-Gra* (#21) to *Orach Chayyim* 671:7, and R. Herschel Schachter, *Nefesh ha-Rav*, p. 222.

[10] See *Shabbat* 23b–24a (*ner Chanukah*); *Pesachim* 112a (*daled kosot*); *Megillah* 3b, 18a (*Megillat Esther*). The use of the term in *Berachot* 14a is, admittedly, somewhat problematic.

On the other hand, the Rashba maintained:

<u>חדושי הרשב"א על מסכת שבת כא:</u>

והא נמי דקתני עד שתכלה רגל מן השוק, ופרישנא דאי לא אדליק מדליק. לאו למימרא דאי לא אדליק בתוך שיעור זה אינו מדליק, דהא תנן (מגילה כ, א) כל שמצותו בלילה כשר כל הלילה, אלא שלא עשה מצוה כתקנה דליכא פרסומי ניסא כולי האי, ומיהו אי לא אדליק מדליק ולא הפסיד אלא כעושה מצוה שלא כתקנה לגמרי. וכ"כ מורי הרב ז"ל בהלכותיו.

ופירש בתוספת דלא אמרו עד שתכלה רגל מן השוק אלא בדורות הללו שמדליקין בחוץ, אבל עכשיו שמדליקין בבית בפנים כל שעה ושעה זמניה הוא, דהא איכא פרסומי ניסא לאותם העומדים בבית.

Rav Aharon Soloveichik, in presenting his father's view, explained the *machloket* as follows:

The Rashba maintained that there are two, albeit distinct and separable, elements of the *mitzvah* to light Chanukah candles: the physical act (the *ma'aseh hadlakah*) and the re-experiencing of history in order to publicize the miracle (*pirsumei nisa*). They should ideally be realized simultaneously. If, however, the latter is not possible – such as when the one who lights the candles is alone on Chanukah without even family members to view them – he should nonetheless light them.

The *Ba'alei Tosafot*, on the other hand, feel that there is only one integrated fulfillment of the *mitzvah*; it comprises both the physical act (*ma'aseh* or *pe'ulah*) and, indispensably, the *pirsum ha-nes*. Thus, if he is alone, and no one else will view the candles, he should not light them.

The same analysis applies to *Megillat Esther*. The following excerpt from the Gemara is the critical passage:

<u>מגילה יח.</u>

והלועז ששמע אשורית יצא וכו' – והא לא ידע מאי קאמרי? – מידי דהוה אנשים ועמי הארץ. מתקיף לה רבינא: אטו אנן האחשתרנים בני הרמכים, מי ידעינן? אלא מצות קריאה ופרסומי ניסא – הכא נמי מצות קריאה ופרסומי ניסא.

<u>רש"י</u>

<u>ופרסומי ניסא</u> – אף על פי שאין יודעין מה ששומעין, שואלין את השומעין ואומרין מה היא הקרייה הזו, ואיך היה הנס, ומודיעין להן.

Here, too, there are two distinct components to the *mitzvah* of *Megillat Esther*: the formal reading of the text and, also, the publicizing of the historic miracle. The latter is normally realized by comprehending the narrative in the text as it is read. However, if one does not understand the narrative, he can nonetheless fulfill *pirsumei nisa* by asking someone for a capsule summary of the story.

Bahag maintained that a man cannot fulfill his obligation on Purim by listening to a woman read the *Megillah* because his obligation is "to read" (either himself or by means of *shome'a ke-oneh*), whereas hers is only "to hear." In fact, the Rama – after citing the view of Bahag – refers to the opinion of "the Mordechai" that the *nusach ha-berachah* for a woman should be *"l'shmo'a"* rather than "*al mikra*."

<u>שולחן ערוך אורח חיים – סימן תרפט, סעיף ב</u>

...וי"א שהנשים אינם מוציאות את האנשים.

הגה: וי"א אם האשה קורא לעצמה מברכת: לשמוע מגילה, שאינה חייבת בקריאה (מרדכי פ"ק דמגילה).

Rav Ahron Soloveichik *zt"l* explained that the principle of *af hen hayu b'oto ha-nes* as a basis of obligation relates only to the dimension of *pirsum ha-nes*; it does not address the formal *ma'aseh ha-mitzvah* of *keri'at ha-megillah*. Thus, since the woman's obligation derives solely from *af hen*, she is obligated only "to hear," not "to read."[11]

H.

Rav Moshe's analysis is reflected fully by the Rashba's ruling in *ner Chanukah* and by the Bahag's view in *mikra Megillah*. As far as *daled kosot* is concerned, his analysis presupposes a variant *girsa* in *Pesachim* 108b which the Rif had, and which clearly underlies the Rambam's formulation. Let us look again at the Gemara as we have it, and then look at the Rif and the Rambam:

---

[11] [שיטת הבה"ג הובאה ע"י בעלי התוספות, המתנגדים לשיטתו, במגילה ד. ד"ה נשים, ובערכין ג., ד"ה לאתויי. ועיין רש"י ערכין ג. ד"ה לאתויי]

For further discussion of the implications of Bahag's distinction, see *Avnei Nezer*, *Orach Chayyim*, 511.

<u>פסחים קח:</u>

אמר רב יהודה אמר שמואל: ארבעה כוסות הללו צריך שיהא בהן כדי מזיגת כוס יפה.

שתאן חי – יצא, שתאן בבת אחת – יצא. השקה מהן לבניו ולבני ביתו – יצא.

<u>שתאן חי – יצא. אמר רבא: ידי יין יצא, ידי חירות לא יצא.</u>

<u>שתאן בבת אחת – רב אמר: ידי יין יצא, ידי ארבעה כוסות לא יצא.</u>

השקה מהן לבניו ולבני ביתו יצא. אמר רב נחמן בר יצחק: והוא דאשתי רובא דכסא.

<u>רש"י</u>

[שתאן חי] ידי יין יצא – ששתה ארבעה כוסות.

ידי חירות לא יצא – כלומר אין זו מצוה שלימה.

<u>רשב"ם</u>

[שתאן חי] ידי חרות לא יצא – כלומר אין זו מצוה שלמה, שאין חשיבות אלא ביין מזוג;...

[שתאן בבת אחת] ידי יין יצא – משום שמחת יו"ט. (וכן בתוס' ד"ה ידי).

ידי ארבעה כוסות לא יצא – וכולן חשובין כוס ראשון ולא יותר, וצריך להביא עוד ג' כוסות...

<u>תוס' ד"ה רובא דכסא</u>

היינו כמלא לוגמיו, כדפרי' לעיל [עיין תוס' קז, ד"ה אם טעם], ומיהו לכתחילה צריך לשתות רביעית.

<u>הרי"ף על מסכת פסחים כג.</u>

אמר רב יהודה אמ' שמואל: ד' כוסות הללו צריך שיהא בהן כדי מזיגת כוס יפה.

<u>שתאן חי – יצא ידי ד' כוסות, ולא יצא ידי חירות.</u>

<u>שתאן בבת אחת – יצא ידי חירות, ולא יצא ידי ד' כוסות,</u>

השקה מהן לבניו ולבני ביתו יצא, אמר רב נחמן בר יצחק והוא דשתי רובה דכסא.

<u>רמב"ם, הלכות חמץ ומצה – פרק ז, הלכה ט</u>

ארבעה כוסות האלו צריך למזוג אותן כדי שתהיה שתיה עריבה, הכל לפי היין ולפי דעת השותה.

ולא יפחות בארבעתן מרביעית יין חי.

שתה ארבעה כוסות אלו מיין שאינו מזוג – יצא ידי ארבעה כוסות ולא יצא ידי חירות.

שתה ארבעה כוסות מזוגין <u>בבת אחת – יצא ידי חירות</u> ולא יצא ידי ארבעה כוסות.

82

ואם שתה מכל כוס מהן <u>רובו</u> יצא.

The two critical differences between these two textual variants are:

(א)

"שתאן בבת אחת" –

לפי גרסתנו בגמ': ידי יין יצא (ופרשו רשב"ם ותוס' – שמחת יו"ט)

לפי גרסת הרי"ף: ידי חרות יצא.

לפי הרמב"ם: יצא ידי חירות.

(ב)

"והוא דשתא רובא דכסא" –

לפי תוס': מלא לוגמיו (פחות מרביעית).

לפי הרמב"ם: רוב כוס (רובו ככולו).

Rav Moshe explained the difference between the two *girsa'ot* on the basis of the following conceptual *machloket*:[12]

According to the Rif and the Rambam there are two distinct aspects to the *mitzvah* of *daled kosot*. One is to drink four *kosot shel berachah* that are like any other *kos shel berachah* (e.g., *kiddush* on any *Shabbat* or *Yom Tov*). The other is to drink four cups of wine in a manner that expresses one's sense of freedom and luxury. With regard to the first aspect, even undiluted wine-concentrate (*yayin chai*) is sufficient as is merely taking a sip of the wine (*melo lugmav*). With regard to the second aspect, however, the wine must be tasty and pleasurable (i.e., *mazug*), and each cup must be consumed fully (or at least *rov kos*, which is legally regarded as the entire quantity by virtue of the principle: *rubo ke-kulo*).

The Gemara refers to the first dimension as *yedei yayin* and to the second as *yedei cheirut*. Rav Moshe identified the second aspect with *pirsumei nisa* and with the principle of *af hen hayu be-oto ha-nes*. He argued that the Rashbam

---

[12] This analysis is presented – without reference to *af hen hayu be-oto ha-nes* – by the Rav's uncle, Rav Moshe's brother, the "Brisker Rav," in his *Chiddushei ha-Griz al ha-Rambam, Hilchot Chametz u-Matzah*, 7:9. It seems that the two brothers developed this distinction together when they collaborated in Khaslavich during World War I to respond to the halchic question raised before Pesach due to a shortage of wine. See *Nefesh ha-Rav*, p. 184.

and the *Ba'alei Tosafot*, on the other hand, did not require an experience of *pirsumei nisa*. Thus, they interpreted

[שתאן חי] ...ידי חירות לא יצא – כלומר אין זו מצוה שלימה.

That is, the *mitzvah* was not performed optimally but there is no absolute *sine qua non* that the wine be *mazug*. This is in sharp contrast to the Rambam's formulation:

ארבעה כוסות האלו צריך למזוג אותן כדי שתהיה שתיה עריבה.

Finally, Rav Moshe pointed out that this analysis also accounts for another difference between the Rambam and the *Ba'alei Tosafot*:

תוספות פסחים צט:

לא יפחתו לו מארבע כוסות – מתוך הלשון משמע קצת שאין נותנין לבניו ולבני ביתו כי אם לעצמו והוא מוציא את כולם בשלו וסברא הוא דמאי שנא ארבע כוסות מקידוש דכל השנה שאחד מוציא את כולם ומיהו גם בקידוש שמא היה לכל אחד כוס כדמשמע לקמן (דף קו.) גבי חזיה לההוא סבא דגחין ושתי אבל בפרק בכל מערבין (עירובין דף מ:) גבי זמן משמע קצת שלא היה לכל אחד כוסו ועוד דאמר בגמרא (לקמן דף קח:) השקה מהן לבניו ולבני ביתו יצא והוא דשתה רובא דכסא משמע דהם יצאו בשמיעה דהא בעינן רובא דכסא ועוד דמשמע דלכתחלה אין רגילות להשקותם מיהו יש לדחות בשיש להם כוס לעצמם אי נמי בבניו ובני ביתו קטנים מיירי שלא הגיעו לחינוך ואין אשתו בכלל ומיהו בגמרא משמע שצריך כל אחד ארבע כוסות דקתני (שם) הכל חייבין בארבע כוסות אחד נשים ואחד תינוקות אמר רבי יהודה מה תועלת לתינוקות ביין משמע דלתנא קמא צריך כוס אף לתינוקות ויש לדחות דחייבין לשמוע ברכת ארבע כוסות קאמר ומשום חינוך ונראה להחמיר ולהצריך ארבע כוסות לכל אחד והמחמיר צריך ליזהר שלא יהא כוסם פגום דאמר בגמרא (לקמן קה:) טעמו פגמו.

Thus, the *Ba'alei Tosafot* maintain that fundamentally one can invoke *shome'a ke-oneh* in fulfillment of *daled kosot*. The Rambam clearly disagrees:

רמב"ם הלכות חמץ ומצה – פרק ז, הלכה ז

לפיכך כשסועד אדם בלילה הזה צריך לאכול ולשתות והוא מיסב דרך חירות. וכל אחד ואחד בין אנשים בין נשים חייב לשתות בלילה הזה ארבעה כוסות של יין, אין פוחתין מהם. ואפילו עני המתפרנס מן הצדקה לא יפחתו לו מארבעה כוסות, שיעור כל כוס מהן רביעית.

I.

As with *ner Chanukah* and *mikra Megillah*, the basis of obligation with respect to *daled kosot* generated for women by *af hen hayu be-oto ha-nes* relates only to the dimension of the *mitzvah* which expresses the *pirsumei nisa*. This dimension is a distinct component of the *mitzvah* only according to the *girsa* of the Rif and the Rambam. Rav Moshe Soloveichik's third answer to the question of *Tosafot* (*Megillah* 4a) is, thus, only conceivable according to this *girsa*. The *Ba'alei Tosafot*, on the other hand, had the *girsa* that we have in the standard editions of the Gemara; our *girsa* does not yield the element of *pirsumei nisa* as a distinct dimension in the definition of the *mitzvah*. Therefore, the *Ba'alei Tosafot* themselves could not have offered Rav Moshe's answer to their question.

J.

There is a further aspect of Rav Moshe's analysis of the respective views of the Rashbam and the *Ba'alei Tosafot*, on the one hand, and of the Rif and the Rambam, on the other hand. If the former see *daled kosot* as a one-dimensional *mitzvah*, of which *pirsum ha-nes* by "re-experiencing" the miracle of redemption is not a distinct component, but is rather just a historical backdrop, how could the Gemara (*Pesachim* 108a-b) apply *af hen hayu be-oto ha-nes* to it? In *ner Chanukah* and in *mikra Megillah* the *Ba'alei Tosafot* agree, for the reasons we indicated above (section G), that the role of *pirsumei nisa* is central to the performance of the *mitzvah*, and is not merely a background for it. As a result, it is appropriate for the Gemara to invoke the principle of *af hen...*. According to their view of *daled kosot*, however, how is it applicable?

One must conclude, explained Rav Aharon Soloveichik *zt"l* in expounding his father's insight, that the Rashbam and the *Ba'alei Tosafot* concede that, although there is no *chiyuv* of *pirsumei nisa*, there is at least a *kiyyum*. This is what the Rashbam means when he comments:

[שתאן חי] ידי חרות לא יצא – כלומר אין זו מצוה שלמה, שאין חשיבות אלא ביין מזוג....

The Rashbam (and by association the *Ba'alei Tosafot*) thus concedes that there is a positive value (*kiyyum*) in drinking *yayin mazug*, or what the

Rambam (7:9) called *shetiya areivah*. Since *pirsum ha-nes* is an ingredient of at least the *kiyyum*, albeit not of the *chiyuv*, it is appropriate to invoke it as a basis to obligate women.

K.

We have now come full circle. We began (section G) by presenting Rav Moshe Soloveichik's answer to the question raised in *Tosafot* (*Megillah* 4a) regarding *matzah*. His answer underscored a fundamental *machloket Rishonim* about the role of *pirsumei nisa* in the fulfillment of *mitzvot*: does it constitute an integral component of certain *mitzvot*, or not? If it does, is it merely a preferred dimension in order to perform the *mitzvah* optimally, or is it a *sine qua non*? According to either view, *af hen hayu be-oto ha-nes* relates only to the *pirsum ha-nes* dimension of the *mitzvah* and obligates women only with respect to that dimension.

With regard to *daled kosot*, our primary focus in this chapter, we saw how Rav Moshe portrayed the Rashbam and *Ba'alei Tosafot* vis-a-vis the Rif and the Rambam. The issue that divides the two camps — based on respective *girsa'ot* of *Pesachim* 108b — is whether *yedei cheirut* is an expression of a *mitzvah sheleimah* (or, as Rav Aharon Soloveichik *zt"l* paraphrased it, *mitzvah min ha-muvchar*) or whether it constitutes an indispensable requirement in order to fulfill one of the two components of the *mitzvah* of *daled kosot*.

How, then, could the *Ba'alei Tosafot* have considered applying *af hen...* to *matzah*? Isn't it true that *pirsum ha-nes* plays no role whatsoever — even at a *kiyyum* level — in this *mitzvah*? Isn't the miracle of the redemption just a historic backdrop for the origin of the *mitzvah*, but not at all a component in its fulfillment? What was, so to say, the *hava ameina* of the *Ba'alei Tosafot*?

This question forces us to re-examine our assumptions about *mitzvat matzah*. The Mishnah (*Pesachim* 116a-b) and the liturgy of the *Haggadah* state:

רבן גמליאל היה אומר: כל שלא אמר שלשה דברים אלו בפסח <u>לא יצא ידי חובתו</u>; ואלו הן: פסח, מצה, ומרור.

Which obligation will he not have fulfilled — *sippur yetzi'at Mitzrayim* or *achilat matzah*?

According to the Rambam (and most Rishonim) it is the former that he will not have fulfilled.

רמב"ם, הלכות חמץ ומצה – פרק ו
הלכה א – מצות עשה מן התורה לאכול מצה בליל חמשה עשר....
הלכה ד – אין אדם יוצא ידי חובת אכילת מצה אלא אם כן....
הלכה ז – אין אדם יוצא ידי חובתו באכילת מצה....

שם, פרק ז
הלכה א – מצות עשה של תורה לספר בנסים ונפלאות שנעשו לאבותינו במצרים בליל חמשה עשר בניסן....
הלכה ד – וצריך להתחיל בגנות ולסיים בשבח....
הלכה ה – כל מי שלא אמר שלשה דברים אלו בליל חמשה עשר לא יצא ידי חובתו....

The Rambam presents Rabban Gamliel's requirement in the context of *Perek Zayin*, which deals with *mitzvat sippur yetzi'at Mitzrayim*, and not in *Perek Vav*, where he had presented the details of *mitzvat matzah*.

On the other hand, the Ramban, in his *Milchamot Hashem* on *Berachot* (p. 2b in the pagination of the Rif) unequivocally interprets Rabban Gamliel in the context of the *mitzvot* of *eating pesach, matzah* and *maror*. He is discussing the issue of reciting *keri'at Shema* or *tefillah* before the *terminus a quo* identified in the Mishnah:

"(בא"ד)... כל שיעורי חכמים לכתחילה הם...אלא ודאי מאי 'לא יצא ידי חובתו'? – שלא קיים מצוה כהלכה...אבל לחזור ולקרות אין לנו. ושנינו כיוצא בה: 'כל שלא אמר ג' דברים אלו בפסח לא יצא ידי חובתו' – ולא שיהא צריך לחזור ולאכול פסח מצה ומרור...."[13]

There is a passage in Rabbenu Chananel that provides support for this interpretation of Ramban. The relevant citations are:

פסחים לו.
...מה תלמוד לומר "לחם עני" (דברים טז:ג) – פרט לעיסה שנילושה ביין ושמן ודבש.

---

[13] See Maharsha, *Chiddushei Aggadot, Pesachim* 116b, on *Tosafot s.v. kol mi*. He, too, interprets Rabban Gamliel as establishing a requirement for the fulfillment of *pesach, matzah* and *maror*, rather than *sippur yetzi'at Mitzrayim*. He does so on the basis of his philosophical interpretation of a *halachah* at the beginning of *Massechet Zevachim*. That the Maharsha interpreted Rabban Gamliel's statement within his *Chiddushei Aggadot* rather than within the *Chiddushei Halachot* is itself significant.

מאי טעמא דרבי עקיבא? – מי כתיב לחם "עוני"? "עני" כתיב! ...האי דקרינן ביה "עוני" – כדשמואל, דאמר שמואל: "לחם עוני" – לחם שעונין עליו דברים הרבה.

רש"י

שעונין עליו דברים – שגומרים עליו את ההלל, ואומרים עליו הגדה.

ר"ח

בזמן שעונין אחריו דברים – והן ההגדה, שאמר מצה זו שאנו אוכלין על שום מה וכו' – אסור אותו זמן לאכול מצה עשירה, דבעינן עוני;....

Which is ancillary to which? Is the recitation of *Hallel* and the *Haggadah* a detail in the implementation of *achilat matzah*, or is the reverse true?

Rashi would seem to subscribe to the commonly held view that the physical presence of *matzah* enables one to fulfill the *mitzvah* of *sippur*. This is in line with what we saw in Chapter 2 (sections C and G): firstly, that the *mitzvah* of *ve-higadeta* (that is, of *sippur yetzi'at Mitzrayim*) has to be fulfilled *be-sha'ah she-yesh matzah u-maror munachim lefanecha*; secondly, that *Hallel* at the *Seder*, which is part of our fulfillment of *ve-higadeta*, is governed by the times within which one may fulfill the *mitzvah* of *matzah*.

Rabbenu Chananel, however, seems to suggest that the recitation of the *Haggadah* – and, specifically, Rabban Gamliel's required explanations of *pesach, matzah* and *maror* – determine the conditions under which the *mitzvah* of *matzah* may be fulfilled. Thus, the miracle of the redemption – or, we might say, the *pirsumei nisa* – is not merely a background against which to understand the origin of the *mitzvah*. It rather is an element within it, albeit as a *mitzvah kiyyumit* and not as a *sine qua non*.

L.

There is one final issue that we need to raise in order to have treated Rav Moshe's exposition comprehensively. This relates to a segment of *Tosafot Pesachim* 108b (*s.v. hayu*) that we have not yet seen.[14]

תוספות פסחים קח:

היו באותו הנס – (בא"ד)... והא דאמרינן דפטורות מסוכה אע"ג דאף הן היו באותו הנס כי בסוכות הושבתי, התם בעשה דאורייתא אבל בארבעה כוסות דרבנן תיקנו גם לנשים כיון שהיו באותו הנס.

[14] Earlier, in section C, we included only the first part of this *Tosafot* in our analysis.

Simply stated, the *Ba'alei Tosafot* ask why we don't apply *af hen* to *mitzvat sukkah*. Their answer seems to be the same as the first answer in *Tosafot Megillah* 4a with regard to *matzah*; namely, that *af hen* can only create a rabbinic obligation.[15]

We now ask the same question we raised earlier (section K) with regard to *matzah*: How could the *Ba'alei Tosafot* have even considered applying *af hen...* to *sukkah*? Isn't it true that *pirsum ha-nes* plays no role whatsoever — even at a *kiyyum* level — in this *mitzvah*? Isn't the miracle of the redemption just a historic backdrop for the origin of the *mitzvah*, but not at all a component in its fulfillment? What was, so to say, the *hava ameina* of the *Ba'alei Tosafot*?

In order to answer this question we must find, as we did with *matzah*, a basis for asserting that the *pirsum ha-nes* element constitutes at least a *mitzvah kiyyumit* in *sukkah*. This basis is provided by the Tur:

<u>טור אורח חיים – סימן תרכה</u>

הלכות סוכה:

בסוכות תשבו שבעת ימים וגו' למען ידעו דורותיכם כי בסוכות הושבתי את בני ישראל בהוציאי אותם וגו' תלה הכתוב מצות סוכה ביציאת מצרים וכן הרבה מצות לפי שהוא דבר שראינו בעינינו ובאזנינו שמענו ואין אדם יכול להכחישנו והיא המורה על אמיתת מציאות הבורא יתעלה שהוא ברא הכל לרצונו והוא אשר לו הכח והממשלה והיכולת בעליונים ובתחתונים לעשות בהן כרצונו ואין מי שיאמר לו מה תעשה כאשר עשה עמנו בהוציאו אותנו מארץ מצרים באותות ובמופתים והסוכות שאומר הכתוב שהושיבנו בהם הם ענני כבודו שהקיפן בהם לבל יכה בהם שרב ושמש ודוגמא לזה צונו לעשות סוכות כדי שנזכור נפלאותיו ונוראותיו;...

ב"ח (שם)

"תלה הכתוב..." – איכא למידק בדברי רבנו, שאין זה מדרכו בחבורו זה לבאר כוונה לשום מקרא שבתורה; כי לא בא רק לפסוק הוראה או להורות מנהג, ופה האריך לבאר

---

[15] The Chida (*Birkei Yosef, Orach Chayyim,* 473:15) considers the possibility that this *Tosafot* in *Pesachim* could be understood differently from the one in *Megillah*. It is possible, he suggests, that the *Ba'alei Tosafot* here are asserting that *af hen* is only operative at all in relation to *mitzvot d'rabanan*, and that it cannot even obligate women on a rabbinic level with regard to a *mitzvah d'oraita*.

ולדרוש המקרא ד"בסוכות תשבו". ויראה לי לומר בזה שסובר דכיון דכתיב "למען ידעו
וכו'", לא קיים המצוה כתיקונה אם לא ידע כוונת מצות הסוכה....

According to the Bach's explanation of the Tur's formulation, then, the so-called *pirsum ha-nes* is more than just a background for the *mitzvah*. It comprises an element of its fulfillment. In this sense, it constitutes a *mitzvah kiyyumit* within *mitzvat sukkah*, just as it does – at least according to Rabbenu Chananel and the Ramban – within *mitzvat matzah*. The *Ba'alei Tosafot* were justified, therefore, in raising the possibility that *af hen hayu be-oto ha-nes* should suffice to obligate women in these two *mitzvot* (*matzah* and *sukkah*) as it does in *ner Chanukah, mikra Megillah* and *daled kosot*.

They, the *Ba'alei Tosafot*, offered two answers to their question. The more general answer was that *af hen* could not generate a *chiyuv d'oraita*. The more specific answer was that there is a *halachah le-Moshe mi-Sinai* that exempts women from *sukkah*, and this, in turn – on the basis of the *gezeirah shavah* – would override *af hen* for *matzah* as well. Rav Moshe Soloveichik's answer, as reported both by the Rav *zt"l* and by Rav Ahron Soloveichik *zt"l*, distinguishes conceptually between the three *mitzvot* to which the Gemara applies *af hen* and the two *mitzvot* raised by the *Ba'alei Tosafot*.

M.

Is there any discussion about extending *af hen* to other *mitzvot* (beyond the five we have already seen)?

The Chida suggests that women could be obligated *mi-d'rabanan* to perform *sippur yetzi'at Mitzrayim* on the basis of *af hen*. R. Avraham Danzig (*Chayyei Adam*, 130:12) also develops this approach[16] and the *Mishneh Berurah*[17] takes it for granted.

---

16 The basis for the ruling of "the Mechaber" is not clear:

שולחן ערוך אורח חיים – סימן תעב, סעיף יד – גם הנשים חייבות בארבע כוסות ובכל מצות הנוהגות
באותו לילה.

In response to the Tur's formulation,

טור אורח חיים, סימן תעב – ואחד אנשים ואחד נשים חייבים בהם ובכל מצות הנוהגות באותה לילה
כגון מצה ומרור

"the Mechaber" had written, in his *Beit Yosef*:

The *Pri Megadim*[18] suggests that according to the first answer of *Tosafot Megillah* 4a women should be obligated *mi-d'rabanan* to perform *sippur yetzi'at Mitzrayim*, but that according to the second answer of *Tosafot* they should be obligated *mi-d'oraita*.[19]

The Chida records opinions on both ends of the spectrum with regard to *sippur*: (a) The author of a work entitled *Beit David* asserts that women are exempt entirely (even on a rabbinic level) from *sippur*; (b) The *Sefer ha-Chinuch*[20] obligates them fully *mi-d'oraita*.

Three other *mitzvot* in which *af hen* is discussed as a possible basis for obligating women are *kiddush* on *Shabbat*,[21] *tefillin*[22] and *tzitzit*.[23] In a letter written on Purim in 1813, R. Moshe Sofer already developed the basic distinction that Rav Moshe Soloveichik was to formulate a century later:

שו"ת חתם סופר חלק א (או"ח) סימן קפה

...דתפילין אינם מטעם יציאת מצרים לחוד, כי הוא מחוק אהבת אוהבים לישא כל אחד חותם אהבת חברו על עצמו, וכדכתיב "שימני כחותם על לבך כחותם על זרועך כי עזה כמות אהבה" (שה"ש ח: ו),... ולכן אחז"ל (ברכות ו.) הקב"ה מניח תפילין, ותפילין דמרי עלמא מאי כתיב בהו אהבת ה' את ישראל, והני דידן מאי כתיב בהו אהבתינו את ה' וקבלת

בית יוסף אורח חיים, סימן תעב – "ואחד אנשים ואחד נשים חייבים בהם" – שם (קח.) נשים חייבות בד' כוסות שאף הן היו באותו הנס ומטעם זה צריך לומר שהן חייבות בכל מצות הנוהגות באותו הלילה וכמו שכתב רבינו.

However, it is not clear whether the Tur himself intended to include *sippur yetzi'at Mitzrayim*. The *Chayyei Adam* is willing to entertain the possibility that he did not.

[17] משנה ברורה – סימן תעב

(מד) גם הנשים חייבות – דאף שהוא מצוה שהזמן גרמא מ"מ חייבות שאף הן היו באותו הנס.

(מה) מצות הנוהגות וכו' – כגון מצה ומרור ואמירת הגדה.

[18] *Eshel Avraham, Orach Chayyim*, 479:2.

[19] The *gezeirah shavah* from *sukkah* would only neutralize the attempt to obligate women in *matzah*, but it would be irrelevant presumably with regard to *sippur yetzi'at Mitzrayim*. The *Pri Megadim* does not explain why this would be the case.

[20] *Parshat Bo*, at the very end of *mitzvah* 21. The *Minchat Chinuch* is perplexed by this position and he can find no support for it. He does consider women to be obligated *mi-d'rabanan* in the *mitzvah* of *sippur*, as they are in *daled kosot* and in *Hallel*.

[21] The Rav had already mentioned this in a letter that he wrote while still in Berlin. See *Iggrot ha-Grid ha-Levi* (Jerusalem, 2001), 92.

[22] See *Mesorah*, vol. 2, p. 10.

[23] *Teshuvot Chatam Sofer, Orach Chayyim*, #185. He also addresses *kiddush* and *tefillin*.

עול מלכותו ויחודו... אך הואיל וגם זה מעורר האהבה לזכור חסדו אשר עשה עמנו בצאתנו ממצרים, על כן לסניף בעלמא אמר: בשעה שנכתוב אהבת ה' לנו על חותם לבנו, נזכיר גם את זה; ואיננו אלא סניף. והפטור מעיקר החותם לא נתחייב בסעיף מסעיפי המצוה שהוא יציאת מצרים – אעפ"י שהי' באותו הנס, ולא שייך לחייב נשים שאף הם היו באותו הנס אלא בפסח חנוכה ופורים... משום שכל עיקר המצוה לא נתקן אלא בשביל זה, אבל לא בתפילין וכן בציצית שעיקר המצוה "וראיתם אותו וזכרתם את כל מצות ה'", ועל דרך אגב נזכיר גם יציאת מצרים וקריעת ים סוף... וכן שמירת שבת עיקרו זכרון למעשי בראשית וסעיף סעיפי' הם זכר ליציאת מצרים, ואילו היו נשים פטורות מן העיקר לא יתחייבו משום שהיו בני יציאת מצרים;...

Two final areas of *halachah* in which *poskim* discuss the applicability of *af hen hayu b'oto ha-nes* are *se'udah shelishit* and *lechem mishneh.*

Rabbenu Tam seems to be the first to obligate women in both of these *mitzvot d'rabanan* on the basis of our principle.

ספר הישר, חלק התשובות – סימן סט

וזו שאל ר' משה מפונטויישא מרבינו יעקב זצ"ל....

(ד). (בענין סעודה שלישית בפירות, ואם אשה חייבת)...גם ילמדנו רבנו אם אשה חייבת בג' סעודות....

שם – סימן ע

וזה השיב לו....

(ד). (בענין שלש סעודות)... ונשים אם חייבות, נראה דאף הם היו באותו הנס דמן לחם משנה היה לכלם. וכן חייבות לבצוע על שתי ככרות; ועוד דמצות עשה דרבנן שוה בכל.[24]

---

[24] This position – that the exemption of *mitzvot aseh she-ha-z'man gerama* does not apply to any *mitzvah d'rabanan* – is contrary to the view that is presented generally by the *Ba'alei Tosafot* (see section B above). On the other hand, Rashi did endorse this view:

ברכות כ:

גמרא. ...וחייבין בתפלה דרחמי נינהו. – מהו דתימא: הואיל וכתיב בה "ערב ובקר וצהרים" (תהלים נ"ה), כמצות עשה שהזמן גרמא דמי – קמשמע לן.

רש"י הכי גרסינן: תפלה דרחמי נינהו – ולא גרס פשיטא, דהא לאו דאורייתא היא.

The reaction to Rashi by the *Ba'alei Tosafot* (which we already quoted above in section B) brings his view into sharp relief.

This position of Rashi and Rabbenu Tam was never accepted normatively.

This view of Rabbenu Tam is quoted by R. Meir of Rothenberg,[25] "the Mordechai,"[26] the Ran[27] and the Avudraham.[28]

---

[25] It is quoted in two *teshuvot*. One is brief:

שו"ת מהר"ם מרוטנברג חלק ד (דפוס פראג) סימן תרמב

כבר נשאל לר"ת אם נשים חייבות בג' סעודות בשבת והשיב דודאי חייבות שאף הן היו בירידת המן
וע"י כך נתקנו שלש סעודות.

An earlier *teshuvah* in the same collection is more elaborate:

שו"ת מהר"ם מרוטנברג חלק ד (דפוס פראג) סימן תעג

השיב ר"ת למהר' משה מפונטיזא דנשים חייבות בג' סעודות אע"ג דהו"ל מעשהז"ג, דאף הן היו באותו
הנס [דמן] דלחם משנה האכילן; וכן חייבות לבצוע על ב' ככרות ועוד דעשה דרבנן שוה בכל.

ואין נראה, דהא נשים פטורות מק"ש אע"ג דאית בהו עול מלכות שמים לא מחייבי' להו מדרבנן כדאמ'
פ' מי שמתו (כ:) ואע"ג דאיכא מאן דאית ליה דק"ש דרבנן.

וטעם ראשון שפי' שאף הן היו באותו הנס לא ידענא אי א"ש, דנהי דליכא לאקשויי מהא דקאמר התם
נשים חייבות בקידוש היום ד"ת לא מפיק ליה אלא מזכור ושמור דכל שישנו בשמירה ישנו בזכירה
אבל מהאי טעמא לא... דאותו הנס לא שייך לקידוש, אבל מ"מ <u>לא שייך טעמא שאף הן היו אלא היכא</u>
<u>דהמצוה באה על הנס שאירע לישראל שהיו בסכנה ונמלטו דומי' דמגילה ובד' כוסות ובנר חנוכה.</u>

The Maharam of Rothenberg thus rejects both of Rabbenu Tam's reasons. His analysis of the first (*af hen...*) contains the kernel of what was later developed by R. Moshe Sofer, R. Shlomo Kluger (see below) and, ultimately, by Rav Moshe Soloveichik.

[26] *Perek Kol Kitvei*, 397. He also cites this view of Rabbenu Tam at the beginning of *Massechet Megillah*, 780; but there he mentions only *se'udah shelishit*, not *lechem mishneh*.

R. Mordechai b. Hillel was one of the outstanding students of R. Meir of Rothenberg. His late-thirteenth, early-fourteenth century commentary to the Talmud is an important source for many of the teachings of the *Ba'alei Tosafot*.

[27] *Perek Kol Kitvei*, p. 44a (in the pagination of the Rif), *s.v. ve-katav*. The Ran reports the view of Rabbenu Tam and endorses his ruling, although he rejects Rabbenu Tam's reasoning. The Ran writes:

וכתב ר"ת ז"ל דנשים חייבות בג' סעודות, וכן נמי לבצוע על שתי ככרות, שאף הן היו בנס המן.

ואין צורך [לטעם "אף הן"] שבכל מעשה שבת איש ואשה שווין, כדילפינן (ברכות כ:) מזכור ושמור –
"את [צ"ל כל] שישנו בשמירה ישנו בזכירה", ובכלל זה הוי כל חיובי שבת.

This suggestion of the Ran, to extrapolate from *zechirah* (i.e., *kiddush*) to other aspects of *Shabbat*, was not universally accepted. The *Taz* and, later, R. Shlomo Kluger were not persuaded by it (see below). On the other hand, the *Pri Megadim* (cited by *Chiddushei R. Akiva Eiger* to *Shulchan Aruch Orach Chayyim*, 291) accepted it; see *Eshel Avraham*, 307:8 and 325:11.

[28] His citation of Rabbenu Tam appears twice: in the section of the Introduction entitled *Birchot ha-Mitzvot u-Mishpiteihem*, and later in *Dinei Shalosh Se'udot*. See *Avudraham ha-Shalem* (Jerusalem, 1959), pp. 26, 181.

Another basis upon which to obligate women in *se'udah shelishit* is advanced by the author of *Shibbolei ha-Leket*. At the end of *siman* 93 he writes:

בכתובות, בפ' אע"פ [סד:], שאמרו בגמ' דהמשרה את אשתו [...] מוכיח שהנשים חייבות בשלש סעודות.29 ותימה – שהרי היא מעשהז"ג, וכל מעשהז"ג נשים פטורות.30 ונראה בעיני שעל כולם [על אנשים ונשים] הוא אומר "אכלוהו היום וגו' " (שמות טז:כה), ובין אנשים ובין נשים נתרבו באכילה זו.

Rabbenu Tam's view on *se'udah shelishit* was accepted normatively, although his reasoning continued to be debated. Thus:

<u>בית יוסף, אורח חיים – סימן רצא</u>

כתבו הר"ן והמרדכי בפרק כל כתבי בשם רבינו תם דנשים חייבות בשלש סעודות וכן נמי לבצוע על שתי ככרות שאף הן היו בנס המן. וכתב הר"ן ואין צורך, שבכל מעשה שבת איש ואשה שוין.

וכן כתוב בשבלי הלקט דנשים חייבות משום דעל כולם הוא אומר אכלוהו היום ובין אנשים בין נשים נתרבו באכילה זו. וכן מוכיח בפרק אע"פ (כתובות סד ע"ב) גבי משרה אשתו על ידי שליש.

The *Beit Yosef* thus adopts Rabbenu Tam's ruling, but clearly avoids citing either of his two reasons. Instead he offers the three other possibilities we have seen.

Similarly, the *Magen Avraham* and the *Taz* each reject Rabbenu Tam's reasons, opting instead for the Ran and the *Shibbolei ha-Leket*, respectively.

<u>שולחן ערוך אורח חיים – סימן רצא, סעיף ו</u>

נשים חייבות בסעודה שלישית.

<u>מגן אברהם, שם – או"ק יא</u>

נשים חייבות – דלכל מילי דשבת איש ואשה שוין.

---

29 The *sugya* tries to determine how much food a husband must provide weekly for his wife. The operative assumption is that he owes her two meals each weekday and three meals on *Shabbat*. The Gemara itself does not provide the basis for this assumption.

In his *Be'urei ha-Gra* on *Shulchan Aruch Orach Chayyim*, 291:6:17, R. Eliyahu of Vilna points to this talmudic source as the basis for the ruling of "the Mechaber" that women are obligated to eat *se'udah shelishit*. That he chose this option rather than those of the Ran or the *Shibbolei ha-Leket* is, of course, consistent with his programmatic statement in his introduction: his intention was to ground *Halachah*, including post-talmudic developments, in the Talmud.

30 Hence, the *Shibbolei ha-Leket* assumes the majority view amongst Rishonim, contrary to the opinion of Rashi and Rabbenu Tam.

ט"ז, שם – או"ק ו

נשים חייבות – דעל כולם הוא אומר "אכלוהו היום", ובין אנשים ובין נשים נתרבו לאכילה זו.

It is noteworthy that the *Mishneh Berurah* blurs these distinctions:

משנה ברורה – סימן רצא, ס"ק כו

חייבות בסעודה שלישית – דלכל מילי דשבת איש ואשה שוין, כמו שנתבאר בסי' רע"א. ועוד שגם הם היו בנס של המן ועל כולם אמר אכלוהו היום – דמזה נלמד חיוב ג' סעודות בשבת.

He seems, in fact, to be identifying the reasons of Rabbenu Tam and of the *Shibbolei ha-Leket*, and treating them as one reason.

The issue of women's obligation to use *lechem mishneh* on *Shabbat* was addressed by R. Shlomo Kluger in a *teshuvah*[31] in which he, too, emerges as a precursor of Rav Moshe Soloveichik:

שו"ת האלף לך שלמה – חלק א"ח, סימן קיד

שאלתו למה לא נהגו הנשים בלחם משנה... וזה גרם לו מה שראה בפמ"ג שכתב בשם אבודרהם דגם נשים חייבין בלח"מ מכח דאף הם היו באותו נס. לדעתי מנהג ישראל תורה הוא כי אין דברי האבודרהם נראין בזה, דבשלמא גבי ד' כוסות ומגילה דעיקר המצוה הוי לזכרון והודאה על הנס עצמו – לכך שייך לומר דאף הן היו באותו נס, אבל בלח"מ אטו הוי זה להודאה על נס המן?! ז"א, רק זה הוי זכרון על מה שירד ביום הששי לחם משנה וזה עדות ואות על מצות שבת וא"כ הוי מצותו רק לזכרון ועדות על השבת וא"כ הוי רק כשאר מצות. והריב"ש כתב לולי דגלתה התורה דכל שישנו בשמירה ישנו בזכירה היו נשים פטורין אף מקידוש השבת; לכך נהי דילפינן מזכור ושמור דחייבין בק"ה, מיהו לשאר מצות שבת דהוי בקום ועשה פטורין דהוי מעשהז"ג. ...ולכך אין נוהגין בזה כאבודרהם, ומנהג ישראל תורה הוא.

שנית להשואל מה ששאל נהי דסתרי דברי האבודרהם דלא שייך בזה שאף הן היו באותו נס, אכתי הרי הר"ן פרק כל כתבי כתב טעם של אבודרהם בשם הר"ת, ואח"כ כתב דבלא טעם זה כיון דאיתקש זכירה לשמירה, ונשים חייבין בקידוש היום ד"ת, ה"ה לכל חיובי שבת; והביאם המג"א סי' רצ"א ס"ק י"א עכ"ל.

[31] It is clear from this *teshuvah* that neither R. Shlomo Kluger nor his correspondent had access to the *Avudraham*. In fact, there was a chain of second-hand quotations; the *Pri Megadim* (*Mishbetzot Zahav* 274:1) cited in the *teshuvah* quotes the *Elyah Rabbah* (in his commentary to the *Levush*, 274:1) who, in turn, quotes the Avudraham – but without reference to Rabbenu Tam (whom Avudraham cites by name in both places within his work). It would seem, furthermore, that neither the *Pri Megadim* nor the *Elyah Rabbah* had access to "the Mordechai" or the Ran; otherwise they would have mentioned Rabbenu Tam.

הנה אין זה מוכרח – דהרי קיי"ל די"ל קים לי כהפוסקים בהאי ולא קים לי בהאי. א"כ
ה"נ, כיון דר"ת ואבודרהם נתנו טעם מכח שאף הן היו באותו נס ולא כתבו מכח דאיתקש
זכירה לשמיר' בע"כ דלא ס"ל כהר"ן, רק ס"ל דדוקא לזכירה איתקש ולא לשאר דינים;
א"כ בזה קיי"ל כוותייהו דליכא בזה חיובא לנשים מכח ההיקש, ובזה לא קיי"ל כוותייהו
לומר דאף הן היו באותו הנס מטעם שכתבתי. ובפרט דלשון הש"ס דא"ר אדא ב"א נשים
חייבות בק"ה ד"ת ולא אמר נשים חייבות בכל מ"ע של שבת ד"ת מכח ההיקש מוכח דרק
לק"ה הוקש ולא לשאר דברים. ולכך לא קיי"ל בזה כהר"ן, רק כר"ת ואבודרהם; ולטעם
דידהו נמי לא קיי"ל מטעם הנ"ל. ובאמת הטו"ז (או"ח בסי' רצ"א) לא נקט הטעם של
המג"א בסעודה ג', רק מכח דלכולם נאמר "אכלוהו היום" והיינו דס"ל כמ"ש דאין הכרח
לומר דלכל מילי שוין הם.

R. Shlomo Kluger defends what seems to have been the widespread
neglect by women of their requirement for *lechem mishneh*. Nonetheless, the
view of Rabbenu Tam to the effect that they are obligated prevailed in the
halachic literature. However, as with *se'udah shelishit*, his reasoning was not
universally accepted.[32]

טור אורח חיים – סימן רעד
ובוצע על ב' ככרות דכתיב לקטו לחם משנה....

שולחן ערוך אורח חיים – סימן רעד, סעיף א
בוצע על שתי ככרות (שלימות)...

לבוש (החור) – סימן רעד, סעיף א
ובוצע על שתי ככרות שלמות זכר למן, דכתיב "לקטו לחם משנה" (שמות טז:כב).

אליה רבה – שם
לכך גם נשים חייבות בב' ככרות שגם הם היו בנס המן – אבודרהם בהקדמה.

באר היטב – סימן רעד, או"ק א
וגם נשים חייבות לבצוע על ב' ככרות – מרדכי בשם ר"ת, אבודרהם.

משנה ברורה – סימן רעד, ס"ק א
זכר למן דכתיב "לקטו לחם משנה", וגם ביו"ט צריך לבצוע על שתי ככרות.
וגם הנשים מחויבות בלחם משנה שהיו ג"כ בנס המן.

ביאור הלכה – סימן רצא
נשים חייבות וכו' – וגם חייבות במצות לחם משנה [ב"י].

---

[32] See the *Beit Yosef* (291) quoted above.

Chapter 5

Mitzvot Tzerichot Kavannah

This topic is a critical one in the halachic literature. It has many applications within the Gemara itself, and it has generated endless discussion amongst Rishonim and Acharonim. The apparent inconsistencies within the Gemara carry through to the *Shulchan Aruch*, and it would appear that the Mechaber was ambivalent about the issue.[1] The Rav popularized the creative approach of his grandfather, Reb Chayyim of Brisk, in harmonizing the respective sources – with particular emphasis on the Rambam's position – and the formulations of the Rav on this *sugya* have been very influential.

The reader of this *shiur* would expect that we begin with a definition of *kavannah*. However, Rishonim identified subtle differences between respective forms of *kavannah* only in response to the challenges posed by these various talmudic sources.[2] We shall, therefore, proceed as they did – by learning one Gemara after another, and then developing approaches to reconciling them. Unlike the earlier chapters, we shall pause after each of the major sources to summarize the points that will have been made. This will prove to be very helpful later in discerning the subtleties within the respective views of the Rishonim.

The vast majority of this chapter will be devoted to providing the backdrop to the Rav's position on this theme. Most of the sources for this unit are the primary texts of the Gemara and Rishonim. These will occupy

---

[1] See *Tur Orach Chayyim* and *Shulchan Aruch Orach Chayyim*, #60, 475 and 589.

[2] We shall restrict ourselves to distinctions between levels of *kavannah* that are directly relevant to the integration of the sources that we shall cite, and to their role in the Rav's approach to the Rambam's position on whether *mitzvot tzerichot kavannah* or *einan tzerichot kavannah*. The respective shadings of *kavannah* that apply to *keri'at shema* and to the *amidah*, on the one hand, and to *ma'aseh ha-mitzvah* vis-à-vis *kiyyum ha-mitzvah*, on the other hand, are beyond the scope of this shiur; see R. Mayer Twersky's essay for an extensive discussion of these nuances.

us in Sections A – I. For the contribution of Reb Chayyim of Brisk and of the Rav that we shall introduce only in Section J, I relied on the following two sources:

(1) *Shi'urim le-Zecher Abba Mari*, Vol. 1 (Jerusalem, 1983), 29–31; see, particularly, n. 56 (p. 29).

(2) R. Mayer Twersky (the Rav's grandson), "Be-Inyan Mitzvat Keri'at Shema ve-Kavannat Mitzvot," in Avraham J. Shmidman and K. Jeremy Weider, eds, *Zichron HaRav* (New York, 1994), 111–21.

A.

Our exploration begins with a rather succinct discussion in *Massechet Rosh Hashanah*:

<u>ראש השנה כח. - כח:</u>

שלחו ליה לאבוה דשמואל: כפאו ואכל מצה יצא. כפאו מאן? אילימא כפאו שד, והתניא: "עתים חלים עתים שוטה – כשהוא חלים הרי הוא כפקח לכל דבריו, כשהוא שוטה הרי הוא כשוטה לכל דבריו."

אמר רב אשי: שכפאוהו פרסיים. אמר רבא: זאת אומרת התוקע לשיר יצא.

[פשיטא – היינו הך! מהו דתימא: התם אכול מצה אמר רחמנא והא אכל, אבל הכא "זכרון תרועה" כתיב (ויקרא כג:כד) והאי מתעסק בעלמא הוא – קא משמע לן.]

אלמא קסבר רבא מצות אין צריכות כוונה.

<u>רש"י</u>

<u>שכפאוהו פרסיים</u> – ואף על גב שלא נתכוון לצאת ידי חובת מצה בליל ראשון של פסח יצא:

<u>התוקע לשיר</u> – לשורר ולזמר, כך שמעתי מפי מורי הזקן.[3] וביסודו של מורי רבי יצחק בן יהודה[4] ראיתי "התוקע לשד" – להבריח רוח רעה מעליו.

<u>פשיטא</u> – דזאת אומרת כן.

<u>מהו דתימא התם אכול מצה קאמר רחמנא והא אכל</u> – ונהנה באכילתו, הלכך לאו מתעסק הוא, שהרי אף לענין חיוב חטאת אמרינן (כריתות יט:) "המתעסק בחלבים ובעריות חייב, שכן נהנה."

<u>קא משמע לן</u> – דאף על גב דמתעסק הוא, יצא – דמצות אין צריכות כוונה.

---

[3] Rashi is here referring to one of his three primary teachers: R. Ya'akov b. Yakar ha-Zaken. See, e.g., Rashi on *Eruvin* 4a, *Sukkah* 35b and *Menachot* 42a.

[4] He is another of Rashi's three teachers; see, e.g., Rashi on *Yoma* 16b and *Gittin* 59b. The third was Rabbenu Yitzchak ha-Levi, often referred to as Rabbenu ha-Levi; see, e.g., Rashi on *Rosh Hashanah* 29a, *Beitzah* 24b and *Kiddushin* 11b.

Shmuel's father[5] endorsed – as we can infer *ex silentio* – the view that had been presented to him: one who performs *mitzvat achilat matzah* (on the night of Pesach) under duress – i.e., he is not thinking of his obligation to eat *matzah* because he is preoccupied with the adversity of his circumstances – nonetheless fulfills the *mitzvah*.

A concrete illustration of this case is ultimately attributed, almost two hundred years later,[6] to Rav Ashi. In the interim, Rava – who lived after Shmuel's father, but before Rav Ashi – had formulated an analogy to the case that had been presented to Shmuel's father: one who sounds the *shofar* (on Rosh Hashanah) not in order to comply with the halachic requirement, but in order to play instrumental music (or, according to Rashi's alternative explanation, in order to ward off evil spirits). Here, too, the person is performing the physical act which the *mitzvah* entails, but without any attention to the halachically obligatory nature of the act. He, nevertheless, fulfills his obligation.

We shall yet see that some Rishonim did not have the next two (bracketed) lines of the Gemara in their *girsa* of the text. Let us, in the meantime, continue our reconstruction of the dialogue without these two lines. One of the later Amora'im or Savora'im spelled out the implication of Rava's comparison of the two cases of *matzah and shofar.* Rava is surely of the opinion that *mitzvot* – in general – do *not* require *kavannah*.

Let us now proceed to a second *sugya* that revolves around our principle.

B.

משנה פסחים קיד.

הביאו לפניו, מטבל בחזרת עד שמגיע לפרפרת הפת...

רש"י

הביאו לפניו – ירקות.

---

[5] Shmuel was a first-generation Amora. His father was a scholar in his own right, and is quoted as an authority almost fifty times in talmudic discussions. He had been in direct communication with Reb Yehudah ha-Nasi; see *Pesachim* 103a.

[6] Shmuel's father died, presumably, around 225 C.E. Rav Ashi was born during the year of Rava's death (see *Kiddushin* 72b) and died c. 425.

<u>מטבל בחזרת</u> – זהו לשון הגמרא[7] כדתניא לעיל (קז:) "השמש מטבל בבני מעים," לפי שכל מאכלם על ידי טיבול.

<u>מטבל בחזרת</u> – כלומר אם אין שם ירק אחר מטבל החזרת בחרוסת ואוכל.

<u>עד שמגיע לפרפרת הפת</u> – קודם שיגיע לאותה חזרת שהוא אוכל אחר המצה, שהוא מברך עליה "על אכילת מרור". וטיבול ראשון – כדי שיכיר תינוק וישאל, לפי שאין רגילין בני אדם לאכול ירק קודם סעודה.

<u>גמרא שם קיד:</u>

אמר ריש לקיש: זאת אומרת מצות צריכות כוונה – כיון דלא בעידן חיובא דמרור הוא דאכיל ליה, ב"בורא פרי האדמה" הוא דאכיל ליה; ודילמא לא איכוון למרור, הלכך בעי למהדר לאטבולי לשם מרור.

דאי סלקא דעתך מצוה לא בעיא כוונה, למה לך תרי טיבולי? והא טביל ליה חדא זימנא!

ממאי? דילמא לעולם מצות אין צריכות כוונה, ודקאמרת "תרי טיבולי למה לי" – כי היכי דליהוי היכירא לתינוקות.

וכי תימא: אם כן לישמעינן שאר ירקות! אי אשמעינן שאר ירקות, הוה אמינא: היכא דאיכא שאר ירקות הוא דבעינן תרי טיבולי, אבל חזרת לחודא לא בעי תרי טיבולי; קמשמע לן: דאפילו חזרת בעינן תרי טיבולי, כי היכי דליהוי ביה היכירא לתינוקות.

ועוד תניא: אכלן דמאי יצא; אכלן בלא מתכוין יצא; [אכלן לחצאין יצא ובלבד שלא ישהא בין אכילה לחבירתה יותר מכדי אכילת פרס].

תנאי היא. דתניא: רבי יוסי אומר: אף על פי שטיבל בחזרת, מצוה להביא לפניו חזרת וחרוסת ושני תבשילין. ואכתי "ממאי?" – דילמא קסבר רבי יוסי מצות אין צריכות כוונה, והאי דבעינן תרי טיבולי כי היכי דתיהוי היכירא לתינוקות.

אם כן מאי "מצוה"?

<u>רש"י</u>

<u>זאת אומרת מצות צריכות כונה</u> – משום הכי בעי תרי טיבולי: שמא לא נתכוון לשם מרור הואיל ובירך "בורא פרי האדמה" כשאר ירקות דעלמא.

<u>דילמא הא קמשמע לן דבעינן תרי טיבולי</u> – משום תינוקות שישאלו, ועבדינן היכירא טובא.

<u>[אכלו לחצאין</u> – חצי זית בפעם ראשונה וחצי זית בפעם שניה, ובמרור קא איירי.]

<u>תנאי היא</u> – דהאי תנא לית ליה "צריכות כוונה", ור' יוסי אית ליה "צריכות כוונה."

---

[7] Rashi explains that the Gemara often employs the prefix *"bet"* in an instrumental sense: to dip "with," rather than to dip "in." In this case, he dips with the *chazeret* (into *charoset*); he does not dip something else (unspecified) into the *chazeret.*

The Mishnah describes the following procedure: after the first *kos* of the *arba kosot* one should eat *chazeret* (one of the vegetables that qualifies as *maror*) dipped in *charoset*, notwithstanding the fact that he will be required to eat *chazeret* again later with the *matzah*.

Reish Lakish[8] infers from this Mishnah that *mitzvot* do, in fact, require *kavannah*. His reasoning is: the proper place within the *Seder* to perform *mitzvat achilat maror* is after the second *kos*, in conjunction with *matzah*.[9] Yet, having eaten it already after the first *kos* – for reasons unspecified in our Mishnah – it would seem unnecessary to eat it again later. Apparently, argues Reish Lakish, the first time did not constitute a fulfillment of the *mitzvah* because the one who ate it was not yet thinking in terms of *mitzvat maror*. The Mishnah is thus teaching us, implicitly, that *mitzvot tzerichot kavannah*.

The Gemara questions this inference, and suggests an alternative explanation for the requirement to eat *chazeret* (i.e., *maror*) later, an explanation based on the presupposition that *mitzvot* do *not* require *kavannah*. The Mishnah might very well assume that he had, in fact, fulfilled the *mitzvah* by eating it after the first *kos*, despite his lack of intent to do so yet. The (rabbinic) requirement to eat *chazeret* a second time is an expression of Chazal's desire to stimulate children to ask questions during the *Seder*. The unusual menu, which calls for dipping with a vegetable twice during the meal, will prompt the children to inquire.

The Gemara proceeds to strengthen its alternative explanation – which rejects Reish Lakish's inference that *mitzvot tzerichot kavannah* – by pointing out that the Mishnah could have taught us the value of prompting children to ask questions by presenting a case in which the person eats a non-*maror* vegetable initially, and then eats *chazeret* together with *matzah*. This would have avoided the issue of *kavannah*. Apparently, the Mishnah designed its case in order to teach us that *mitzvot* do *not* require intent. Thus, although one has already, in fact, fulfilled *mitzvat maror* after the first *kos*, it is still necessary to eat it, dipped in *charoset*, a second time *kedei she-yish'alu ha-tinokot*.

---

[8] He is a younger contemporary of Shmuel's father.

[9] Although *maror* is, in the absence of the *korban Pesach*, only operative *mi-d'rabanan*, we still perform this *mitzvah* in its original setting; see *Pesachim* 115a.

Not only is this position compelling logically on the basis of a careful analysis of the Mishnah, but – the Gemara goes on to argue – there is a Baraita which teaches explicitly that *mitzvot* do not require *kavannah*. Thus, "*achalan be-lo mitkaven, yatza*."

The Gemara now steps back and, implicitly, assesses its analysis. The Mishnah, admittedly, allows for either interpretation; neither position with regard to *kavannah* can be proven conclusively on the basis of the Mishnah. What *does* seem determinant, however, is the Baraita (which favors, by implication, the Gemara's second explanation of the Mishnah).

At this point, the Gemara presents an opposing Baraita in which Rabi Yosi seems to espouse the view of *mitzvot tzerichot kavannah*. Although the Gemara then considers, momentarily, an alternative interpretation of Rabi Yosi's view, it concludes that Rabi Yosi, in fact, disagrees with the earlier Baraita.

At this juncture of the *sugya*, we are thus faced with: (a) two Baraitot with opposing views as to whether *mitzvot tzerichot kavannah*; (b) the Mishnah in *Pesachim* which can be interpreted either way; and (c) Reish Lakish's endorsement of the view that *mitzvot do* require *kavannah*.[10]

After a brief interlude, the Gemara continues its discussion of our topic:

<u>שם קיד:–קטו.</u>

פשיטא: היכא דאיכא שאר ירקות – מברך אשאר ירקות "בורא פרי האדמה" ואכיל, והדר מברך "על אכילת מרור" ואכיל. היכא דליכא אלא חסא – מאי?

אמר רב הונא: מברך מעיקרא אמרור "בורא פרי האדמה" ואכיל, ולבסוף מברך עליה "על אכילת מרור" ואכיל.

מתקיף לה רב חסדא: לאחר שמילא כריסו הימנו – חוזר ומברך עליה?!

אלא אמר רב חסדא: מעיקרא מברך עליה "בורא פרי האדמה" ו"על אכילת מרור" ואכיל, ולבסוף אכיל אכילת חסא בלא ברכה.

בסוריא עבדי כרב הונא; ורב ששת בריה דרב יהושע עביד כרב חסדא.

והלכתא כוותיה דרב חסדא.

רב אחא בריה דרבא מהדר אשאר ירקות לאפוקי נפשיה מפלוגתא.

---

[10] Shmuel's father and Rava, as represented in *Rosh Hashanah* 28a-b, would thus be in conflict with Reish Lakish.

רש"י
פשיטא היכא דאיכא שאר ירקי – מברך מעיקרא אירקי "בורא פרי האדמה", דאסור ליהנות מן העולם בלא ברכה. וכיון דיש לו שאר ירקות, הכי שפיר טפי: שיברך "בורא פרי האדמה" על הירקות תחלה – דהיינו ברכה הראויה להם – ויפטור את המרור הבא אחריו מברכת "בורא פרי האדמה", ואחר כך יברך על החזרת "על אכילת מרור."
ולבסוף אכיל – בלא ברכה, משום דבעינן תרי טבולין.

Rav Huna clearly believes that *mitzvot tzerichot kavannah*; otherwise he could not rule that "*al achilat maror*" should be recited for the second (and not the first) occasion of eating. Hence, the *Ba'alei Tosafot* write:

תוספות פסחים קיד:
אמר רב הונא מברך כו' – רב הונא סבר כריש לקיש דבעי כוונה; ואפילו אית ליה שאר ירקות עביד במרור שני טיבולי.

What about Rav Chisda? Logically, we should conclude (on the basis of his prescription for the recitation of the two *berachot*) that he is of the opinion that *mitzvot* do *not* require *kavannah*. The Me'iri, in fact, writes:

המאירי, בית הבחירה, פסחים קיד:
כל שיש שם שאר ירקות וחזרת: אין ספק שעל הירקות מברך "בורא פרי האדמה", ועל החזרת שאחר המצה – שהיא עיקר מצות מרור – "על אכילת מרור", ואין צריך לחזור ולברך בהן בורא פרי האדמה לברכת ההנאה שכבר נפטר בה בשל שאר ירקות.
אבל כשאין שם שאר ירקות והוא מטבל בחזרת אף בראשונה – כיצד יעשה? נחלקו בה רב הונא ורב חסדא. שלדעת רב הונא: אף בזו מברך תחלה "בורא פרי האדמה" ועל השניה "על אכילת מרור". ולרב חסדא: מברך על הראשונה "בורא פרי האדמה" ו"על אכילת מרור", ועל השניה מטבל בה בלא ברכה.
ונראין הדברים שב"מצוות צריכות כונה" או "אין צריכות כונה" נחלקו. שלדעת רב הונא מצות צריכות כונה, ומעתה לא יצא ידי חובת מרור בראשונה הואיל ולא כוון בה לצאת כמו שביארנו למעלה, וצריך לברך על זו השניה.
והשיבו רב חסדא: "וכי לאחר שמלא כרסו ממנה יחזור ויברך עליה?" – שהוא סובר "מצות אין צריכות כונה" וכבר יצא בראשונה, שאלמלא טעם זה אין מלוי הכרס מפקיע שלא לברך עליה בזמן חובתה; שהרי משנתנו בשאין שם שאר ירקי היא, ואכל מרור בראשונה. ופירשה ריש לקיש לדעת "מצות צריכות כונה", ופירש בטעמו: "כיון דלאו

בעידנא דמרור אכלה – דהא ב"בורא פרי האדמה" לבד אכלה – צריך לחזור ולטבל בברכת חובה.

אלא ודאי רב חסדא כך היה אומר: לאחר שכבר יצא ממנו ועשה ממנו כל צרכיו – והוא המשל במלוי הכרס -היאך יחזור ויברך עליה? אלא: מברך על הראשונה שתיהן, ומטבל בשניה בלא ברכה. וכן הלכה; אלא שאם מכוין <u>שלא לצאת</u> בראשונה,[11] מברך על השניה אכילת חובה.

ולדעת הפוסקים "מצות צריכות כונה"[12] מברך בראשונה ברכת הנהנין, ובשניה אכילת חובה.

The Me'iri insists, then, that Rav Chisda opposes Rav Huna's view that *mitzvot tzerichot kavannah*. Rav Chisda would thus be in agreement with Rava and with Shmuel's father. This seems to reflect the plain sense of our Gemara.

It is, therefore, surprising to find that the *Ba'alei Tosafot* adopt a different view:

<u>תוספות פסחים קטו.</u>

<u>מתקיף לה רב חסדא לאחר שמילא כריסו כו'</u> – רב חסדא נמי נראה דסבר כר"ל דבעי כוונה; אעפ"כ סבר דאין נכון לברך בטיבול שני כיון שכבר מילא כריסו. דאי סבר "אין צריכות כוונה" ה"ל למימר בהדיא דנפיק בטיבול ראשון, ואם יברך בטיבול שני הויא ברכה לבטלה. ולא צריך לרב חסדא לאהדורי אשאר ירקי, ומברך לרב חסדא בטיבול ראשון "על אכילת מרור". אע"ג דעיקר מצות מרור לא נפיק אלא בטיבול שני אחר מצה, מועלת הברכה שבירך בטיבול ראשון לטיבול שני – מאחר שאכל ממנו מעט בטיבול ראשון; מידי דהוה אברכת שופר – דמברך אתקיעות דישיבה, ומועלת ברכה לתקיעות שבעמידה, שהם עיקר ונעשות על סדר ברכות...

This dispute between the *Ba'alei Tosafot* and the Me'iri regarding the underlying view of Rav Chisda is particularly important in light of the Gemara's normative conclusion in favor of Rav Chisda. This also has implications for the *sugya* in *Rosh Hashanah*. According to the Me'iri, our

---

[11] The Me'iri here introduces a new concept, to which we shall return later: if one is fully aware of the obligatory nature of the act, but consciously intends *not* to fulfill the *mitzvah*.

[12] Reish Lakish and Rav Huna are two representatives of this school of thought. They stand in opposition to Rava and to Shmuel's father (*Rosh Hashanah* 28a-b).

Gemara's conclusion supports the view of Shmuel's father and Rava; according to the *Ba'alei Tosafot*, it implicitly rejects their view.

Both the Me'iri and the *Ba'alei Tosafot* comment on this relationship between the two *sugyot*:

מאירי (שם)

...ואחר שכן¹³ ראוי לתמוה על גדולי הפוסקים [= הרי"ף] שפסקו [בר"ה] "צריכות
כונה", ופסקו [בפסחים] כרב חסדא.¹⁴

תוספות (שם)

... והשתא כל אלו אמוראי סברי דבעי כוונה.

וסתמא דמסדר הש"ס סבר הכי מדאיצטריך לפסוק כרב חסדא; ואי "אין צריכות כוונה"
פשיטא דלא יברך בטיבול שני, דאפילו לא בירך בטיבול ראשון נפק ביה – ואי יברך
בטיבול שני הויא ברכה לבטלה.

ולית הלכתא כוותיה דאבוה דשמואל דאית ליה בפרק ראוהו ב"ד (ר"ה כח.) "אין צריכות
כוונה" דקאמר בכפאו ואכל מצה יצא, ומוקי לה בכפאוהו פרסיים.

There is a subtle, but significant, difference in their respective understandings of the import of the Gemara's normative conclusion in favor of Rav Chisda:

According to the Me'iri, the Gemara was deciding between Rav Chisda and Rav Huna on the fundamental issue of whether *mitzvot*, in general, require *kavannah*.

According to the *Ba'alei Tosafot*, however, Rav Chisda and Rav Huna agree that *mitzvot do* require *kavannah*. The Amoraic dispute is merely on a secondary issue: is it appropriate to recite a *birkat ha-mitzvah* over an item of food after having already eaten it, albeit for non-*mitzvah* purposes? When the Gemara concludes *"ve-hilchata kavatei de-Rav Chisda,"* is it endorsing his view on this secondary issue? The *Ba'alei Tosafot* apparently feel that this would be too trivial to warrant a summary *"ve-hilchata."* Rather, the Gemara must mean that the *halachah* is like Rav Chisda — the latest (chronologically) Amora mentioned in this *sugya* — and, by implication, like all the earlier

---

[13] He refers here to what he had presented a few lines earlier: that Rav Chisda's position — and the normative conclusion of the Gemara in *Pesachim* — is that *mitzvot ein tzerichot kavannah*.

[14] We shall see the Rif's position below.

Amora'im cited there. The thrust of the conclusion is, thus, outer-directed: to repudiate the view of Shmuel's father and Rava who are on record (in *Rosh Hashanah* 28a-b) in support of the view that *mitzvot* do *not* require *kavannah*.

C.

Where, on the basis of the classical sources we have seen thus far, do we stand on our issue of *mitzvot tzerichot kavannah*?

The Tana'im are divided: there are two Baraitot, with opposing views. As far as the Amora'im are concerned: Shmuel's father and Rava – and, according to the Me'iri, Rav Chisda – believe that *mitzvot* do *not* require *kavannah*. Reish Lakish and Rav Huna – and, according to the *Ba'alei Tosafot*, Rav Chisda – insist that they *do* require *kavannah*.

The normative conclusion of the Gemara in *Pesachim* is in line with Rav Chisda, but that merely begs the question which is disputed by the Rishonim: what, precisely, is Rav Chisda's view?

D.

There are two more critical *sugyot* that have direct bearing on our topic. One is the Mishnah at the beginning of the second *perek* in *Berachot*, and the Gemara's brief, but cogent, analysis of it:

<u>ברכות יג.</u>

<u>משנה</u> – היה קורא בתורה והגיע זמן המקרא – אם כוון לבו יצא...

<u>גמרא</u> – שמע מינה: מצות צריכות כוונה.

מאי אם כוון לבו? לקרות.

לקרות? והא קא קרי!

בקורא להגיה.

<u>רש"י</u>

<u>היה קורא בתורה</u> – פרשת קריאת שמע.

<u>והגיע זמן המקרא</u> – זמן קריאת שמע.

<u>שמע מינה מצות צריכות כוונה</u> – שיהא מתכוין לשם מצות, ותקשה לרבה[15] דאמר במסכת ראש השנה (כ"ח,) התוקע לשיר יצא.
<u>כוון לקרות</u> – אבל לצאת ידי מצוה לא בעינן שיהא מתכוין, אלא לקרות בתורה בעלמא.
<u>הא קא קרי</u> – הא בקורא קא עסיק תנא ואתי, דקתני היה קורא בתורה.
<u>בקורא להגיה</u> – את הספר אם יש בו טעות, דאפילו לקריאה נמי לא מתכוין.

The *Ba'alei Tosafot* elucidate the last comment by Rashi:

<u>תוספות</u>
<u>בקורא להגיה</u> – פירש בקונטרס: שאין מתכוין לקרות.
תימה: אכתי הא קא קרי.
על כן נראה בקורא להגיה: שאינו קורא התיבות כהלכתן וכנקודתן, אלא ככתיבתן קרי – כדי להבין בחסרות וביתרות, כמו לטטפת ומזוזות.
ו"אם כוון לבו" – לאו דוקא, אלא כלומר לקרות כדין, כנקודתן וכהלכתן.

Once again, the Amora'im confronted a Tanaitic source that seemed to imply *mitzvot tzerichot kavannah*, and they reinterpreted it to avoid that conclusion. The Mishnah in *Berachot* thus provides further Tanaitic support for the view of the first Baraita in *Pesachim*, and for the Amoraic position of Shmuel's father and Rava – and, according to the Me'iri, Rav Chisda. Furthermore, again according to the Me'iri, this Mishnah in *Berachot* would support the normative conclusion in *Pesachim*: "*ve-hilchata kavatei de-Rav Chisda.*"

We are now ready for the last of the relevant talmudic passages. We return to *Rosh Hashanah* 28b. Having established to its satisfaction that Rava's opinion (like that of Shmuel's father) is "*mitzvot ein tzerichot kavannah*," the Gemara proceeds to challenge this assumption by quoting the Mishnah in *Berachot* (which ostensibly, as we have just seen, reflects the view of *tzerichot kavannah*). This challenge to Rava[16] is then refuted by the Amoraic reinterpretation of that Mishnah:

<u>ראש השנה כח:</u>
איתיביה: "היה קורא בתורה והגיע זמן המקרא אם כוון לבו יצא ואם לאו לא יצא."
מאי? לאו "כוון לבו" לצאת? לא, לקרות. לקרות? הא קא קרי! בקורא להגיה.

---

[15] Rashi's *girsa* in *Rosh Hashanah* attributes the view to Rabah, not Rava. This will prove to be significant as Rishonim later struggle to harmonize the respective *sugyot*.

[16] We have seen (n. 15) that Rashi's *girsa* had Rabah, not Rava.

רש"י

זמן המקרא – של קריאת שמע, והוא היה קורא בתורה פרשת שמע.

קורא להגיה – אף קרייה אין כאן, אלא מגמגם.

Undaunted by this initial setback, the Gemara mounts another assault on Rava, this time from a Baraita:

תא שמע: "היה עובר אחורי בית הכנסת... או שהיה ביתו סמוך לבית הכנסת, ושמע קול שופר או קול מגילה – אם כוון לבו יצא, ואם לאו לא יצא."

מאי? לאו "אם כוון לבו" לצאת? לא, לשמוע! לשמוע? והא שמע! סבור חמור בעלמא הוא.

Once again, the challenge from a Tanaitic source is refuted by a reinterpretation of that source. Although formal intent to fulfill the *mitzvah* is not required (as we saw with regard to *keri'at shema*), the basic act has to be performed with integrity. In *keri'at shema*, one has to actually pronounce each syllable; in *shofar*, one has to be listening consciously to the sound of a *shofar*.

The Gemara now attempts one last time to challenge Rava, again on the basis of a Baraita:

איתיביה: "נתכוון שומע ולא נתכוון משמיע, משמיע ולא נתכוון שומע – לא יצא עד שיתכוון שומע ומשמיע." בשלמא "נתכוון משמיע ולא נתכוון שומע" – כסבור חמור בעלמא הוא; אלא "נתכוון שומע ולא נתכוון משמיע" – היכי משכחת לה? לאו בתוקע לשיר? דלמא דקא מנבח נבוחי.

רש"י

דקא מנבח נבוחי – ואינו תוקע כשיעור תקיעה המפורש במשנתנו בפרק אחרון (לג:).

Each of the three Tanaitic challenges to Rava is refuted on the same grounds: the source did not require intention to fulfill a *mitzvah*. It required only the full integrity of the act.

At this point in the *sugya* of *Rosh Hashanah* 28b we are, thus, exactly where we were at the beginning of our survey. Rava's opinion remains intact and is, in fact, supported by the first Baraita in *Pesachim*, cited above.

One might ask: since the Gemara in *Rosh Hashanah* seemed determined to find a Tanaitic source which would challenge Rava, why did it not cite the second Baraita in *Pesachim*, quoted above, in which Reb Yosi expresses the view that *mitzvot tzerichot kavannah*? For that matter, the same question can be posed in the reverse: why didn't the Gemara in *Pesachim*, as it was exploring the issue of *mitzvot tzerichot kavannah*, cite the three Tanaitic sources that the Gemara in *Rosh Hashanah* used to challenge Rava?

The *Ba'alei Tosafot*, in fact, do ask these two questions at the end of the paragraph which we quoted above. Their answer begins to introduce distinctions that we have not yet seen between various degrees of *kavannah*.

<u>תוספות פסחים קטו.</u>

<u>מתקיף לה רב חסדא לאחר שמילא כריסו כו'</u>

...והתם [בר"ה] לא מייתי מ"אכלו בלא מתכוין" – משום דלגבי אכילה לא בעינן כוונה כולי האי כמו בתפלה ותקיעה.

ומש"ה נמי לא מייתי הכא [בפסחים] ברייתות דהתם דבעו כוונה, דגבי תפלה ותקיעה בעי כוונה טפי כדפרישית.

According to *Tosafot*, full awareness of the physical act suffices in the performance of *achilat matzah* or *achilat maror*. However, with regard to *keri'at shema*, *tefillah*, *keri'at ha-megillah*[17] or *teki'at shofar*, even those authorities who do not require full intention to perform the *mitzvah* will still demand some degree of awareness of the ritual nature of the act.

This insight of the *Ba'alei Tosafot* will become very important later, in Section G. At this point, however, let us proceed with the last segment of the extended *sugya* in *Rosh Hashanah*.[18]

<u>ראש השנה כח:–כט.</u>

אמר ליה ר' זירא לשמעיה: איכוון ותקע לי.

אלמא קסבר משמיע בעי כוונה.

מיתיבי: "היה עובר אחורי בית הכנסת או שהיה ביתו סמוך לבית הכנסת ושמע קול שופר או קול מגילה אם כוון לבו יצא ואם לאו לא יצא."

וכי כוון לבו מאי הוי? היאך [התוקע] לא קא מיכוין אדעתא דידיה!

הכא בשליח ציבור עסקינן, דדעתיה אכוליה עלמא.

---

[17] *Megillah* is mentioned in *Rosh Hashanah* 28b, in the second challenge to Rava.

[18] We are skipping the balance of 28b (which deals with the *kavannah* necessary to violate *bal tosif)*, and resuming our narrative with the last few words on that page.

תא שמע: "נתכוון שומע ולא נתכוון משמיע, נתכוון משמיע ולא נתכוון שומע – לא יצא
עד שיתכוון שומע ומשמיע."
קתני משמיע דומיא דשומע – מה שומע שומע לעצמו, אף משמיע משמיע לעצמו – וקתני
לא יצא!
תנאי היא. דתניא: "שומע שומע לעצמו ומשמיע משמיע לפי דרכו; אמר רבי יוסי: במה
דברים אמורים בשליח צבור, אבל ביחיד לא יצא עד שיתכוין שומע ומשמיע."

רש"י
<u>איכוון ותקע לי</u> – תתכוין לתקוע בשמי, להוציאני ידי חובתי.
<u>משמיע בעי כוונה</u> – להוציא השומע.

This last segment introduces an entirely new aspect to our discussion.
Until now we have been dealing with one's personal fulfillment of *achilat
matzah*, *teki'at shofar*, *achilat maror*, or *keri'at shema*. R. Zeira's case raises the
issue of one person performing the *mitzvah* on behalf of someone else.
Here a new dimension of *kavannah* is required to link the two participants
to one another.

Is R. Zeira's case relevant, then, to the other sources we have presented?
The Gemara does identify his view with that of Rabi Yosi in the Baraita. Is
that formulation of Rabi Yosi (in *Rosh Hashanah*) identical with his view as
presented in the Baraita in *Pesachim*?[19] Furthermore, what is the relationship
of R. Zeira's position to that of Rava (earlier in the same *sugya*)? The answer
to these questions depends on respective definitions of *kavannah*. We shall
soon see that different Rishonim and Acharonim had various points of
view on these very issues.

E.

We are ready to begin our survey of other Rishonim on this issue.[20] Let's
begin, chronologically, with the Rif.

---

[19] There he is presented in opposition to the first Baraita. His view is identified as that
of *mitzvot tzerichot kavannah* whereas the (anonymous) Chachamim in the first Baraita do
not require *kavannah*.

[20] We have already touched briefly on the *Ba'alei Tosafot* and the Me'iri; we shall yet
return to them.

הרי"ף על מסכת פסחים (כד: – כה. בדפי הרי"ף)
תניא ר' יוסי אומר אע"פ שטיבל בחזרת מצוה להביא לפניו מצה וחזרת וחרוסת.... פשיטא היכא דאיכא שאר ירקי מברך ברישא בורא פרי האדמה ואכיל ולכי מאטי אחזרת מברך על אכילת מרור ואכיל, אלא היכא דליכא שאר ירקי מאי מברך, אמר רב הונא מברך ברישא אמרור בורא פרי האדמה ואכיל ולכי מאטי אחזרת מברך על אכילת מרור ואכיל, א"ל רב חסדא לאחר שמלא כריסו ממנו חוזר ומברך עליו. אלא אמר רב חסדא מברך ברישא אמרור בורא פרי האדמה ועל אכילת מרור ואכיל, ולבסוף אכיל בלא ברכה, והילכתא כרב חסדא, ואמאי מטבלינן תרי זימני כדי שיראו התינוקות וישאלו.

Of the entire *sugya* in *Pesachim* quoted earlier, the Rif cites only: (a) the Baraita of Rabi Yosi, and (b) the brief presentation of the views of Rav Huna and Rav Chisda followed by the normative conclusion endorsing the opinion of Rav Chisda.[21]

In *Rosh Hashanah*, as well, the Rif ignores most of the long *sugya* (including the views of Shmuel's father and Rava), and quotes only the segment which revolves around R. Zeira:

הרי"ף על מסכת ראש השנה (ז: בדפי הרי"ף)
תניא נתכוון שומע ולא נתכוון משמיע או שנתכוון משמיע ולא נתכוון שומע לא יצא עד שיתכוון שומע ומשמיע. א"ל רבי זירא לשמעיה התכוין ותקע לי, אלמא קסבר משמיע נמי בעי כונה, כלומר אעפ"י שמתכוין להוציא עצמו ידי חובתו אין חברו השומע תקיעתו יוצא ידי חובתו עד שיתכוין התוקע להשמיעו, והני מילי ביחיד, אבל בשליח צבור כיון דדעתיה לכולי עלמא לא בעינן דמתכוין ליה גופיה, כדתנן היה עובר אחורי בית הכנסת או שהיה ביתו סמוך לבית כנסת ושמע קול שפר או קול מגלה אם כיון לבו יצא ואם לאו לא יצא.

Finally, in *Berachot*, the Rif is silent altogether. He makes no mention of the analysis of the Mishnah regarding *keri'at shema.*

Taken together, then, these citations from the Rif indicate that he adopted the position of *mitzvot tzerichot kavannah.* He therefore did not include the views of Shmuel's father and Rava, nor did he quote the *Baraitot* from *Pesachim* and *Rosh Hashanah* that do not support his position.

---

[21] This should mean that the Rif interprets Rav Chisda as do the *Ba'alei Tosafot.* We have seen above (Section B) that the Me'iri – from the perspective of *his* interpretation of Rav Chisda – is puzzled by the Rif.

Let us see how the commentators of the Rif understood him. We'll begin with the earliest – R. Zerachyah ha-Levi, the *Ba'al ha-Ma'or*. On the *sugya* in *Pesachim* he wrote (pp. 24b–25a in the pagination of the Rif):

הא דתניא ר' יוסי אומר אע"פ שטבל בחזרת וכו' נקטינן מיניה בגמ' מצוות צריכות כוונה, ור' יוסי לטעמיה דאמר בתקיעת שופר עד שיתכוון משמיע לשומע. אלמא בעינן כוונה. והרי"ף ז"ל כתבה בהלכותיו – למימרא דהלכה היא. ואף הוא נמי אזיל לטעמיה לפי מה שכתב במסכת ר"ה – שנראה מדבריו דכר' יוסי סבירא ליה.

ואנו לא נראה לנו אלא כרבנן, וכההיא דתניא "אכל בלא מתכוין יצא", וכדשלחו ליה לאבוה דשמואל "כפאוהו ואכל מצה יצא". ואסיקנא התם דלצאת לא בעי כוונה. וההיא דא"ל ר' זירא לשמעיה "איכוין ותקע לי" – לא קיימא לן כוותיה, דכר' יוסי סבירא ליה כדאסיקנא התם. ודרבנן עדיפא.

וכתב רבינו האי גאון ז"ל: אע"פ שלא נתכוין יצא, יהא אדם רגיל להתכוין למצוה.

He then wrote in *Rosh Hashanah* (p. 7a in the pagination of the Rif):

לפום סוגיא דשמעתא מתחוורא כרבא דאמר לצאת לא בעי כוונה...וליתא לדר' זירא דאמר לשמעיה אכוין ותקע לי. והרי"ף ז"ל כתב הא דר' זירא ושבקיה לדרבא.

ויש שסבורין לומר דלא פליגא דר' זירא על דרבא, דלא אמר ר' זירא איכון (ותקע לי) למצוה, אלא שצריך כונה לשמוע ולהשמיע לשום תקיעת שופר כל דהו – אפילו שלא לשום מצוה. ולעולם כוונת מצוה לא בעינן, אבל בעינן כוונה לשמוע ולהשמיע.

וה"ר שלמה ז"ל [רש"י] כתב בפירושו: "איכוין ותקע לי להוציאני ידי חובתו." ומדבריו למדנו דרבי זירא פליג על דרבא. וכן נראין הדברים – שאילו לא היה ר' זירא מחמיר בכוונת המצוה, על מה היה מחמיר כל כך בכוונת המשמיע לשומע? "יציבא בארעא, וגיורא בשמי שמיא"![22] והלא דין הוא שתהא כוונת המצוה יותר חמורה מכוונת המשמיע לשומע.

ועוד – הא אוקימנא לדר' זירא כר' יוסי, ובפרק ערבי פסחים ברירנא דר' יוסי ס"ל מצוות צריכות כוונה, ופליגי רבנן עליה. הלכך ליתא לא לדר"י ולא לר' זירא דקאי כוותיה. ולא מהדרינן ולא סמכינן על שנויי דחיקי.

וכבר כתבנו במקצת דברים הללו בפ' ערבי פסחים.

---

[22] See *Eruvin* 9a, *Yoma* 47a, and *Bava Kamma* 42a. This is an expression of irony that is used when confronting logic that is seemingly inverted. Thus, the *Ba'al ha-Ma'or* argues that, in our context, to demand more *kavannah* from the *mashmi'a* than we demand of the person who performs the *mitzvah* on his own would be analogous to "assigning more prominence in society to the alien than to the citizen."

A few points emerge from the *Ba'al ha-Ma'or*:

(1) He maintains that the Rif definitely ruled in favor of Rabi Zeira, and against Rava.

(2) He himself adopts the view of Rava and rejects that of Rabi Zeira.

(3) He himself believes that Rabi Zeira and Rava are in disagreement. He cites the approach of those who try to argue that they are not, but rejects it.

(4) According to his understanding of Rashi, the latter also assumes that Rabi Zeira and Rava disagree.

(5) The two statements by Rabi Yosi are consistent; that is, the two types of *kavannah* are related logically. Since the Chachamim disagree with Rabi Zeira, the *halachah* follows them and, hence, Rava.

Let us now examine the Rosh. In *Rosh Hashanah* (3:11), in his commentary on the Rif, he wrote:[23]

שלחו ליה לאבוה דשמואל: "כפאו ואכל מצה יצא"...אמר רבה[24] זאת אומרת התוקע לשיר יצא, דמצוות אין צריכות כוונה.

רב אלפס ז"ל לא הביא דברי רבה אלא רק דברי ר' זירא, משום דס"ל דהכי הלכתא. אע"ג דרבה/רבא והנך דשלחו לאבוה דשמואל סברי דמצוות אינן צריכות כוונה, הלכתא כר' זירא.

דפליגי ביה תנאי בפ' ערבי פסחים, גבי ירקות: "אכלן דמאי, בלא מתכוין, יצא". ובאידך ברייתא תניא: ר' יוסי אומר "אע"פ שטבל בחזרת, מצוה להביא לפניו מצה חזרת וחרוסת." ודייק התם דלאו משום היכרא לתינוקות קאמר, מדקאמר "מצוה", אלא דמצוות צריכות כוונה.

והכי נמי קאמר רבי יוסי בשמעתין – דיחיד לא יצא עד שיתכוין שומע ומשמיע. ור' יוסי נימוקו עמו.[25] וכן פסק בה"ג.

In his *Tosafot ha-Rosh* commentary to *Rosh Hashanah* he wrote:[26]

---

[23] In his commentary to *Pesachim* the Rosh is non-commital; he simply reproduces the *sugya* without comment.

[24] We saw earlier (Section D) that Rashi in *Berachot* cites this *girsa* of the Gemara in *Rosh Hashanah*.

[25] See *Gittin* 67a; Rashi on *Eruvin* 14b and 51a, and on *Bava Kamma* 24a.

תוספות הרא"ש על מסכת ראש השנה כח:

א"ל ר' זירא לשמעיה איכוון ותקע לי – פריב"א דפליג ארבה[27] ואית ליה מצות צריכות כוונה דכיון דמשמיע בעי כוונה כ"ש לעצמו.

ורב אלפס הביא הך עובדא דר' זירא משמע דס"ל דהכי הלכתא.

אע"ג דרבה או רבא והנך דשלחו לאבוה דשמואל – ומוקי לה רב אסי [אשי] בשכפאוהו פרסיים – כולהו סבירא להו דמצות לא בעו כוונה. וכן כתב ר"ח בפ"ב דברכות.

ופלוגתא היא בפ' ערבי פסחים, דר' יוסי סבר מצות צריכות כוונה; וה"נ קאמר ר' יוסי הכא "אבל ביחיד לא יצא עד שיתכון שומע ומשמיע." ומיהו מצינא לדחויי הך דהכא – דאתא לאפוקי מנבת נבוחי.

משום דר' יוסי נמקו עמו, איפשר דמשום הכי פסק כוותיה רב אלפס לחומרא.

The points that emerge from the Rosh are:

(1) The Rif ruled in favor of Rabi Zeira, even though Rava (Rabah), Shmuel's father and, by implication, Rav Ashi all disagree.
(2) Rabi Zeira's view is aligned with that of Rabi Yosi in the two *Baraitot*.
(3) The two statements by Rabi Yosi are consistent; that is, the two types of *kavannah* are related logically.
(4) The Rif probably adopted the stringent view of Rabi Yosi (against the Chachamim) because he enjoyed a reputation amongst the Tanaim of always having support for his opinions.
(5) It seems, *ex silentio*, that the Rosh agrees with the ruling of the Rif.

F.

Where do we stand? We have seen the points of convergence, and the apparent points of divergence, of the talmudic *sugyot* in *Pesachim*, *Rosh Hashanah*, and – secondarily – in *Berachot*.

We have seen, further, that the Bahag (quoted by the Rosh in *Rosh Hashanah*), the Rif and the Rosh ruled that *mitzvot tzerichot kavannah*. They adopted this position, apparently, on the basis of the innate strength of Rabi Yosi's view.

---

[26] We have no *Tosafot ha-Rosh* on *Pesachim*.

[27] See n. 15. It is clear from the next statement in the Rosh ("*af al gav...*") that he was aware of the two variants and that he was not sure which to choose.

On the other hand, Rav Hai Gaon (quoted by the *Ba'al ha-Ma'or* in *Pesachim*),[28] the *Ba'alei Tosafot* (in *Pesachim*) and the *Ba'al ha-Ma'or* (in both *Rosh Hashanah* and *Pesachim*) ruled that *mitzvot einan tzerichot kavannah.* Their position is based on the fact that the Chachamim, who constitute a majority, opposed Rabi Yosi.

It is time to turn to the Rambam:

הלכות קריאת שמע – פרק ב

(א) הקורא את שמע ולא כיון לבו בפסוק ראשון שהוא שמע ישראל לא יצא ידי חובתו והשאר אם לא כיון לבו יצא אפי' היה קורא בתורה כדרכו או מגיה את הפרשיות האלו בעונת קריאה יצא והוא שכיון לבו בפסוק ראשון.

הלכות חמץ ומצה – פרק ו

(ג) אכל מצה בלא כונה כגון שאנסוהו גוים או לסטים לאכול יצא ידי חובתו אכל כזית מצה והוא נכפה בעת שטותו ואחר כך נתרפא חייב לאכול אחר שנתרפא לפי שאותה אכילה היתה בשעה שהיה פטור מכל המצוות.

הלכות שופר – פרק ב

(ד) המתעסק בתקיעת שופר להתלמד לא יצא ידי חובתו וכן השומע מן המתעסק לא יצא נתכוון שומע לצאת ידי חובתו ולא נתכוון התוקע להוציאו או שנתכוון התוקע להוציאו ולא נתכוון השומע לצאת לא יצא ידי חובתו עד שיתכוין שומע ומשמיע.

(ה) מי שתקע ונתכוון להוציא כל השומע תקיעתו ושמע השומע ונתכוון לצאת ידי חובתו אע"פ שאין התוקע מתכוין לזה פלוני ששמע תקיעתו ואינו יודעו יצא שהרי נתכוון לכל מי שישמענו לפיכך מי שהיה מהלך בדרך או יושב בתוך ביתו ושמע התקיעות משליח ציבור יצא אם נתכוון לצאת שהרי שליח צבור מתכוין להוציא את הרבים ידי חובתן.

הלכות מגילה – פרק ב

(ה) הקורא את המגילה בלא כוונה לא יצא כיצד היה כותבה או דורשה או מגיהה אם כיון לבו לצאת בקריאה זו יצא ואם לא כיון לבו לא יצא קרא והוא מתנמנם הואיל ולא נרדם בשינה יצא.

(ו) בד"א שהמכוין לבו בכתיבה יצא בשנתכוון לצאת בקריאה שקורא בספר שמעתיק ממנו בשעה שהוא כותב אבל אם נתכוון לצאת בקריאה זו שכותב לא יצא שאינו יוצא ידי חובתו אלא בקריאתה מספר שכולה כתובה בו בשעת קריאה.

---

28 The *Talmidei Rabbenu Yonah* in *Berachot* also quote Rav Hai Gaon to this effect; see p. 6a in the pagination of the Rif.

The juxtaposition of these passages brings the problem to the fore immediately. What is the Rambam's position on our question of whether *mitzvot tzerichot kavannah* or not? Is his ruling similar to that of the Rif or to that of the *Ba'al ha-Ma'or?*

Hilchot Keri'at Shema 2:1 is, admittedly, somewhat elusive. We would have to first understand the difference between the first *pasuk* and the rest, and would have to define the nature of *kavannah* under discussion.

Hilchot Megillah 2:5–6 seem to reflect, unequivocally, the view of Rabi Yosi, Reish Lakish, Rav Chisda (according to the *Ba'alei Tosafot*, not the Me'iri), Rabi Zeira (according to those Rishonim who identify Rabi Zeira's view with that of Rabi Yosi, and see him as contrary to Rava [Rabah]), the Bahag, the Rif and the Rosh. The Rambam's view would thus seem to be that *mitzvot tzerichot kavannah*.

Hilchot Shofar 2:4–5 would seem to corroborate this characterization of the Rambam's view – provided, of course, that *kavanat mashmi'a* is not different qualitatively from the normal *kavanat shome'a*.

Hilchot Chametz u-Matzah 6:3, however, stands in unambiguous stark contrast to this portrait. Here, the Rambam is clearly adopting the view of the Chachamim in the *Baraitot*, of Rava (Rabah) and of Shmuel's father. This is the position that was adopted by the *Ba'al ha-Ma'or*.

The other Rishonim we analyzed tried, at least, to arrive at a universal principle that they applied to each of the cases. The Rambam seems to be guilty of inconsistency.

Let us now see how the classical commentators responded to this challenge.

G.

The Ra'avad, in his *hasagot* on the *Mishneh Torah*, is surprisingly silent on this issue. Rabbenu Mano'ach[29] laid the problem clearly on the table:

ר' משה פסק הכא דמצוות לא בעו כוונה לצאת, כדשלחו ליא לאבוה דשמואל: "כפאוהו פרסיים ואכל מצה – יצא." והרב בעל המאור פסק כן. והראב"ד השווה עמהם – שלא

---

[29] His commentary, written in thirteenth-century Provence, is included in the Frankel edition of the *Mishneh Torah*. See *Hilchot Chametz u-Matzah* 6:3.

כדברי הרי"ף שפסק כר' יוסי, דאמר צריך שיתכוון שומע ומשמיע, דמצוות צריכות כוונה.

ואי קשיא לך: והיכי פסק הרב בהלכות שופר ומגילה דבעינן כוונה לצאת, וכאן פסק דלא בעי כוונה? אם כן – קשיא דידיה אדידיה!

תריץ: דכיון דקיי"ל דכל עושה עבירה מתעסק פטור, חוץ ממתעסק בחלבים ובעריות שהוא חייב – שכבר נהנה; דלא מצינן למימר בהנאת אכילה "מתעסק הוא", ולית ביה כוונה. ה"נ הכא – כיון שנהנה באכילת המצה, אע"פ שלא נתכוון – יצא.

We shall discover, as we proceed through the Rishonim, that this was the common approach: to assume that the Rambam's fundamental orientation was in favor of *mitzvot tzerichot kavannah*. That accounts for three of the four passages, and it isolates *Hilchot Chametz u-Matzah* as the anomaly. The task of the commentator is, then, only to account for its uniqueness.

To appreciate fully Rabbenu Mano'ach's answer, it will be helpful to look again at the few relevant lines in *Rosh Hashanah* 28a, and at Rashi's explanation:

שלחו ליה לאבוה דשמואל: כפאו ואכל מצה יצא.... אמר רבא: זאת אומרת התוקע לשיר יצא.

פשיטא – היינו הך! מהו דתימא: התם אכול מצה אמר רחמנא והא אכל, אבל הכא... והאי מתעסק בעלמא הוא – קא משמע לן.

רש"י
פשיטא – דזאת אומרת כן.
מהו דתימא התם אכול מצה קאמר רחמנא והא אכל – ונהנה באכילתו, הלכך לאו מתעסק הוא, שהרי אף לענין חיוב חטאת אמרינן (כריתות יט:) "המתעסק בחלבים ובעריות חייב, שכן נהנה."
קא משמע לן – דאף על גב דמתעסק הוא, יצא – דמצות אין צריכות כוונה.

The Gemara was surprised that Rava had felt the need to state the seemingly obvious, so it proceeds to explain why his inference was not, in fact, self-evident. We would have differentiated between *matzah* and *shofar* in terms of the status of one who is *mit'asek*, that is, one who performs an act without any conscious awareness of doing so.[30] With *matzah*, the physical act of ingesting food and enjoying that sensation is sufficient to constitute a minimal degree of awareness. This awareness, or consciousness, is the basis for either culpability – when violating the prohibitions of *cheilev* or *arayot* – or fulfillment of a *mitzvah*, such as *achilat matzah*. However, in view of the intangibility of listening to the sound of the *shofar* which does not reflect an active physical effort and does not offer the sensation of physical pleasure that raises the "act" to some minimal degree of awareness, we would have assumed that one who is sounding the *shofar* on *Rosh Hashanah* as a musical instrument, totally unaware of the ritual context of the occasion, should not qualify for fulfillment of the *mitzvah*.

Rava's contribution was in reorienting our perspective. How so?

Rashi's analysis of the *sugya* is: without Rava, one would have assumed that the physical pleasure entailed in eating *matzah* raises it from a level of *mit'asek* that would not earn any *mitzvah*-credit to a level of awareness of the act. Thus, since *mitzvot einan tzerichot kavannah*,[31] he would still "be *yotzei* the *mitzvah*" since he performed the act consciously. On the other hand, I would have assumed that *shofar* does not have this redeeming characteristic to raise it to a level of awareness. The one who sounded it would, therefore, retain the status of a *mit'asek* and not earn credit for the *mitzvah*, despite the rule that *mitzvot einan tzerichot kavannah*.

Rava's contribution, according to Rashi, was to insist that in the case of *shofar* he was not merely a *mit'asek*; he should be considered to be acting consciously, albeit with no intention to perform a *mitzvah*. Since *mitzvot einan tzerichot kavannah*, however, he would qualify for credit. Thus, argued Rava, *shofar* is analogous to *matzah*.

Rabbenu Mano'ach interpreted the *sugya* differently: Without Rava, one would have thought that the physical pleasure of *matzah* raises it to a status that is not merely beyond *mit'asek* – i.e., to the level of awareness of the act

---

[30] Within the context of *Hilchot Shabbat*, for example, one who walks into a room and turns a light on or off absent-mindedly is considered to be *mit'asek*, and is not culpable. See *Pesachim* 33a and Rashi *a.l.*; *Keritot* 19b; Rambam, *Hilchot Shabbat* 1:11. See also above, Chapter 3, Section C.

[31] Rashi, in this context, is clearly defining *kavannah* as "*kavannah latzeit*."

– but to the status of an actual *mitkaven*. That is, our "consumer of *matzah* under duress" would be seen as having *kavannah* and, therefore, as having performed the *mitzvah*, even by the standard of *mitzvot tzerichot kavannah*. As for *shofar*, on the other hand, since this element of physical pleasure is absent, one would not have classified it as *mitkaven*.

Rava, however, insisted that *shofar* is *not* different from *matzah*. In both cases (*kefa'uhu ve-achal* and *ha-toke'a le-shir*) one would fulfill the *mitzvah* since, according to Rava, *mitzvot* do *not* require *kavannah*.

The Rambam, according to Rabbenu Mano'ach, is rejecting Rava's view, and is reinterpreting *Avuhah d'Shmuel*. The "consumer of *matzah* under duress" is regarded by him as fulfilling the *mitzvah* not, as Rava suggests, because *mitzvot* do *not* require *kavannah*, but rather because he *is* considered to have had *kavannah* by virtue of the physical pleasure he enjoyed that makes *matzah* analogous to *chalavim* and *arayot*.

To sum up: Rabbi Manoach's explanation of the apparent inconsistency within the Rambam is to assert that the Rambam's basic view is that *mitzvot tzerichot kavannah*. The case of *matzah*, although it seems to be different, is actually fully in line with the other cases. He *does* have *kavannah*, because the *halachah* regards the physical pleasure (*she-kein neheneh*) as generating *kavannah*.

H.

The *Maggid Mishneh* (*Hilchot Shofar* 2:4) finds the apparent discrepancy within the Rambam to be more daunting. He suggests – in desperation, and with some diffidence – that the text of *Hilchot Chametz u-Matzah* 6:3 is corrupt, and that the Rambam must have written "*lo yatza*." Let's read his long essay thoughtfully; it will constitute a review of much of what we have learned so far.

"<u>המתעסק בתקיעת שופר</u>..." – ...ודע שלדברי האומר מצוות <u>צריכות</u> כוונה: מתעסק קרוי כל זמן שאינו מתכוין לתקוע תקיעה של מצוה.

ולדברי האומר <u>אין</u> צריכות כוונה: מתעסק קרוי כל שאינו מתכוין לתקוע תקיעה ראויה...

"<u>נתכוין שומע לצאת</u>..." – פרק ראוהו ב"ד: "אמר ליה ר' זירא לשמעיה...הכא בש"צ עסקינן, דדעתיה אכולי עלמא." ואמרו שם דר' זירא ס"ל כר' יוסי, "דתניא...עד שיתכוין שומע ומשמיע."

ופסק רבנו כר' זירא, וכן פסקו בהלכות [הרי"ף] ובה"ג.

ויש מן הגאונים שלא פסקו כן, אלא כרבא דאמר "התוקע לשיר יצא", דמצוות <u>אינן</u> צריכות כוונה; וכל שנתכוין לתקיעה ראויה אע"פ שלא נתכוין לצאת – יצא. וזה דעת הרבה מן האחרונים,[32] ומכללם הרשב"א והרא"ה ז"ל.

ואני תמה בדברי רבנו – שהוא פוסק בפרק ששי מהל' חו"מ...וזה נראה בגמ' שהוא כדעת מי שאומר מצוות <u>אין</u> צריכות כוונה...וא"כ האיך פסק כאן רבנו שמצוות <u>צריכות</u> כוונה...[33]

ולא מצאתי בזה תירוץ נאות לדעתי – אם נוסח ספריו אמת – רק שנאמר שרבנו סובר דהא ד"כפאוהו ואכל מצה" אינה תלויה בדין השופר. ואולי שהוא סובר שכיון שאין אדם עושה מעשה <u>בתקיעת</u> שופר אלא <u>בשמיעה</u>, ואפילו התוקע עיקרו השמיעה – לפיכך צריך כוונה; משא"כ באכילת מצה.

ורבה [רבא] הוא שהשווה דינן, ולפיכך דקדקו ואמרו "אלמא קסבר <u>רבה</u> מצוות אינן צריכות כוונה" – ולא דקדקו כן מההיא ד"כפאוהו ואכל מצה."

ועם כל זה – אני מסתפק שלא תהיה נוסחת רבנו האמיתית שם, גבי מצה, "לא יצא"; שכן נראה מן ההלכות [הרי"ף]. ולא ראינו מי שחלק בין מצוה למצוה בדין הכוונה.

The next influential commentator to address the "Rambam problem" is the sixteenth-century *Kesef Mishneh*. He, too, proceeds from the assumption that the Rambam's fundamental position is that *mitzvot tzerichot kavannah*. In order to reconcile the case of *matzah* with this position, the *Kesef Mishneh* adopts the same analysis that we have seen in Rabbenu Mano'ach, only he does so in the name of the Ran.[34] Once again, the physical pleasure creates the awareness that qualifies for *kavannah*.

Let us read his formulation carefully (in *Hilchot Shofar*)[35]:

---

[32] The terms "Rishonim" and "Acharonim" are, of course, relative. To the *Maggid Mishneh*, writing in the fourteenth century, the Rif (eleventh century) was a "Rishon," while the Rashba and Ra'ah (thirteenth century) were "Acharonim."

[33] Notice that the *Maggid Mishneh* equates *kavannat shomei'a u-mashmi'a* with the *kavannah* that one would need personally to fulfill *mitzvat achilat matzah*. Others will later question this equation.

[34] The Ran presents his answer in his commentary to the Rif on *Rosh Hashanah*, on p. 7b in the pagination of the Rif.

[35] Later, in *Hilchot Chametz u-Matzah* 6:3, the *Kesef Mishneh* merely refers us to what he had written in *Hilchot Shofar*, and he explicitly spells out his view that the Rambam's fundamental position is that *mitzot tzerichot kavannah* (and, hence, it is his ruling with regard to *matzah* that needs to be explained).

נתכוין שומע לצאת ידי חובתו... – הרב בעל מגיד משנה ז"ל הביא ההיא דר' זירא בפסק ראוהו ב"ד דאמר לשמעיה איכוין ותקע לי, ומסקנא עד שיתכוין שומע ומשמיע; ותמה על דברי רבנו ז"ל שפסק פרק ו' מהל' חו"מ שאם אכל מצה בלא כוונה – כגון שאנסוהו עכום – יצא, וזה נראה בגמרא שהוא כדעת מי שאומר מצוות אין צריכות כוונה, והצריך כאן כוונת שומע ומשמיע. ונסתפק בנוסחת רבנו ז"ל גבי מצה – אם היא אמיתית; ועם כל זה, יישב הנוסחא.

והר"ן ז"ל כתב וז"ל: וכן פסק הרמב"ם ז"ל בפסק ב' מהל' שופר דצריך שיתכוין משמיע להוציא ושומע לצאת – הא לאו הכי, לא יצא. אלא שבפסק ו' מהל' חו"מ כתב דכפאוהו ואכל מצה יצא. ולא פליגי דידיה אדידיה. דס"ל דבתקיעת שופר, כיון דחזינן דר' זירא אמר לשמעיה איכוין ותקע לי, נקטינן דצריך כוונה; אבל בכפאוהו ואכל מצה, כיון דלא חזינן בגמרא מאן דפליג עליה בהדיא, לא דחינן לה. דאע"ג דבתקיעת שופר לא יצא, הכא יצא – שכן נהנה; כדאמרינן בעלמא: המתעסק בחלבים ובעריות חייב, שכן נהנה...עכ"ל.

I.

Let us back up from the sixteenth century, and pause to see how two early fourteenth century writers, the Ritva and the Me'iri, addressed the apparent inconsistency between the *sugyot* and within the Rambam's *Mishneh Torah*.[36] The Ritva writes in *Rosh Hashanah*:[37]

ריטב"א על ראש השנה כח. – כח:

שלחו ליה וכו'... לא צריכה שכפאוהו פרסיים ואכל מצה. ע"כ [על כרחך] שלא לשם מצוה כלל, וקמ"ל דמצות אין צריכות כונה לצאת בדיעבד. ואפילו עומד וצווח נמי: "איני רוצה לצאת ולאכול לשום מצוה" – יצא, כגון הא דכפאוהו פרסיים. ומינה שמעינן בכל דכן התוקע לשיר או לשד יצא כדמפרש ואזיל....

"מהו דתימא התם תאכלו מצה." – הנכון כפרש"י דהוה ס"ד דשאני מצוה באכילה דנהנה גרונו וכדאמר באיסורין המתעסק בחלבים ובעריות חייב קרבן שכבר נהנה, משא"כ במתעסק במלאכת שבת.

אבל הכא מתעסק בעלמא הוא קמ"ל פי' דכלהו מצות חדא טכסיסה נינהו בענין זה דבאיסורין איכא לאפלוגי בהא אבל במ"ע כולם דרך אחד להם ואי הא לא בעי כונה לצאת אידך נמי לא בעי כונה ומיהו מתעסק ודאי לא יצא וה"ק קמ"ל דכיון שנתכוין לתקיעה יצא ולא דיינינן ליה כדין מתעסק שלא יצא.

---

[36] We have already seen (Section B; see also n. 21) that the Me'iri noted the seeming inconsistency within the Rif.

[37] We do not have the Ritva's commentary to the last part of *Pesachim*.

"בקורא להגיה." – ...והנכון בזה: דכוונת הלב האמורה לכאן דההיא לאו כוונה לצאת אלא שיכווין לבו למה שהוא אומר ולפנות מחשבותיו מהרהורין דעלמא וזו היא כוונת הלב שהזכירו במסכת ברכות ובכל מקום לענין תפלה...
ויש פוסקין כר' זירא דרבא דשמואל ורבה נמי זאת אומרת קאמר וליה לא ס"ל. ול"ג לעיל אלמא קסבר רבה מצות אינן צריכות כוונה לצאת.
והנכון כדברי הפוסקים שאין הלכה כר' זירא אלא כרבה וכרבא דלעיל והכי אתיא כולה שמעתא כפשוטה ור' זירא קאי כר' יוסי ואידך אמוראי קיימי כרבנן דפליגי עליה.

The Ritva is very helpful, generally, in his analysis of the extended *sugya* in *Rosh Hashanah*, and, specifically, in his distinctions between respective types of *kavannah*.

He does not address our "Rambam problem" at all.

The Me'iri, however, does. In his commentary to *Rosh Hashanah* 28a he writes:

המשנה השביעית: "היה עובר אחורי בית הכנסת וכו' " – כונת המשנה לבאר ענין כונת התוקע והשומע. ופירוש המשנה:
[1] <u>יש שפירשוה על דעת שהם פוסקים שהמצות צריכות כונה</u> לצאת ולהוציא. והוא שפירשו "היה עובר אחורי בית הכנסת או שהיה ביתו סמוך לבית הכנסת ושמע קול השופר או קול מגילה" – אם כיון שומע לבו לצאת ידי חובת המצוה בשמיעה זו, יצא; ואף על פי שהתוקע בבית הכנסת לא היה מתכוין להוציא את זה בפרט שהרי לא היה רואהו, וכן הקורא, הואיל ומ"מ שליח צבור דעתו להוציא כל שומעו יצא. ואם לא כיון לבו השומע לצאת – לא יצא, אף על פי ששמע מ"מ לא כיון לבו.

ולענין פסק לפי דעת זה נחלק הענין לשלשה חלקים:
<u>הראשון:</u> שהתוקע מתכוין להוציא עצמו לבד ובזו לא יצאו אחרים בתקיעתו אף על פי שכוונו לבם לצאת הואיל והוא לא כיון להוציאם אבל הוא עצמו יצא הואיל וכיון לצאת הא אם תקע לשיר או שהוא מתעסק בעלמא אף הוא לא יצא.
<u>השני:</u> שזה מתכוין להוציא יחידים בפרט ובזה יצאו אותם היחידים בלבד אם כוונו לבם לצאת אחר שהוא כיון להוציאם גם כן הא אם נתכון שומע לצאת ולא נתכון מוקע להוציא או נתכון תוקע להוציא ולא נתכון שומע לצאת לא יצאו עד שיתכוין שומע ומשמיע.
<u>הדרך השלישי:</u> שליח צבור שהוא תוקע להוציא כל שומעיו אפילו לא היו שם ובזו יצא כל שומעו אם כיון לבו לצאת אף על פי שלא נתכון הוא להוציאו בפרט אחר שהוא מתכוין דרך כלל להוציא כל שומעיו.

נמצא לפי פסק זה: שהמצות צריכות כונה לצאת ולהוציא ואם לא כיון בהם לא יצא. וזו היא שטת גדולי הפוסקים [=הרי"ף] ומחברים [=הרמב"ם] בכאן וממה שאמר ר' זירא לשמעיה איכוין ותקע לי....

[2] יש מי שמודה בכך לענין תקיעה ולענין קריאת שמע ולענין רוב מצוות, אלא שחולק בקצת מצוות לומר שאין צריכות כונה. והם אותם שיש הנאה בעשייתם – כגון אכל מצה בלילי הפסח בלא כונת המצוה אלא על ידי אונס שאנסוהו גוים, והוא האמור כאן "כפאוהו פרסיים", או שאכלה באיזה מקרה – שיצא, הואיל ומ"מ נהנה גרונו. וכדרך שאמרו במתעסק: שלענין שבת פטור, שאין מלאכת מתעסק קרויה מלאכה, ואעפ"כ אמרו המתעסק בחלבים ובעריות חייב שכבר נהנה.והוא הטעם במרור בשאין לו שאר ירקות שמברך על הראשונה בורא פרי האדמה ועל אכילת מרור שאם לא יברך שם אלא על פרי האדמה כבשאר ירקות הרי יצא בה אף ידי מרור, אף על פי שלא למרור כיון, ואחר שמלא כריסו ויצא ממנה האיך יברך עליה? ואף גדולי המחברים [=הרמב"ם] כתבו כן במצה: "אם כפאוהו ואכל..."; וגדולי הפוסקים [=הרי"ף] כתבו במרור שאחר שמילא כריסו לא יברך ונראה הטעם מפני שכבר יצא. אלא שיש לפרשה בדרך אחרת כמו שיתבאר במקומו.

[3] יש בפסק זה דעת שלישית: והוא שיש מי שאומר בכולן שאין צריכות כונה ופירשו במשנה זו בכונת שמיעה ובכונת השמעה לא בכוונה לצאת ובכונה להוציא שאין המצות צריכות לעושיהן כונה לצאת ולא למוציאים אחרים ידי חובתם כונה להוציא אלא שמ"מ צריכות הם כונת עשייה המשל בזה שאם הגיע זמן קריאת שמע והיה קורא בתורה פרשת שמע אף על פי שלא כיון לבו לצאת הואיל וכיון לבו לקרות לא שיהא קורא להגיה על הדרך שביארנו בשני של ברכות י"א א' או מתעסק בעלמא יצא וברכות אין מעכבות כמו שביארנו במקומו ובשופר מיהא שהוא נדון שלפנינו אין אנו צריכים שיהא השומע מתכוין לצאת ולא שיהא התוקע מתכוין להוציא אלא שמ"מ אנו צריכין שיהא התוקע מתכוין לתקוע והשומע מתכוין לשמוע לא שיהא התוקע מתעסק בעלמא הא תוקע לשיר ר"ל לשחוק ושעשוע – ויש גורסין לשד ר"ל להבריח רוח רעה מעליו או לסבה אחרת – מ"מ מתכוין לתקוע הוא. ואם תשיבני משנתנו כך פירושה אם כיון לבו לשמוע וכו'.

ונמצא שנשתנו הפסקים לענין זה לשלשה דרכים. וגדולי המחברים [= הרמב"ם] פסקו כדעת אמצעית לפי מה שכתבו בכפאוהו ואכל מצה.

ומ"מ לדעתי שיטת התלמוד מוכחת בהרבה מקומות כדעת אחרון, וכמו שאמרו תמיד "שמעת מינה מצות צריכות כונה" אלמא שאין הלכה כן. וכן שאמרו בלולב מדאגבהיה נפק ביה כלומר אף על פי שלא כיון לצאת. ומ"מ כל שמכוין בעצמו שלא לצאת אין

פקפוק שלא יצא. ומ"מ יהא אדם רגיל להתכוין למצוה בכל מצוה ומצוה. ובתוספתא[38]
אמרו על זה: אף על פי שזה שמע וזה שמע זה כיון לבו וזה לא כיון לבו שהכל הולך אחר
כונת הלב שנאמר "תכין לבם תקשיב אזנך" (תהלים י:יז), ונאמר "תנה בני לבך לי"
(משלי כג:כו).

זה שפסקנו שהמצות אין צריכות כונה מ"מ צריך הוא שידע שני דברים. והם: שחובת
הדבר עליו עכשיו, ושזהו הדבר שהוא יכול לצאת בו ועושהו שלא בכונה לצאת. ומכאן
אני אומר שאם קרא את שמע [ביום] והוא סבור שהוא לילה, לא יצא. וכן הדין אם נטל
לולב והוא סבור שהוא חול, וכל כיוצא בזה. שאין אלו פחות ממתעסק, והמתעסק לא יצא.
וכן אם היה סבור שהוא קול חמור בעלמא, או שהתוקע מנבח בתקיעתו ר"ל לומר שיר
וזמר בתקיעתו.

So the Me'iri assumes, as do Rabbenu Mano'ach, the Ran and the *Kesef Mishneh*, that the Rambam subscribed to the view that *mitzvot tzerichot kavannah*.[39] He then explains the apparent anomaly of *matzah* as they do, on the basis of *she-kein neheneh*. The Me'iri himself, however, concludes that the talmudic *sugyot*, taken together, yield the conclusion that *mitzvot einan tzerichot kavannah*;[40] the case in *Rosh Hashanah* of *shome'a u-mashmi'a* is the exception.

J.

The analysis of the Rambam that we have seen in Rabbenu Mano'ach, the Me'iri, the Ran and the *Kesef Mishneh* influenced the next few centuries of rabbinic thought. Although the writings of Rabbenu Mano'ach and the Me'iri were not known until the twentieth century, the Ran's commentary to the Rif and R. Yosef Karo's commentary (*Kesef Mishneh*) to the Rambam were highly influential throughout the seventeenth-nineteenth centuries. The general assumption amongst Acharonim was that the Rambam maintains *mitzvot tzerichot kavannah*, and that the specific case of *matzah* needs to be explained within that framework.

It is against this backdrop that we can appreciate the revolutionary nature of Reb Chayyim Brisker's view, one that was popularized by the

---

[38] *Rosh Hashanah* 2:5.

[39] This aligns the Rambam with the Bahag, the Rif and the Rosh (see the beginning of section F above).

[40] This is in accordance with Rav Hai Gaon, the *Ba'alei Tosafot* and the *Ba'al ha-Ma'or* (see the beginning of section F above).

Rav.[41] Their approach had been mentioned by the *Ba'al ha-Ma'or* in *Rosh Hashanah* (see section E above) as a suggestion to harmonize the respective talmudic *sugyot:*

ויש שסבורין לומר דלא פליגא דר' זירא על דרבא, דלא אמר ר' זירא איכון (ותקע לי) למצוה, אלא שצריך כונה לשמוע ולהשמיע לשום תקיעת שופר כל דהו – אפילו שלא לשום מצוה. ולעולם כוונת מצוה לא בעינן, אבל בעינן כוונה לשמוע ולהשמיע.

Although the *Ba'al ha-Ma'or* himself did not adopt this approach vis-à-vis the "Gemara problem," and, as we have seen, the Rishonim and Acharonim generally rejected it, Reb Chayyim and the Rav revived it as a solution to the "Rambam problem."[42] According to this view, the Rambam maintains *mitzvot einan tzerichot kavannah.* The case in *Rosh Hashanah* is different because the *kavannah* there is necessary in order to create the link between the *mashmi'a* and the *shome'a.*

K.

There is a poignant human-interest conclusion to our survey. Reb Avraham ben ha-Rambam's writings suffered the same fate as those of Rabbenu Mano'ach and the Me'iri. They, too, were unknown until the twentieth century. Reb Chayyim could not have been familiar with Reb Avraham's *teshuvot,* even the Rav does not refer to them. The Rambam's son had been asked about the apparent inconsistency within his father's *Mishneh Torah* with regard to this issue of *mitzvot tzerichot kavannah.* In his response, Reb Avraham says, in essence: the problem you raise is a legitimate one, but it does not originate in my father's code; the problem emerges already from the talmudic *sugyot.* He then proceeds to review the respective cases in the Gemara, and to account for the anomaly of *shofar* (and *megillah*) in an original manner.

---

[41] The Rav reports that his father, Reb Moshe Soloveichik, was ambivalent about the Rambam's view, although his grandfather, Reb Chayyim, was not. See *Shiurim...*, p. 29, n. 56.

[42] Reb Chayyim could not have known that the Me'iri, whose works had not yet been published, had already adopted this view in order to address the "Gemara problem" (see Section I) although he understood the Rambam's view to be different.

The text of the *teshuvah* by Reb Avraham ben ha-Rambam follows. The underlined passages will allow the reader to grasp readily, against the background of this chapter, the distinction he draws between those *mitzvot* that require *kavannah* and those that do not.

<u>שו"ת ברכת אברהם – סימן לד</u>

<u>שאלה:</u> קא פסק הרב ז"ל (הל' חו"מ ו:ג) דמאן דאכל מצה בלא כוונה יצא, כגון שאנסוהו גוים. מכלל דקא סמך אהא ד"שלחו ליה לאבוה דשמואל כפאו ואכל מצה יצא" (ר"ה כח.), ופי' רב אשי "שכפאוהו פרסיים"; אלמא דסבירא ליה דמצות לא בעי כוונה.

וקשיא: מאי דקא פסיק לענין תקיעה (הל' שופר ב:ד) שלא יצא עד שיתכוין שומע ומשמיע. ואי כ"שלחו ליה" סבירא ליה, אפילו התוקע לשיר יצא. ואקשינן עלה: "פשיטא, היינו הך!" ופריק: "מהו דתימא התם תאכל מצות אמר רחמנא וקא אכיל כל דהוא, אבל הכא מתעסק בעלמא הוא – קא משמע לן דמצות לא בעי כוונה."[43]

מכלל דהא בהא תליא, וסברא דיליה כר' זירא היא דאמר ליה לשמעיה: "איכון ותקע לי" (ר"ה כט.); ואתיא כי הא דאתיא: "שומע שומע לעצמו, משמיע משמיע לפי דרכו. אמר ר' יוסי במה דברים אמורים בשליח צבור אבל ביחיד לא יצא עד שיתכוין שומע ומשמיע" (שם).

ואע"פ שבפירוש פסק ז"ל בקריאת שמע כרבה דלא בעינן כוונה (הל' ק"ש ב:א), וסמך אשינויא דשנינן דמתניתין ד"היה קורא בתורה והגיע זמן המקרא אם כיון לבו יצא" דבקורא להגיה עסקינן (ברכות יג.)... והאי שינויא לא שנינן ליה אלא אליבא דרבה דאמר מצות לא בעי כוונה, כיון דאותיבניה ממתניתין דחה ואוקמה בקורא להגיה; ופשטה דמתניתין כר' זירא... בלא דוחקא.

ומאי שנא דבתקיעה סבירא ליה כר' זירא, ובמצה ובקריאת שמע כרבה?... ובטיבותיה יעיין בהא מילתא טובא כי היכי דליגלי לן מאי דמכסי מינן בה.

<u>תשובה:</u> זו השאלה ודאי ראוי לשאול כמותה וכמה דקדוקים יש בה והנה אני מפרש אותה בדרך ברורה בעזרת הבורא:

מדחזינן לגמרא במסכת ברכות בפרק "היה קורא" דאסיק דבריו בתירוץ המשנה "בקורא להגיה", והאי מסקנא לאו בלשון רבא [רבה] אמרינן ליה התם בברכות, סמכינן על האי מסקנא דדוקא הוא.

ואע"ג דמתחזי מגמרא דראש השנה דהאי מסקנא תירוצה אליבא דרבא [רבה] הוא, סמכינן עליה; דאילו לא הוה דייק אליבא דהלכתא, לא אסיק ביה הגמרא סתם בפרק "הקורא" – דלא אסיק ביה אלא למימרא דתירוצא דוקא הוא. שכך שיילינן על מתניתין ד"היה קורא" בדוכתא: מאי "כיון לבו"? אי לימא לצאת – שמע מינה דמצות צריכות

---

[43] This is a slightly paraphrased version of the Gemara.

כוונה. ודחינן: לא, מאי "אם כיון"? כיון לקרות. ואתמהינן: "לקרות? הא קא קרי!" ופרקינן: "בקורא להגיה." וקם ליה האי תירוצא, ומסקנא דגמרא הוא, ועליה סמכינן.

ולענין אכל מצה בלא כוונה ליכא בה ספיקא, דמשלחו ליה לאבוה דשמואל ואוקמה רב אשי בשכפאו אותו פרסיים. ואוקמתא דסמכא היא, דלא אידחיא ליה. ועוד דרב אשי בתרא הוא, והלכתא כבתראי.

וסוגיא דגמרא בכל מקום מצוות אינן צריכות כוונה. ובריתא שנויה בפסחים בפרק "ערבי פסחים": "אכלן בלא מתכוין יצא" (פסחים קיד:); ואע"ג דאוקמה ר' שמעון בן לקיש כתנאי, כי היכי דלא תיקשי ליה, לא איכפת לן בדבריו דיחיד הוא. וסוגיא דגמרא דמצוות אינן צריכות כוונה.

ולענין תקיעה: פשיטה מילתא דהלכתא כר' זירא הדא אקשינן עליה ופרקינן אליביה ולא אקשינן עליה אלא אמאי הצריך כוונת משמיע אבל בכונת שומע ליכא בה ספיקא דמתניתין דוקא אם כיון לבו יצא ואם לאו לא יצא והך שינויא דשנינן ב"סביר חמרא בעלמא הוא" שינויא בעלמא, דמסיפא דמתניתין שמעינן דכוונה לצאת בעינן. דהכי תנן: "אע"פ שזה שמע וזה שמע, זה כיון לבו וזה לא כיון לבו."

הלכך בשופר ומגילה צריכין כוונה לצאת כדוקיא דמתניתין.

ובקריאת שמע ואכילת מצה וטבילה במי מקוה וכיוצא בהן לא בעינן כוונה לצאת דמצוות אינן צריכות כוונה כסוגיא דגמרא בכל דוכתא ודוכתא.

ואי קשיא לך: מאי שנא שופר ומגילה משאר מצוות? זו ודאי קושיא עמוקה היא, והיא על הגמרא לא על אבא מארי זכרו לחיי העולם הבא.

וכמה זמן נתקשית לי קושיא זו אחר פטירת אבא מארי ז"ל עד דאשכחת בה טעמא; והוא: שהמצוות דאמרינן בהו "מצוות אינן צריכות כוונה" מצוות שקיומן בעשיית מעשה – שגוף אותה העשייה היא המצוה, כגון אכילה וטבילה וקריאה וכיוצא בהן. אבל שופר, הואיל וגוף המצוה שמיעת קול בעלמא היא, כי לא מיכוין מאי קא עביד מן המצווה אינו כאוכל מצה וטובל – דאע"פ שלא כיון לבו בעת העשיה כבר קיים המצוה בעת העשיה, שגוף המצוה היא שיאכל או יטבול. וכן נמי שומע מגילה כשומע שופר; תדע: דלא הצרכנו קורא מגילה לכוין לבו לצאת, אלא שומע קריאת מגילה בלבד הוא שהצרכנו אותו כוונה. אבל הקורא עצמו אין דינו חמור מדין קורא קריאת שמע, דאם כיון לבו לקרות אע"פ שלא כיון לצאת יצא.

ואע"פ שלא נתפרש הכי בגמרא, מהקושיא גמרינן ליה. ועוד שלא ראינו אותם הצריכו כוונה לצאת אלא בשומע בלבד. וכמה טעם ברור הוא זה, ודקדוק יפה למבינים, וכבר גילינו אותו לכל התלמידים בבית המדרש מכמה שנים.

...הנה גלינו סתרי שאלה זו כולה, ולא נשאר בה קושיא בסיעתא דשמיא.

Chapter 6

Qualitative Aspects of *Hilchot Sefirat ha-Omer*

In this chapter we shall explore the following questions:

(1) Is our obligation to fulfill *mitzvat sefirat ha-omer* still biblical (*d'oraita*) – as it was when we were able to offer the *minchat ha-omer* and the *shtei ha-lechem* in the *beit ha-mikdash* – or is its basis only rabbinic (*d'rabanan*) in the absence of the *beit ha-mikdash*?

(2) What is the nature of the *zeicher le-mikdash* that we achieve by counting? Is it similar to or different from the *takkanot* of R. Yochanan b. Zakkai recorded in the Mishnah (*Sukkah* 3:12; *Rosh Hashanah* 4:1–4; *Menachot* 10:5)?

(3) Why are we not concerned for *sefeika d'yoma* in our performance of *mitzvat sefirat ha-omer*?

Our sources for the Rav's contributions to these topics are drawn from:

(1) R. Hershel Schachter, *Mi-Peninei Ha-Rav* (New York, 2001), pp. 226–48.

(2) *Idem, Nefesh Ha-Rav* (New York, 1994), pp. 190–1.

(3) *Idem, Eretz ha-Tzvi* (Jerusalem, 1992), pp. 17–18.

(4) *Mesorah*, vol. 3 (*idem*; March, 1990), pp. 35–38.

(5) *Mesorah*, vol. 12 (*idem*; June, 1996), pp. 31–35.

(6) *Mesorah*, vol. 13 (*idem*; February, 1997), pp. 20–23.

(7) *Mesorah*, vol. 14 (*idem*; September, 1997), pp. 43–45.

(8) R. Michael Rosensweig, "Reflections on *S'firas HaOmer*," *Bein Kotlei HaYeshivah* (Student Organization of Yeshiva; New York), vol. 4 (Sivan, 5746), pp. 10–15.

(9) R. Mayer Twersky (the Rav's grandson), "An Overview of Some *Halachos* of *S'firas HaOmer*," *ibid*, pp. 16–20.

(10) Two tapes of *shi'urim* delivered by R. Yonasan Sacks of Passaic, N.J., entitled "Bein Pesach L'Shavu'os" and "Sefiras Ha'Omer." They are, respectively, numbers 405 and 406, the fifth and sixth tapes in a set of six; see Chapter I, n. 1.

I. *D'Oraita* or *D'Rabanan*?

A.

Let's begin by reviewing the classical sources:

ויקרא פרק כג

(ד) אלה מועדי ה' מקראי קדש אשר תקראו אתם במועדם.

(ה) בחדש הראשון בארבעה עשר לחדש בין הערבים פסח לה'.

(ו) ובחמשה עשר יום לחדש הזה חג המצות לה' שבעת ימים מצות תאכלו.

(ז) ביום הראשון מקרא קדש יהיה לכם כל מלאכת עבדה לא תעשו.

(ח) והקרבתם אשה לה' שבעת ימים ביום השביעי מקרא קדש כל מלאכת עבדה לא תעשו.

(ט) וידבר ה' אל משה לאמר.

(י) דבר אל בני ישראל ואמרת אלהם כי תבאו אל הארץ אשר אני נתן לכם וקצרתם את קצירה והבאתם את עמר ראשית קצירכם אל הכהן.

(יא) והניף את העמר לפני ה' לרצנכם ממחרת השבת יניפנו הכהן.

(יב) ועשיתם ביום הניפכם את העמר כבש תמים בן שנתו לעלה לה' .

(יג) ומנחתו שני עשרנים סלת בלולה בשמן אשה לה' ריח ניחח ונסכה יין רביעת ההין.

(יד) ולחם וקלי וכרמל לא תאכלו עד עצם היום הזה עד הביאכם את קרבן אלקיכם חקת עולם לדרתיכם בכל משבתיכם.

(טו) וספרתם לכם ממחרת השבת מיום הביאכם את עמר התנופה שבע שבתות תמימת תהיינה.

(טז) עד ממחרת השבת השביעת תספרו חמשים יום והקרבתם מנחה חדשה לה'.

(יז) ממושבתיכם תביאו לחם תנופה שתים שני עשרנים סלת תהיינה חמץ תאפינה בכורים לה'.

(יח) והקרבתם על הלחם שבעת כבשים תמימם בני שנה ופר בן בקר אחד ואילם שנים יהיו עלה לה' ומנחתם ונסכיהם אשה ריח ניחח לה'.

(יט) ועשיתם שעיר עזים אחד לחטאת ושני כבשים בני שנה לזבח שלמים.
(כ) והניף הכהן אתם על לחם הבכרים תנופה לפני ה' על שני כבשים קדש יהיו לה' לכהן.
(כא) וקראתם בעצם היום הזה מקרא קדש יהיה לכם כל מלאכת עבדה לא תעשו חקת עולם בכל מושבתיכם לדרתיכם.

How shall we understand *pasuk* 15? Does the underlined clause mean "from the day on which you *actually* offer the *omer* of barley," or does it mean "from the day on which you *are obligated to* offer the *omer* of barley"? In other words, is the actual *hakravah* a *sine qua non* for fulfilling the *mitzvah* of *u-sefartem lachem*, or is the date that was designated for that *hakravah* the determinant?

Moreover, what is the relationship of *pesukim* 15 and 16 to one another? Is the *mitzvah* to count weeks (as in *pasuk* 15) or to count days (as in *pasuk* 16)? Or, is the *mitzvah* to count both?

<u>מנחות סו.</u>

אמר אביי מצוה למימני יומי ומצוה למימני שבועי.
רבנן דבי רב אשי מנו יומי ומנו שבועי.
אמימר מני יומי ולא מני שבועי; אמר: זכר למקדש הוא.

<u>רש"י</u>

<u>אמימר מני יומי ולא שבועי</u> – אמר האי מניינא דהשתא לאו חובה הוא, דהא ליכא עומר, אלא זכר למקדש בעלמא הוא; הלכך ביומי סגי.

According to Rashi, Ameimar certainly thinks that without the actual sacrifice (i.e., in the absence of the *beit ha-mikdash*) there is no biblical obligation to count at all. As a practical expression of this rabbinic status, Ameimar feels that to count just the days, without indicating the weeks, suffices. His assumption seems to be that when the actual *hakravah* was possible, the biblical obligation was to count both days and weeks.

Similarly, the *Ba'alei Tosafot* feel that the obligation now is only *mi-d'rabanan*. This has implications for the exact hour of performance on any given day:

<u>תוספות מנחות סו.</u>

<u>זכר למקדש הוא</u> – נראה דבספק חשיכה יכול לברך ואין צריך להמתין עד שיהא ודאי לילה, כיון שהוא ספיקא דרבנן.

What, according to Rashi and the *Ba'alei Tosafot*, do Abaye and the Rabanan d'Vei Rav Ashi think? Do they maintain that the biblical *mitzvah* is still binding, even without the possibility of an actual *hakravah* – in other words, that the date alone is sufficient to generate the original biblical obligation?[1] Or do they think (like Ameimar) that it is, in fact, only rabbinic in the absence of the *beit ha-mikdash*, but that (unlike Ameimar) the two-fold count of days and weeks should be maintained? The answer to this question remains indeterminate.

On the other hand, how the Rambam understood the Gemara seems to be clear:

<u>רמב"ם, הלכות תמידין ומוספין – פרק ז</u>

(כב) מצות עשה לספור שבע שבתות תמימות מיום הבאת העומר שנאמר "וספרתם לכם ממחרת השבת...שבע שבתות"; ומצוה למנות הימים עם השבועות שנאמר "תספרו חמשים יום"...

(כד) מצוה זו על כל איש מישראל ובכל מקום ובכל זמן; ונשים ועבדים פטורין ממנה.

The Rambam rejects Ameimar's view that the *mitzvah* has become rabbinic with the destruction of the *beit ha-mikdash*. Furthermore, he clearly believes that Abaye and the Rabanan d'Vei Rav Ashi assume that the *mitzvah* is still *d'oraita*.[2]

---

[1] According to this understanding of the *Ba'alei Tosafot*, they would have rejected the view of Abaye and the Rabanan d'Vei Rav Ashi. Since Rashi's commentary rarely reveals his personal normative view, we have no way of knowing what his halachic opinion was.

[2] The *Kesef Mishneh*, *ad locum*, makes this point. He cites the Ran's commentary to the Rif at the end of *Pesachim* (p. 28a in the pagination of the Rif).

Here, incidentally, is an example of the Rif's reorganization of talmudic material. The brief *sugya* about *sefirat ha-omer* is in *Massechet Menachot* since the *omer* of barley is a *korban Minchah*. The Rif, however, relocated it to the very end of *Massechet Pesachim*. The Me'iri describes, in his introduction to his *Beit ha-Bechirah*, how only three *sedarim* were studied during the Middle Ages. *Berachot* and *Chullin* were appended to *Seder Mo'ed*, and *Niddah* to *Seder Nashim*. The Rif had to find a context within this framework for the *sugya* from *Menachot* 66a.

Another example of the Rif's relocation of *sugyot* is his transfer of the two discussions of *aninut* from the twelfth chapter of *Massechet Zevachim* and from the eighth chapter of *Massechet Pesachim* to the end of the second chapter of *Massechet Berachot*. This is relevant to Chapter 3 [n. 11], above.

This, then, is the basis of the ongoing dispute amongst *poskim* as to whether *mitzvat sefirat ha-omer* is now *d'oraita* or *d'rabanan*. Let us pause now to identify the position of the *Sefer ha-Chinuch*.

B.

In all standard editions of either the *Sefer ha-Chinuch* alone or the *Minchat Chinuch*, the text at the conclusion of *Mitzvah* #306 reads:

ספר החינוך – מצוה שו

ונוהגת מצות ספירת העומר מדאורייתא בכל מקום בזכרים. והעובר על זה ולא ספר ימים אלו ביטל עשה.

This *girsa* is what underlies the *Chafetz Chayyim*'s classification of the *Sefer ha-Chinuch* amongst those who maintain that *sefirat ha-omer* is still *d'oraita*.

ביאור הלכה סי' תפט

לספור העמר – הנה דעת הרמב"ם והחינוך שהוא נוהג מן התורה גם עתה. אכן דעת הטור ושו"ע וכמה פוסקים שאינה בזמה"ז אלא זכר למקדש שהקריבו עומר, וכן הוא סוגית הפוסקים בסימן זה. אכן באמת הרמב"ם ג"כ לאו יחידאה הוא בדעתו, שגם דעת רבנו ישעיה כן הוא – עיין בשיבולי הלקט ריש סי' רל"ד; וכן הוא ג"כ דעת ר' בנימין שם – עיי"ש בסוף הסימן; וכן הוא ג"כ דעת ראבי"ה, הובא באור זרוע סי' שכ"ט, ומשמע שם דגם האו"ז מודה ליה בדינו עיי"ש....

However, in the critical edition of the *Minchat Chinuch* issued in 1988 by *Machon Yerushalayim* (Vol. 2, p. 468), the conclusion reads:

ונוהגת מצות ספירת העומר מדאורייתא בכל מקום בזכרים, <u>בזמן הבית שיש שם עומר, ומדרבנן בכל מקום ואפילו היום שאין עומר קרב בעוונותינו</u>. ועובר על זה ולא ספר ימים אלו <u>בזמן הבית</u> ביטל עשה.

Accordingly, this is one of the rare instances in which the author of *Sefer ha-Chinuch* departs from the Rambam's view. He apparently did not accept the Rambam's position, but rather endorsed the widespread view that considers *sefirat ha-omer* to be only *d'rabanan* in the absence of the *beit ha-mikdash*.[3]

---

[3] The *Minchat Chinuch* actually had a slightly different formulation of the last sentence:

C.

It would seem that those who maintain that *sefirat ha-omer* is not dependent on the actual *hakravah* must feel that the calendar date of 16 Nisan *per se* creates the obligation to count. Or is there another possible basis for their position that *sefirat ha-omer* is *d'oraita*, notwithstanding our inability to offer the *korban*? With regard to the Rambam, specifically, the Rav used to teach the following observation by his grandfather, Reb Chayyim of Brisk.

In view of the fact that the Rambam considered *sefirat ha-omer* to be *d'oraita*, why did he record this *mitzvah* in the section entitled *Hilchot Temidim u-Musafim* (in *Sefer Avodah*), within the context of *halachot* that are not operative today? Should he not have followed the Rif's lead and positioned the *mitzvah* of *sefirat ha-omer* at the conclusion of *Hilchot Chametz u-Matzah* (in *Sefer Zemanim*)? Indeed, just as the Rambam separated *Hilchot Korban Pesach* (in *Sefer Korbanot*) from *Hilchot Chametz u-Matzah*,[4] should he not also have separated the laws of *sefirat ha-omer* from the laws governing the sacrifice of the *korban omer*? Doesn't the fact that (according to the Rambam) *sefirat ha-omer* is still obligatory *mi-d'oraita* indicate that it is completely independent of the *hakravah*? Just as the date of 15 Nisan creates the obligation to eat *matzah*, the date of 16 Nisan – seemingly – creates the obligation to begin "counting the *omer*."

Reb Chayyim's approach to this question is based on another *halachah* of the Rambam:

רמב"ם, הלכות בית הבחירה – פרק ו

(יד) ...ובמה נתקדשה? בקדושה ראשונה שקדשה שלמה, שהוא קידש העזרה וירושלים לשעתן וקידשן לעתיד לבא.

ונוהגת...בזמן הבית שיש עומר שם קרב. ועתה בעוונותינו שאין לנו בית המקדש ולא מזבח מונין אנו הימים והשבועות.

He notes that the *Sefer ha-Chinuch* meant to say "*nevertheless* (אעפ"כ) we count both days and weeks." In other words, although the Rambam suggests that counting days and weeks reflects the view that *sefirat ha-omer* is still *d'oraita*, the *Sefer ha-Chinuch* here asserts that even according to the view that it is only *d'rabanan* the count should include both days and weeks.

See the *Machon Yerushalayim* edition, p. 468, n. 24.

[4] The Rambam similarly separated *Hilchot Shevitat Asor* (in *Sefer Zemanim*) from *Hilchot Avodat Yom ha-Kippurim* (in *Sefer Avodah*).

133

[השגת הראב"ד – א"א סברת עצמו היא זו, ולא ידעתי מאין לו.... למ"ד קדושה ראשונה לא קדשה לעתיד לבא לא חלק בין מקדש לירושלים לשאר א"י ולא עוד אלא שאני אומר שאפילו לרבי יוסי דאמר קדושה שנייה קדשה לעתיד לבא לא אמר אלא לשאר א"י אבל לירושלים ולמקדש לא... לפיכך הנכנס עתה שם אין בו כרת].

(טו) לפיכך מקריבין הקרבנות כולן אע"פ שאין שם בית בנוי, ואוכלין קדשי קדשים בכל העזרה אע"פ שהיא חריבה ואינה מוקפת במחיצה, ואוכלין קדשים קלים ומעשר שני בכל ירושלים אף על פי שאין שם חומות – שהקדושה ראשונה קדשה לשעתה וקדשה לעתיד לבא.

(טז) ולמה אני אומר במקדש וירושלים קדושה ראשונה קדשה לעתיד לבוא[5] ובקדושת שאר א"י לענין שביעית ומעשרות וכיוצא בהן לא קדשה לעתיד לבוא?....

In the Rambam's view, then, the obligation to offer sacrifices has not fallen into abeyance with the destruction of the *beit ha-mikdash*. The obligation to offer the *omer* of barley on the 16th of Nisan is still operative, and it is this obligation – rather than its actual implementation – that generates, in turn, the obligation *mi-d'oraita* "to count."

Thus, the *mitzvah* of *sefirat ha-omer* is not, according to the Rambam, independent of the *korban omer*. Moreover, it is not simply the calendar date that generates the obligation. It is, rather, the annual obligation – which is still operative – to offer the *omer* of barley which generates, in turn, the obligation for *sefirat ha-omer*. Hence, the laws regarding *sefirat ha-omer* were located within *Hilchot Temidim u-Musafim* rather than at the end of *Hilchot Chametz u-Matzah*.[6]

What about those Rishonim who maintain that *sefirat ha-omer* no longer has a basis *mi-d'oraita*?

They feel: קדושה ראשונה קדשה לשעתה ולא קדשה לעתיד לבוא. There is, thus, neither an obligation nor even a possibility to sacrifice the *korban omer*. Accordingly, there can be no biblical obligation for *sefirat ha-omer* since it is dependent on the sacrifice. The calendar date *per se* does not, according to these Rishonim, generate an obligation "to count." Alternatively, they could feel that the *chiyuv hakravah* alone does not suffice to generate a biblical

5 The underlying *sugya* is in *Megillah* 10a.

6 This raises the entire question of "classification" within the *Mishneh Torah*. See Rabbi Isadore Twersky, *A Maimonides Reader* (New York, 1972), p. 17; *idem*, *Introduction to the Code of Maimonides* (New Haven, 1980), chapter 4.

obligation to count; the actual *hakravah* is what created the corollary *chiyuv sefirah*.

II. Two Types of *Zeicher le-Mikdash*

A.

We have seen that Ameimar's rationale for counting only days (and not weeks) is the character of *sefirat ha-omer* today as [only] *zeicher le-mikdash*.

The *Ba'al ha-Ma'or*, R. Zerachya ha-Levi, in his commentary to the Rif at the very end of *Pesachim*, asks the following question:[7]

ובספירת העמר יש ששואלין מה טעם אין אנו אומרים בו זמן...ועוד...ועוד...

וכללו של דבר אין לנו להחמיר בספירת העמר שאינו אלא לזכר בעלמא. והכי אסיקנא בדוכתא במנחות דאמימר מני יומי ולא מני שבועי אמר זכר למקדש הוא. ואע"פ שאנו מונין ימים ושבועות מנהג הוא בידינו אבל להטעינו זמן אין לנו.

ועוד שלא מצינו ברכת זמן אלא בדבר שיש בו שום הנאה כגון נטילת לולב שהוא בא לשמחה, ותקיעת שופר לזכרון בין ישראל לאביהם שבשמים, ומקרא מגילה דחס רחמנא עלן ופרקינן, ופדיון הבן שמברך אבי הבן שהחיינו לפי שיצא בנו מספק נפל – דכל ששהה שלשים יום באדם אינו נפל. ולספירת העמר אין בו זכר לשום הנאה אלא לעגמת נפשנו לחרבן בית מאויינו...

In explanation of the *Ba'al ha-Ma'or*'s second answer,[8] the Rav characterized two types of *zeicher le-mikdash*. Some rituals were designed by Chazal to perpetuate an image of the *beit ha-mikdash* in its former glory (*be-vinyanah*); others were designed to focus on its current state of desolation (*be-churbanah*). The Rav noted that the Gemara offers two separate derivations for the concept of *zeicher le-mikdash*:

---

[7] It is the first of three questions; we shall return below (in Section III, A) to the third one.

[8] His first answer, that the *mitzvah* is only operative *mi-d'rabanan*, is enigmatic (why does he presuppose that a *shehecheyanu* is inappropriate for a *mitzvah mi-d'rabanan*?). The Rashba quotes his second answer (but not the first) verbatim in a responsum (I: 126).

<u>בבא בתרא ס:</u>

...כך אמרו חכמים: סד אדם את ביתו בסיד ומשייר בו דבר מועט. וכמה? אמר רב יוסף: אמה על אמה; אמר רב חסדא: כנגד הפתח.

עושה אדם כל צרכי סעודה ומשייר דבר מועט. מאי היא? אמר רב פפא: כסא דהרסנא.

עושה אשה כל תכשיטיה ומשיירת דבר מועט. מאי היא? אמר רב: בת צדעא.

שנאמר "אם אשכחך ירושלים תשכח ימיני. תדבק לשוני לחכי וגו'" (תהלים קלז:ה-ו).

מאי "על ראש שמחתי"? אמר רב יצחק: זה אפר מקלה שבראש חתנים. א"ל רב פפא לאביי: היכא מנח לה? במקום תפילין, שנאמר "לשום לאבלי ציון לתת להם פאר תחת אפר" (ישעיהו סא:ג).[9]

וכל המתאבל על ירושלים זוכה ורואה בשמחתה שנאמר "שמחו את ירושלים וגו'" (ישעיהו סו:י).

<u>סוכה מא. (ור"ה ל.)</u>

<u>משנה</u> – בראשונה היה לולב ניטל במקדש שבעה ובמדינה יום אחד משחרב בית המקדש התקין רבן יוחנן בן זכאי שיהא לולב ניטל במדינה שבעה זכר למקדש ושיהא יום הנף כולו אסור.

<u>גמרא</u> – מנא לן דעבדינן זכר למקדש? אמר רבי יוחנן: דאמר קרא "כי אעלה ארוכה לך וממכותיך ארפאך נאם ה' כי נדחה קראו לך ציון היא דורש אין לה" (ירמיהו ל:יז).

"דורש אין לה" – מכלל דבעיא דרישה.

ושיהא יום הנף: מאי טעמא? מהרה יבנה בית המקדש ויאמרו "אשתקד מי לא אכלנו בהאיר מזרח, השתא נמי ניכול" ואינהו לא ידעי דאשתקד דלא הוה בית המקדש האיר מזרח התיר, השתא דאיכא בית המקדש עומר מתיר.

These two citations (*Tehillim* 137:5–6, and *Yirmiyahu* 30:17) clearly express two different motifs. The first is preoccupied with destruction and

---

[9] This Gemara underlies *Siman* 560 in *Shulchan Aruch Orach Chayyim*, and the following *se'if* in *Shulchan Aruch Even Ha-Ezer*.

<u>שו"ע אבן העזר – סה:ג</u>

צריך לתת אפר בראש החתן במקום הנחת תפילין זכר לאבילות ירושלים, דכתיב: (ישעיהו סא:ג) "לשום לאבילי ציון פאר תחת אפר."

<u>הגה:</u> ויש מקומות שנהגו לשבר כוס אחר שבע ברכות. וזהו מנהג נוהג במדינות אלו: שהחתן שובר הכלי שמברכין עליו ברכת אירוסין (כל בו). וכל מקום לפי מנהגו...

For a different cultural explanation of breaking a goblet, see *Tosafot Berachot* 31a, *s.v. Eye'si kasa.*

mourning, the second with ancient glory and future restoration.[10] These are complementary perspectives on the *beit ha-mikdash*, and Chazal instituted rituals to express each.

The *Ba'al ha-Ma'or*'s answer to the question of why we say *she-hecheyanu* for *lulav* and *shofar*, but not for *sefirat ha-omer* is: it would be incongruous to thank God for "keeping us alive, sustaining us, and bringing us to this moment in time" when we can have the dubious privilege of commemorating the destruction of our *beit ha-mikdash*. On the other hand, it is quite appropriate to thank God for the occasion to re-create ritually the splendor of the *beit ha-mikdash*, by way of anticipating its restoration.[11]

B.

There is a *pasuk* in *Eichah* (1:7) that – according to Rashi, although not according to Ibn Ezra – reflects our two motifs:

זכרה ירושלם ימי עניה ומרודיה, כל מחמדיה, אשר היו מימי קדם;....

רש"י
זכרה ירושלם – בגלותה.
ימי עניה – ימי חורבנה שהביאה לידי עוני.
ומרודיה – הוא לשון צער כמו "וירדתי על ההרים" (שופטים יא); "אריד בשיחי ואהימה" (תהלים נה).
כל מחמדיה – וזכרה כל טוב מחמדיה שמימי קדם.
אבן עזרא
ימי עניה – כמו "כי ששת ימים[12] עשה ה'".
ומרודיה – בגלות, והמ"ם שרש.

---

[10] Our *zeicher le-mikdash ke-Hillel* at the *Seder* is clearly of this second type.

[11] See *Mesorah*, vol. 13, pp. 20–1, for other answers. See also Ravad's responsa, *Temim De'im*, #29:

וספירת העמר לא בעיא זמן ולא כל מצוה שאין בה שמחה לגוף; and his *Teshuvot u-Pesakim* (ed. R. Yosef Kapach; Jerusalem 1964), #111 (p. 166).

[12] This phrase is understood as if it had the prepositional prefix *"bet"* – i.e., כי בששת ימים....

According to Rashi, the second and third clauses are each in the accusative case; they each constitute a direct object of the verb in the first clause. Yerushalayim, personified, thus recalls both its devastation and its former splendor. According to Ibn Ezra, however, the second clause is an adverbial one which modifies the circumstances surrounding the verb in the first clause. Yerushalayim, during its days of affliction, recalls its former glory.[13]

C.

This distinction between two types of *zeicher le-mikdash* helps explain an enigmatic line at the end of *Tosafot Megillah* 20b:[14]

כל הלילה כשר לקצירת העומר – ...ואחר שבירך על הספירה אומר י"ר [יהי רצון]15 שיבנה וכו' מה שאין כן בתקיעת שופר ולולב. והיינו טעמא: לפי שאין אלא הזכרה עתה לבנין ביהמ"ק, אבל לשופר ולולב יש עשיה.

The classical commentaries to *Tosafot* pass over this cryptic differentiation between *sefirat ha-omer* and the two other *mitzvot* in silence.[16]

Two explanations are possible:

(1)

The nature of R. Yochanan b. Zakkai's *takkanah* with regard to *lulav* was to fulfill the *mitzvah* of *lulav* throughout the week of Sukkot as it had been practiced at the *beit ha-mikdash*. Implementing his *takkanah* constitutes a fulfillment, albeit *d'rabanan*, of the *mitzvah* of *lulav*.

On the other hand, in the absence of the actual sacrifice of the *omer* of barley, Chazal did not ordain a rabbinic fulfillment of the original *mitzvah* of

---

[13] See B. David Schreiber, *Nor'ot HaRav*, Vol. 14 (New York, 2001), 95–97.

[14] We shall return to the first part of this *Tosafot* in Chapter Seven, Section II, A.

[15] Our *nusach* is "*Ha-Rachaman*...."

[16] Rashash does call attention to an anomaly with regard to *shofar* (לא ידעתי מה שייך יה"ר לת"ש- הא מדאורייתא היא אף בזה"ז), but he does not address the fundamental distinction suggested by the *Ba'alei Tosafot*.

sefirat ha-omer. They merely required a token commemoration to recall the *mitzvah* as it had been performed when conditions allowed. Implementing today's quasi-*sefirah* does not constitute a fulfillment of *sefirat ha-omer*; it is, rather, a fulfillment of the rabbinic requirement to express a *zeicher le-mikdash.*[17]

Therefore, although we use all "four species" in the fulfillment of *mitzvat lulav* throughout the week, we do not count both days and weeks in our artificial simulation of the ancient *sefirat ha-omer.* We indicate deliberately, by counting in a compromised manner, that we are no longer able to perform the *mitzvah* authentically and that we are merely simulating it artificially as an expression of *zeicher le-mikdash.*

The *Ba'alei Tosafot* would then be saying that we recite the *Yehi Ratzon* [*Ha-Rachaman*] after our quasi-*sefirah* to further indicate that we have expressed merely a *zeicher le-churban* and have not achieved a *bona* fide fulfillment of *mitzvat sefirat ha-omer.*

(2)

Alternatively, we could utilize the Rav's explanation of the *Ba'al ha-Ma'or*'s answer to interpret the last line of *Tosafot* differently. According to this alternative approach, the nature of R. Yochanan b. Zakkai's *takkanah* with regard to *lulav* was also to achieve merely a *zeicher le-mikdash* rather than a *bona fide* fulfillment of *mitzvat lulav.* The difference between *sefirat ha-omer* and *lulav*, then, lies in the respective type of *zeicher.* Our rabbinically ordained performance of *lulav* constitutes an expression of *zeicher le-mikdash be-vinyanah.* This does not warrant the recitation of a plaintive supplication for its restoration. On the other hand, our *sefirah* constitutes an expression of *zeicher le-mikdash be-churbanah.* The anguish that this generates warrants the recitation of the *Yehi Ratzon* [*Ha-Rachaman*].[18]

---

[17] This is how the Rav characterized *koreich* at the *Seder.* See *Mesorah*, vol. 14, pp. 43–44; above, n. 10.

[18] For a comprehensive discussion of *zeicher le-mikdash* see Rabbi Tzvi Ryzman, *Ratz Ka-Tzvi* (Los Angeles, 2003), 248–55.

III. Why are we not Concerned about *"Sefeika d'Yoma"* in our Performance of *Mitzvat Sefirat ha-Omer*?

A.

The *Ba'al ha-Ma'or*'s third question[19] is:

...ועוד מה טעם אין אנו סופרים שתי ספירות מספק, כמו שאנו עושין שני ימים טובים מספק?

The first part of his answer that we quoted above with regard to *she-hecheyanu* is relevant to this question as well:

וכללו של דבר אין לנו להחמיר בספירת העמר שאינו אלא לזכר בעלמא. והכי אסיקנא בדוכתא במנחות דאמימר מני יומי ולא מני שבועי אמר זכר למקדש הוא. ואע"פ שאנו מונין ימים ושבועות מנהג הוא בידינו...

After addressing specifically his first two questions, the *Ba'al ha-Ma'or* returns to this third question:

ואם באנו לספור שתי ספירות מספק, נמצא ספירת שנייה מושכת עד יום טוב ראשון של עצרת – ואתי לזלזולי ביו"ט דאורייתא...

His own answer is: to take *sefeika d'yoma* into account would extend the count to the fiftieth night (lest it be the forty-ninth), which is the night of Shavu'ot. There would thus be a clash between our performance *mi-d'rabanan* (only) of *sefirat ha-omer* and our observance *mi-d'oraita* of Shavu'ot. If it is still the forty-ninth day of the count, it is only *Erev* Shavuot – i.e., a weekday, with no *issur melachah*. This could result in popular laxity in the observance of Shavu'ot. In view of the fact that our *sefirat ha-omer* is only *mi-d'rabanan*, it yields – on this issue of *sefeika d'yoma* – to the obligation *mi-d'oraita* to refrain from *melachah* on Shavu'ot.

B.

The Rav had heard another answer to the *Ba'al ha-Ma'or*'s question from the "Kovno Rov," R. Avraham Shapira, the author of *D'var Avraham*.[20] The

---

[19] We have discussed his first question (regarding *she-hecheyanu*) above (Section II, A). His second question, which relates to the recitation of the *birkat ha-mitzvah*, is beyond the scope of this *shiur*.

Talmudic principle[21] with regard to *ma'aser beheimah*, that
עשירי ודאי אמר רחמנא ולא עשירי ספק, is not limited to that particular context,
but applies to all areas of *Halachah*. "Counting" entails, by definition,
certitude. One cannot count with ambivalence or ambiguity. Thus,
suggested the *D'var Avraham*, *sefirat ha-omer* cannot accommodate *sefeika
d'yoma* and retain its integrity as a *bona fide* count.[22]

The Rav was troubled by the implication of this approach. It should
follow logically that the Babylonian Amora'im who lived before the
establishment of the calendar by Hillel II in the fourth century, and who
lived – as many of them did – too far from Yerushalayim to be notified of
the date of Yom Tov, would not have been able to perform the *mitzvah* of
sefirat ha-omer, since they lived with the reality of *sefeika d'yoma*.[23] Had this
been the case, argued the Rav, we would have expected to find some
reference to it in the Talmud.

Accordingly, the Rav suggested his own answer to the question of the
Ba'al ha-Ma'or, an answer which addresses the original question but which
avoids the problem raised by the *D'var Avraham*'s answer. The Rav's
approach is:

We must distinguish between those ritual observances on a given date
(in our case: the 16th of Nisan) that are a function of the *kedushat ha-yom* of
that calendar date, and those that are assigned to a particular date
independently of its *kedushat ha-yom*. The prohibition of *melachah*, the
recitation of *kiddush* and *musaf*, the *mitzvot* of *lulav* and *matzah* – these are
expressions of the *kedushat ha-yom* of a specific calendar date. By contrast,
sefirat ha-omer is not a function of *kedushat ha-yom*. In fact, it (unlike the

---

[20] *D'var Avraham* I (1906; repr. 1930), 34. The Rav had originally heard this explanation
from R. Avraham Shapira in person. See *Excursus* I for the relevant segments of the
published *teshuvah*, and for the text of a letter of approbation and endorsement that
'the *D'var Avraham*" wrote in 1931 on behalf of the Rav.

[21] See *Bava Metzi'a* 7a; *Bechorot* 52b.

[22] R. Michael Rosensweig, on pp. 13–14 of his article (see bibliography above), draws
on the Rav's "Sacred and Profane: *Kodesh* and *Chol*" to add "a new dimension of
meaning" to this response by R. Avraham Shapira to the question of the *Ba'al
HaMa'or*. For a full discussion, see *Excursus* II.

[23] The *D'var Avraham* suggests in the *teshuvah* that, in fact, such was the case; namely,
that they *did not* count. The Rav, however, was not comfortable with that presumption.

aforementioned *mitzvot)* continues six weeks beyond the days of Yom Tov. The Rav suggested that Chazal instituted the observance of *sefeika d'yoma* only with regard to expressions of *kedushat ha-yom*. Hence, there was never a concern for satisfying a *sefeika d'yoma* in the performance of *sefirat ha-omer*. Therefore, it is not a relevant consideration for us, nor was it for the Babylonian Amora'im.

The Rav cited, as an analogy, the Amora'ic debate in *Menachot* 68b:

רב פפא ורב הונא בריה דרב יהושע אכלי חדש באורתא דשיתסר נגהי שבסר. קסברי חדש בחוצה לארץ דרבנן, ולספיקא לא חיישינן.

ורבנן דבי רב אשי אכלו בצפרא דשבסר. קסברי חדש בחוצה לארץ דאורייתא, ורבן יוחנן בן זכאי מדרבנן קאמר, וכי תקין – ליום הנף; לספיקא לא תקין.

אמר רבינא – אמרה לי אם: אבוך לא הוה אכיל חדש אלא באורתא דשבסר נגהי תמניסר, דסבר לה כר' יהודה, וחייש לספיקא.

רש"י

קסבר חדש חוצה לארץ דרבנן – ולספיקא שמא למחר יהיה ששה עשר לא חיישינן:

רבנן דבי רב אשי – בעו לאמתוני עד שיאיר מזרח.

בצפרא דשיבסר – דאי נמי שיתסר הוא הרי התיר האיר המזרח.

דקסבר חדש בחוצה לארץ דאורייתא – הלכך חיישינן לספיקא ולא אכלי מאורתא, ובצפרא אכלי ליה ולא חיישינן לתקנת רבן יוחנן בן זכאי, משום דגזירה דרבנן היא שמא יבנה וכו', וחשו רבנן למיגזר ביום הנף גופיה – ולספיקא לא תקנו להמתין כל היום.

וסבר לה כרבי יהודה – דאמר כל יום הנף אסור מן התורה, וחדש אסור בחוצה לארץ דאורייתא הלכך חייש לספיקא להמתין כל היום.

The debate seems to revolve around the Rav's issue: did Chazal institute *sefeika d'yoma* for the prohibition of *chodosh* – since the calendar date is the determinant factor in defining the parameters of the *issur* and the subsequent *heter* – or was the institution of *sefeika d'yoma* addressed only to expressions of *kedushat ha-yom*, but not to other *mitzvot* – however dependent they might be on the calendar date of Yom Tov.

The Rav drew another analogy – which perhaps served as the paradigm for him[24] – to his conceptual analysis of the *Ba'al ha-Ma'or*'s question, from

---

[24] The problem with the case of *chodosh* is that Ravina – the last of the Amora'im, whose opinion is generally regarded as authoritative – does apply *sefeika d'yoma* to it. The Rambam and the *Shulchan Aruch*, in both *Orach Chayyim* and *Yoreh De'ah*, adopt his

the liturgy of Rosh Hashanah. Although we do not mention explicitly the *musaf Rosh Chodesh*, we do allude to it in the phrase *ve-et musfei Yom ha-Zikaron ha-zeh*.[25] The question raised by Rishonim is: in view of the fact that the second day of Rosh Hashanah is not Rosh Chodesh, isn't it inappropriate to retain this elliptical reference to the *musaf* Rosh Chodesh on the second day?

Although the *Beit Yosef*[26] records the view of the *Kol Bo* that, in fact, it should not be said on the second day, he rules in favor of the many *poskim* who disagree. Our practice is in line with this conclusion of R. Yosef Karo. However, Reb Chayyim of Brisk – the Rav's grandfather – adopted the opinion of the *Kol Bo* because he was persuaded by what he understood to be its conceptual basis. The only reason to allude to the *musaf* Rosh Chodesh on the second day of Rosh Hashanah is on account of a concern for *sefeika d'yoma*. The *Kol Bo* feels that since Chazal did not institute a two-day observance of each Rosh Chodesh in the diaspora as an expression of *sefeika d'yoma*, and since the observance of Rosh Chodesh on the first of Tishri is not a function of the *kedushat ha-yom* of Rosh Hashanah, there is no need to allude to the *musaf* Rosh Chodesh on the second day of that holiday.

This, then, is the Rav's own answer to the third question of the *Ba'al ha-Ma'or*.

Excursus I

A.

The Rav had a personal relationship with R. Avraham Shapira, and they discussed this issue in one of their meetings. It is, unfortunately, no longer possible to reconstruct the degree to which the following *teshuvah* might reflect some of the nuances they might have discussed.

---

view; the references are in the E*in Mishpat, ad locum*. The case of *chodosh*, therefore, challenges rather than supports the Rav's answer to the *Ba'al ha-Ma'or*'s question.

[25] See *Shulchan Aruch Orach Chayyim*, 591:2–3.

[26] *Tur Orach Chayyim*, 591.

R. Shapira himself already recognized the objection that the Rav raised later with regard to his approach. Had the Rav read the *teshuvah* in the first (1906) edition of the work?

<u>ספר שו"ת דבר אברהם – חלק א – סימן לד</u>

מי שהיה בדרך רחוקה, בין א"י, והיה מסופק במנין ימי ספירת העומר אם הוא עומד בשלשה לספירה או בארבעה – אם יכול לברך ולספור מספיקא שני מספרים, היינו "היום שלשה ימים; היום ארבעה ימים"?

[א] הנה בפשוטו נראה שאין ענין הספירה שיוציא מלות המספר מפיו, אלא עניינה שידע ויוחלט אצלו – מדעת ומהחלט – המנין שהוא סופר; ובלאו הכי לא מיקרי ספירה כלל, אלא קריאת מלות הספירה הוא דהויא, ולא ספירה עצמה...

[ג] ומעתה דכשאינו מבין ויודע את מספרו מדעת, לא מיקרי מנין וספירה כלל – א"כ בנ"ד במסופק בימי הספירה, בודאי אינו מונה שני ימים מספקא. דהאיך יאמר "היום שלשה ימים; היום ארבעה ימים" – דאיזה מספר הוא? שאם אפשר שהוא שלשה ואפשר שהוא ארבעה, א"כ לא הוי מספר כלל, שהרי אינו מכיר ואינו יודע בהחלט את המספר שהוא מונה... וכן אני אומר גם במי שהיה מסופק בימי הספירה, ומנה רק מספר אחד מספק – שמא יתרמי שיכוון למספר האמיתי; דאע"ג דאיתרמי שכיוון, מ"מ לא יצא – משום דבשעת ספירתו לא הוה ידע בבירור, ואין זו ספירה.

ובזה נ"ל לתרץ מה שהקשה הרז"ה בס' המאור שלהי פסחים: מה טעם אין אנו סופרים שתי ספירות מספק עכ"ל, ולמ"ש ניחא; דאנן הרי בקיאין בקביעא דירחא [עיין ביצה ד.] ואין לנו ספק בימי הספירה,[27] ועיקר הקושיא היא רק: דמשום מנהג אבותינו היה לנו לספור שתי ספירות כמו ביו"ט – דאינהו הוה מספקא להו ועשו שני ימים מספיקא, אבל לפי דברינו הנ"ל נראה לומר דבר חדש: דדוקא ביו"ט היו נוהגין אבותינו לעשות ב' ימים מספיקא; אבל בספירה באמת לא היה אפשר כלל לאבותינו לספור שתי ספירות ביחד מספק, לפי שזו אינה ספירה כלל כמ"ש. ובמקום ובזמן שהיו מסופקין, לא היתה תקנה לדבר; <u>וצ"ל</u>[28] <u>שלא היו סופרין כלל</u>....

---

[27] Here is the kernel of the Rav's approach. R. Avraham Shapira begins to articulate it, but then goes off in another direction.

[28] This expression, *ve-tzarich lomar*, often introduces a desparate – almost begrudging – acceptance of a inescapable corollary of one's position. The *D'var Avraham* asserts: *ve-tzarich lomar* that the Amora'im did not count; the Rav's response was: we don't *have to* say that. We don't have to begin with the assumption that *sefeika d'yoma* applies, in theory, not only to *kedushat ha-yom* but also to *sefirat ha-omer*, and then be forced to accept the unlikely conclusion that Amora'im did not fulfill a *mitzvah* which was incumbent upon them. Instead, we can assume – as the Gemara implies *ex silentio* – that they *did* count, and then formulate a theory that would account for the difference

...ואולם אע"פ שהסברא נכונה, ויש לה סמוכין, אבל אחרי שהרז"ה תירץ לקושייתו – "מה טעם אין אנו סופרין שתי ספירות?" – בדרך אחרת, וז"ל "ואם באנו לספור ב' ספירות מספק נמצאת ספירה שני מושכת עד יו"ט ראשון של עצרת ואתי לזלזולי ביו"ט דאורייתא הלכך אין לנו אלא מה שנהגו" עכ"ל, נראה לכאורה דלית ליה כסברתנו הנ"ל. דאל"כ עדיפא הו"ל למימר – דא"א לספור ב' ספירות מספק, וקושיא מעיקרא ליתא, והר"ן שם הביא ג"כ דבריו ולא העיר עליהם כלום.

והלכך נראה דבנ"ד[29] נמי אפשר לספור ב' ספירות מספק; ולפי שספירה בזה"ז דרבנן אולי נכון יותר שיספור ב' ספירות מספק בלא ברכה.

B.

We are fortunate to have the text of a letter that the *D'var Avraham* wrote in 1931, before the Rav left for America.[30] His profound admiration for, and fondness for, the Rav is evident in each phrase.

ב"ה יום א', ג' לחודש אלול, תרצ"א, קאוונא.

כוכב גדול ומזהיר כצאת השמש בגבורתו,[31] עולה על שמי התלמוד להאיר לבני ישראל במושבותיהם[32] באור התלמוד, ולנוגה זהרו ילכו מבקשי דבר ה'[33] – זו הלכה.[34]

מגזע ישישים,[35] אלים ותרשישים, יתנשא ארז גדול אשר חסנו ושיאו למרומים יגיע. הוא ניהו מע"כ [מעלת כבודו], ש"ב ארי בן ליש, צעיר לימים ואב לחכמי תורה, הגאון האמיתי, מופת הדור[36] ותפארתו, אין גומרין עליו את ההלל, כש"ת מוהר"ר יוסף דוב הלוי סאלאווייציק נ"י [נרו יאיר], בן הגאון הגדול וכו' מוה"ר משה הלוי סאלאווייציק

---

between *kedushat ha-yom* (where *sefeika d'yoma* did apply) and *sefirat ha-omer* (where it did not).

29 At this point R. Shapira returns to the original practical question that led him to a theoretical analysis of the intrinsic nature of our *mitzvah*. Many *chiddushei Torah* of a theoretical nature were formulated not in commentaries to the Talmud but in responsa that dealt with very practical questions.

30 The letter was published in the monthly journal, *HaPardes*, Vol. 6, no. 7 (October, 1932; Tishri, 5693), p. 6.

31 See *Sefer Shoftim*, 5:31.

32 See *Shemot* 10:23.

33 See *Amos* 8:12.

34 See *Shabbat* 138b.

35 See *Mo'ed Katan* 25b.

36 See *Chullin* 103b, and Rashi *a.l.*

נ"י, שנחה עליו רוח[37] זקנו – הארי החי, הגדול שבחבורה, רבנו הגדול רבן של כל ישראל – מרן חיים הלוי סאלאווייציק זצללה"ה [זכר צדיק לברכה, לחיי העולם הבא]. כמוהו מושל בים התלמוד עד עמקי תהומותיו, וכל רז לא אניס ליה,[38] מעלה נסתרות ומפענח נעלמות, ובוקע נתיב אורה בהלכות העמומות.

אשרי לארץ שזכתה להאי רב גאון, שעליו יסמכו חכמים להיות מורה ודאין לבית ישראל, והלכה כמותו בכל מקום,[39] ורבנן לישרו ליה. טובינא דחכימי יעלה ויצלח לרבא דעמיה ומדברנא דאומתיה,[40] וה' עמו לנהל עם ה', להרביץ תורה ברבים, ולשמש בקודש, עדי תחזנה עיניו בבנין אריאל – כהנים בעבודתם ולוים בדוכנם.

כעתירת המדבר לכבוד התורה ועמודא דנהורא, אברהם דובער הכהן שפירא, אבד"ק קאוונא.

זכות גדול לאמריקה לבואו של גאון אדיר זה, בתקוה אשר חובבי תורה באמריקה יבינו רום ערך גדולתו ויקר תפארתו, כי כוכב גדול הוא, אור חדש יזריח בעולם התורה.

Excursus II

A.

In Section III, B above we had written:

> The Rav had heard another answer to the *Ba'al ha-Ma'or*'s question from the "Kovno Rov," R. Avraham Shapira, the author of *D'var Avraham*… "Counting" entails, by definition, certitude. One cannot count with ambivalence or ambiguity. Thus, suggested "the *D'var Avraham*," s*efirat ha-omer* cannot accommodate *sefeika d'yoma* and retain its integrity as a *bona fide* count.

---

[37] See *Yishayahu* 11:2, and *Sanhedrin* 93b.

[38] See *Daniel* 4:6, and *Chullin* 59a.

[39] See *Bava Metzi'a* 59b, and *Sanhedrin* ibid.

[40] See *Ketubot* 17a.

In n. 22 we added:

> R. Michael Rosensweig,…draws on the Rav's "Sacred and Profane: *Kodesh* and *Chol*"[41] to add "a new dimension of meaning" to this response by R. Avraham Shapira to the question of the *Ba'al HaMa'or*.

Let us now see what the Rav wrote in his essay, and how R. Rosensweig elaborated on the implications of it.

The Rav wrote:

> When the Jews were delivered from the Egyptian oppression, and Moses rose to undertake the almost impossible task of metamorphosing a tribe of slaves into a nation of priests, he was told by God that the path leading from the holiday of Passover to Shavu'ot, from initial liberation to consummate freedom, …leads through the medium of time. The commandment of *sefirah* was entrusted the Jew; the wondrous test of counting forty-nine successive days was put to him. These forty-nine days must be whole. If one day [is] missed, the act of numeration is invalidated.
>
> A slave who is capable of appreciating each day, of grasping its meaning and worth, of weaving every thread of time into a glorious fabric…is eligible for Torah. He has achieved freedom.[42]
>
> We may say then that qualitative-time-consciousness is comprised of two elements: First: the appreciation of the enormous implications inherent in the fleeting moments of the present. No fraction of time – however infinite – should slip through the fingers, left unexploited;

---

[41] This essay, which had been delivered originally by the Rav in a *yahrtzeit shiur* in memory of his father, R. Moshe, was originally published in *Hazedek* (Student Organization of Yeshiva; New York), vol. 2, nos. 2–3 (May-June, 1945), pp. 4- 20. It was then reprinted in *Gesher*, vol. 3, no. 1 (Student Organization of Yeshiva University; June, 1966), pp. 5–29. It was most recently included in *Shiurei HaRav*, ed. J. Epstein (Ktav, 1994) pp. 4–32. The passages cited are on p. 16 in *Gesher*, and on pp. 17–18 in *Shiurei HaRav*.

[42] See B. David Schreiber, *Nor'ot HaRav*, Vol. 4 (New York, 1997), pp. 148–61.

for eternity may depend upon the brief moment. Secondly: the vicarious experience, while in the present, of the past and future. No distance, however removed, should separate one's time-consciousness from the dawn of one's group or from the eschatological destiny and infinite realization of one's cherished ideals.

In his essay,[43] R. Rosensweig uses the Rav's analysis to suggest an explanation for certain specific *halachot* that govern our performance of *mitzvat sefirat ha-omer*. Three of these are:

(1) The Ramban contrasts *sefirat ha-omer* to other *sefirot*, particularly that of a *zavah*. The former count has to be verbalized and is preceded by a *birkat ha-mitzvah*; the latter requires neither.[44]

רמב"ן על התורה – ויקרא כג:טו

וטעם "וספרתם לכם"... שימנה בפיו ויזכיר חשבונו כאשר קבלו רבותינו. ואין כן "וספר לו" (לעיל טו:יג) "וספרה לה" (טו:כח) דזבין, שהרי אם רצו עומדים בטומאתם; אלא שלא ישכחוהו. וכן "וספרת לך" (להלן כה:ח) דיובל, שתזהר במספר שלא תשכח. ובת"כ (פ' בהר – ב:א): "וספרת לך (כה:ח) – בב"ד"; ולא ידעתי אם לומר שיהיו ב"ד הגדול חייבין לספור שנים ושבועות בראש כל שנה ולברך עליהן כמו שנעשה בספירת העומר, או לומר שיזהרו ב"ד במנין ויקדשו שנת החמשים.

The *Ba'alei Tosafot* already had noted the fact that a *zavah* does not recite a *berachah*, and had offered an explanation:

תוספות כתובות עב.

וספרה לה לעצמה – וא"ת אמאי אין מברכת זבה על ספירתה כמו שמברכין על ספירת העומר, דהא כתיב "וספרה"?
וי"ל דאין מברכין אלא ביובל שמברכין ב"ד בכל שנה, שלעולם יוכל למנות כסדר; וכן עומר. אבל זבה – שאם תראה תסתור – אין לה למנות.

---

[43] See the bibliography above.

[44] The *Pitchei Teshuvah* (#4) in *Yoreh De'ah* 196 cites responsa of R. Meir of Rothenberg, the Radvaz, and the *Noda b'Yehudah* to the same effect.

תוספות מנחות סה:
וספרתם לכם שתהא ספירה לכל אחד ואחד – גבי יובל כתיב (ויקרא כה:ח) "וספרת לך",
דאבית דין קאמר להו רחמנא. ושמא בית דין סופרין ומברכין כמו שאנו מברכין על ספירת
העומר.
וגבי זבה דכתיב (שם טו) "וספרה" – לא שייך בה ברכה, כיון שסותרת; דאי חזיא אפילו
בשביעי סתרה.

R. Rosensweig, based on the Rav's approach, notes:

> The very act of counting attains significance and requires a *berachah*
> inasmuch as it represents a process whose aim is to sensitize man to
> this indispensable religious dimension of time-consciousness. Rather
> than marking time between Pesach and Shavu'ot, or passively
> recording time (as in *zavah*), the concept of *sefirah* – if it is identified
> with time-awareness – entails and exemplifies an important
> psychological and religious transformation, which is most effectively
> achieved by verbal articulation and daily expression.

(2) After presenting the *Ba'al ha-Ma'or*'s question regarding *sefeika d'yoma*, R.
Rosensweig mentions the answer that we have seen in the *D'var Avraham*
and then applies the Rav's analysis:

> The *Ba'al ha-Ma'or* raises a very famous issue…Some Acharonim
> respond by arguing that the very concept of counting would be
> undermined by indecisiveness. If the significance of *sefirah* is to be
> evaluated in terms of time-consciousness and human autonomy, then
> this response takes on a new dimension of meaning.

(3) R. Rosensweig, clearly influenced by the Rav's third paragraph cited
above, then addresses yet another aspect of *mitzvat sefirat ha-omer:*

Finally, it is interesting to assess the method of counting, and its implications, against this background.[45] The Gemara informs us:

אמר אביי: מצוה לממני יומי, ומצוה לממני שבועי (מנחות סו.)

There can be two approaches to time-awareness: the long-term, or future, perspective; and the present focus. Clearly one of the most salient features of free and progressive man is his ability to plan ahead, to work toward a long-term objective with foresight. By living for the future and preparing for it, he asserts and demonstrates a measure of autonomy over his life. By being goal and project oriented, he is able to infuse his life with meaning and purpose. This theme is reflected in the concept of *mimnei shavu'ei*.

There is, however, a definite hazard in focusing on the future to the exclusion of the present. If long-term objectives and goals totally dominate one's actions and attitudes, the urgency of the present and its unique opportunities are often lost. In compromising the integrity of the present for the sake of the future, one generally undermines the ultimate purpose as well. Thus, we are instructed to treat each day as a discrete unit – to be *mimnei yomei* as well.

The Rambam, in his *Sefer ha-Mitzvot*,[46] goes to great length to prove that – despite the existence of these two distinct motifs, *yomei* and *shavu'ei* – they, in fact, comprise one integrated *mitzvah*.

B.

We are privileged to have a tape of an address that the Rav delivered to the *Chevrah Shas* in Boston on Sunday, May 20, 1973, in which he discusses the symbolic significance of *sefirat ha-omer*. What follows is essentially a transcription of the Rav's own words. Notwithstanding minor editorial revisions, prompted by the differences between an oral and a written presentation, the tone of the original delivery has been retained. This accounts for the Ashkenazic transliterations and for the occasional emphatic repetitions.

---

[45] I.*e.*, the Rav's conceptual framework.

[46] *Mitzvot Aseh*, # 161.

...In grammar we operate with three tenses: past, present and future. However, experientially the present can never be isolated and perceived as such. The point of time we call "present" lies either in the past or in the future...What is "past?" It's retrospection, recollection. And what is "future?" Future is anticipation, expectation. What we call "present" is nothing but the vantage position from which we look either forward or backward...Judaism requirers of the Jew that he experience time in its two dimensions simultaneously...The halachic approach to time is the experiential memory that reaches out for the future...The Jew not only knows history; he lives history. History to the Jew is not just knowledge of the past; it is reexperiencing, reliving the events that occurred a long time ago...Many *mitzvos* pursue just one goal: to sustain our awareness of the past, and to protect our feeling of closeness to events that transpired long ago...

On the one hand, Judaism requires us to re-experience the past. On the other hand, Judaism requires us to pre-experience the future, the as yet non-real that will become real at some point in time. In this pre-existential awareness, the future to the Jew is a reality before it has arrived...If the Jew had not felt close to the future, he would have disappeared in the Middle Ages...To exist as a Jew means to to be at the juncture of past and future, at the non-real any longer and the non-real as yet...Our mission is to engage in retrospection and anticipation, in recollection and expectation...[47]

When one counts, one ushers in a continuum... At any position in which you find yourself while counting, you have to be aware of two things: of the preceding position and of the following position. For instance, we counted last night "*lamed- gimmel ba'omer*," thirty-three days in the *omer*. However, we could not have arrived at this position from nowhere, *ex nihilo*. When we say *lamed-gimmel*, thirty-three, we *ipso facto* state that this position was preceded by thirty-two previous positions... At the same time, however, we also know that

---

[47] See n. 42 above.

"thirty-three" is not the last station. From here we'll move to additional positions…In other words, any act of counting embraces retrospection as well as anticipation…And that's why *sefirah*, counting, is so prominent in the *Halachah*…

This experience of past and future, of recollecton and anticipation, is not just given to the Jew as a gratuity. This "time awreness," having one's roots in the past and looking forward to an uncharted future is a challenge. Man has to attain this "time awareness." If he is, indeed, questing for the synthesis of memory and anticipation he can attain the goal if he is ready to pay the price. What is the price? Time; time to learn. The Jew is a perennial student. The "time experience," notwithstanding the fact that it is basically of an emotional nature, must inevitably be nurtured by knowledge…

Judaism is not only an experience. It is also a way of thinking. It is a *modus cogitandi*… *Halachah* is more than a collection of laws; it is a method of thought. It has its own unique approach to both physical and spiritual reality, its own method of forming value judgements and moral norms… To be sure, this halachic way of thinking manifests itself in action, in laws pertaining to external deeds. *Halachah* as a *modus cogitandi* is concretized in a *modus existential*, in a way of living…

Halachic thinking is precise thinking, and counting is also precise thinking…. There is no arbitrariness; logical necessity reigns supreme. An erroneous count, or an omission of one posituon, suspends the whole count…. The same is true of *Halachah*. The Bahag says that if I omit the count on one day, I lost the count completely. The same is true in *Halachah*. If you omit one position, the whole edifice crimbles and collapses…

The detail is important. It's important in action as well as in thought. The religious ritual is fashioned after the mathematical formula. You cannot say, "I observe *Shabbos*, but I arrive home from work Friday night a little late." Imagine a mathematician who says, "A=B and some fraction, which is not important." If he then built a bridge on the basis of this equation, I would not cross that bridge. In

Halachah as well, the detail plays a very important role both in thought and in action…

However, when the detail is observed, then the Torah pays attention to the whole as well…The Torah is interested not only in the discrete acts, but in the overall life-style…A person can be very observant of individual acts, but his life-style can be far from the religious ideal…Amongst the *taryag mitzvos* most commandments relate to single acts, but we also find precepts that do not tell us *what* to do, but *how* to do it. For instance, the commandment of "*kedoshim tihiyu*," "be holy," does not spell out any new duty. It is concerned with *how* to do things, not with *what* to do…Similarly in counting you start with single positions and thereby create an entity. You count, for instance, from one to ten; at "ten" you have an entity consisting of the ten you just counted. It is now a unit. Thus, in *sefiras ha-omer* you count up to "seven" in single positions, in single days. But when you reach seven days what do you say? "*She-heim shavu'a echad ba-omer.*" "They comprise a week." It's a new entity.

We are interested in both: in each count separately and in the new entity that emerges. The Torah tells man: be precise as far as your single acts are concerned, and act in such a manner that your individual actions be integrated into a meaningful whole…We are careful not to omit a single day in our *sefiras ha-omer*, at the same time we integrate weeks out of the days.

Chapter 7

Quantitative Aspects of *Hilchot Sefirat ha-Omer*

In this chapter we shall explore the following questions:

(1) Are there two distinct *mitzvot* (counting days and counting weeks) within *sefirat ha-omer*, or is it only one *mitzvah*?

(2) Does *sefirat ha-omer* constitute one *mitzvah*, to be performed over the course of 49 days, or does it comprise 49 individual *mitzvot*?

(3) Is *mitzvat sefirat ha-omer* incumbent only upon each individual, or is there also a communal obligation for the central *beit din* to count (as it does with the years of *shemittah* and *yovel*)?

Our sources for the Rav's contributions to these topics are drawn from:

(1) R. Hershel Schachter, *Mi-Peninei Ha-Rav* (New York, 2001), pp. 226–48.

(2) *Idem, Eretz ha-Tzvi* (Jerusalem, 1992), pp. 17–18.

(3) *Mesorah*, vol. 1 ((The Orthodox Union in New York; April, 1989), pp. 11–16.

(4) *Mesorah*, vol. 3 (*idem*, March, 1990), pp. 35–38.

(5) *Mesorah*, vol. 12 (*idem*, June, 1996), pp. 31–35.

(6) *Mesorah*, vol. 13 (*idem*, February, 1997), pp. 20–23.

(7) R. Michael Rosensweig, "Reflections on *S'firas HaOmer*," *Bein Kotlei HaYeshivah* (Student Organization of Yeshiva; New York), vol. 4 (Sivan, 5746), pp. 10–15.

(8) R. Mayer Twersky (the Rav's grandson), "An Overview of Some *Halachos* of *S'firas HaOmer*," ibid, pp. 16–20.

(9) Two tapes of *shi'urim* delivered by R. Yonasan Sacks of Pasaic, N.J., entitled "*Bein Pesach L'Shavu'os*" and "*Sefiras Ha'Omer*." They are,

respectively, numbers 405 and 406, the fifth and sixth tapes in a set of six; see Chapter I, n. 1.
(10) R. Nathaniel Helfgot, *Divrei Berachah u-Mo'ed* (Alon Shevut, 2002), pp. 79–86.
(11) Shlomo H. Pick, *Mo'adei HaRav* (Ramat Gan, 2003), pp. 159–67.
(12) B. David Schreiber, *Nor'ot HaRav*, Vol. 14 (New York, 2001), pp. 57–97.

I. Days and Weeks: One Mitzvah or Two *Mitzvot*?

A.

The Torah expresses the form of *mitzvat sefirat ha-omer* in terms of both weeks and days. What is the relationship of these two components? We have already seen that the Gemara in *Menachot* 66a does not relate the view of Abaye and the Rabanan d'Vei Rav Ashi to *pesukim*. However, the formulation of the same view in *Chagigah* 17b does cite *pesukim*:

אמר רבא: ותסברא אטו עצרת יומי מנינן שבועי לא מנינן? והאמר אביי: מצוה למימני יומי דכתיב "תספרו חמשים יום" (ויקרא כג:טז), ומצוה למימני שבועי דכתיב "שבעה שבועות תספר לך" (דברים טז:ט)[1]; ועוד "חג שבועות" כתיב.[2]

We need to look again at the *pesukim* with which we began in Chapter 6:

ויקרא כג

(טו) וספרתם לכם ממחרת השבת מיום הביאכם את עמר התנופה שבע שבתות תמימת תהיינה.

(טז) עד ממחרת השבת השביעת תספרו חמשים יום והקרבתם מנחה חדשה לה'

What is the relationship between these two (underlined) requirements? Do they comprise two independent *mitzvot* or one integrated *mitzvah*?

The Rambam, in his *Sefer ha-Mitzvot*, adopted an unequivocal position on our question:

---

[1] שבעה שבעת תספר לך מהחל חרמש בקמה תחל לספר שבעה שבעת.

[2] דברים טז:י – ועשית חג שבועות לה' אלקיך....

<u>רמב"ם, ספר המצוות – מצות עשה – מצוה קסא</u>

היא שצונו לספור מקצירת העומר תשעה וארבעים יום והוא אמרו ית' "וספרתם לכם ממחרת השבת וגו'". ודע כי כמו שנתחייבו בית דין למנות שנות יובל שנה שנה ושמטה שמטה – כמו שבארנו במה שקדם – כן חייב כל אחד ואחד ממנו למנות ימות העומר יום יום ושבוע שבוע, שהוא אמר "תספרו חמשים יום" ואמר "שבעה שבועות תספר לך". וכמו שמנין השנים והשמטים מצוה אחת – כמו שבארנו – כן <u>ספירת העומר מצוה אחת</u>; וכן מנה אותה כל מי שקדמנו מצוה אחת, והאמת מה שעשו בזה.

ואל יטעך אמרם "מצוה למימני יומי ומצוה לממני שבועי" ותחשוב שהם שתי מצות, כי כל חלק וחלק מחלקי אי זה מצוה שיהיו לה חלקים מצוה לעשות החלק ההוא ממנה. ואמנם היו שתי מצות אילו אמרו "מנין הימים מצוה ומנין השבועות מצוה"; וזה מה שלא יעלם למי שיטעם הדבור כי אתה כשתאמר "חובה לעשות כך וכך" הנה לא יתחייב מזה המאמר שהפעולה ההיא מצוה בפני עצמה.

והראיה הברורה על זה היותנו מונים השבועות גם כן בכל לילה באמרנו שהם "כך וכך שבועות וכך וכך ימים"; <u>ואילו היו השבועות מצוה בפני עצמה לא היינו מסדרין מנינם כי אם בלילי השבועות לבד והיינו אומרים שתי ברכות</u> אשר קדשנו במצותיו וצונו "על ספירת ימי העומר" ו"על ספירת שבועי העומר". ואין הדבר כן, אבל המצוה היא ספירת העומר ימיו ושבועותיו כמו שתקנו. ומצוה זו אין הנשים חייבות בה.

Rabbenu Yerucham, in his *Toledot Adam ve-Chavah*, adopted a diametrically opposed view. He asserted that there are, *mi-d'oraita*, two independent *mitzvot* and that, in fact, the original practice was to recite two separate *berachot:*

<u>רבנו ירוחם, תולדות אדם וחוה – ספר אדם, נתיב חמישי, חלק רביעי</u>

...ונראה לן משום דכתיב "ז' שבועות תספר לך וגו' [מהחל חרמש בקמה]", וכתיב נמי "מיום הביאכם את עומר וגו' ז' שבתות תמימות תהיינה" – נמצא שלא נכתבה ספירת שבועות כי אם גבי העומר, אבל ספירת הימים לא כתיב גבי עומר. נמצא דספירת הימים הוא מן התורה אפילו בזמן הזה, וספירת השבועות בזמן דאיכא עומר; והיו מברכין זה על זה בזמן שבית המקדש קיים. והיינו דכתיב "עד ממחרת השבת הז' תספרו נ' יום" וה"ל למכתב "עד מחרת"; אלא ר"ל ממחרת הסיפור ועד מחרת – ר"ל שלא תלה "מיום הביאכם" אלא "ממחרת". ובזמן הזה אנו סופרים לשבועות זכר למקדש, ובדבר שהוא זכר למקדש לבד אין מברכין עליו – מידי דהוי אכריכה דליל פסח, ואערבה דז' של סוכות...ולכך אמרו במנחות "אמר אביי: מצוה למימני יומי ומצוה למימני שבועי", ר"ל יומי מו התורה. ו"אמימר מני יומי ולא מני שבועי, אמר: זכר למקדש הוא" פי' ספירת השבועות אינה אלא זכר למקדש...

Rabbenu Yerucham's exegesis of the *pesukim* in *Vayikra* and *Devarim* leads him to a bold reinterpretation of the Talmudic passage in *Menachot* (and, secondarily,[3] in *Chagigah*): The Torah links the count of weeks to the actual harvest and sacrifice; the clause about counting days, on the other hand, is not associated with these. Hence, in the absence of the *beit ha-mikdash*, only the count of weeks is in abeyance *mi-d'oraita*. The count of days continues to be operative at a biblical level, and the *birkat ha-mitzvah* relates only to that. Ameimar, in turn, felt that to perform the *mitzvah mi-d'oraita* is sufficient. Since the count of weeks can only be performed on a rabbinic level as a *zeicher le-mikdash*, Ameimar chose to forego it.

B.

Whereas the Rambam considers "counting days" and "counting weeks" to comprise one integrated *mitzvah* that is still operative *mi-d'oraita*, Rabbenu Yerucham believes that the original biblical requirement comprised two distinct *mitzvot*, only one of which – "counting days" – is still operative *mi-d'oraita* today.

R. Eliezer ben Yo'el ha-Levi, known as Ra'avyah, espoused a third view. His opinion is quoted by the Tur:

טור אורח חיים,סימן תפט

...וכתב אבי העזרי י"א שא"צ למנות הימים רק עד שיגיע לשבוע, כגון היום יום אחד עד שיגיע לשבעה ימים ואז יאמר היום שבעה ימים שהם שבוע אחד, אבל מכאן ואילך א"צ למנות ימים של שבוע שעברה עם השבוע הבא; אלא ביום שמנה יאמר היום שבוע אחד ויום אחד ואצ"ל היום שמנה ימים שכבר מנאם בשבוע שעבר, וכן ביום ט' עד שיגיע לי"ד יאמר היום ארבעה עשר ימים שהם שני שבועות, וביום ט"ו יאמר היום ב' שבועות ויום אחד וכן לעולם.

---

[3] עיין רש"י חגיגה יז: ד"ה האמר אביי – "במסכת מנחות...."

Rashi thus indicates that the primary *locus* for the views of Abaye and Ameimar is *Menachot* 66a, and that the discussion was reproduced secondarily in *Chagigah* 17a. This terse comment by Rashi points, implicitly, to the issue of the redaction of the Talmud by the Savora'im during the sixth and seventh centuries – an issue that is well beyond the parameters of this *shiur*.

The Ra'avyah apparently feels that the *mitzvah* consists essentially in "counting weeks." The enumeration of days is only a technique to help us achieve the completion of each week. Therefore, a cumulative count beyond 7 days is never necessary.

Ironically, it would seem that the same careful reading of the *pesukim* led Rabbenu Yerucham and the Ra'avyah to different conclusions. They both noted that the Torah – both in *Parshat Emor* and in *Parshat Re'eh* – emphasizes the counting of weeks, and even designates the culminating Yom Tov as *Chag Shavu'ot*. For Rabbenu Yerucham, the fact that this count was linked to the harvest and to the *omer* (of barley) sacrifice – which is no longer feasible – relegates it now to a peripheral status. For the Ra'avyah, it does not.

Like Rabbenu Yerucham, the Ra'avyah believes that *sefirat ha-omer* consists today of but one count. However, unlike Rabbenu Yerucham – who identifies this one *mitzvah* as "counting days" – the Ra'avyah identifies it as "counting weeks."

C.

Against this backdrop of the respective views of the Rambam, Rabbenu Yerucham and the Ra'avyah, let us now examine the various liturgical formulations that are employed in the fulfillment of *sefirat ha-omer*.

R. Zerachya ha-Levi, at the end of the passage in his *Sefer HaMa'or* from which we quoted in Chapter 6 (sections II, A and III, A), writes:

...והמקומות שנהגו שלא למנות שבועות בכל יום ויום עד מלאת השבוע בכל שבוע ושבוע הוא המנהג היפה.

Similarly, the Ran in his commentary to the Rif at the end of *Pesachim*[4] writes:

והפירוש הנכון במצוה למימני שבועי היינו בתשלום כל שבוע ושבוע...

This practice, endorsed by both the *Ba'al ha-Ma'or* and the Ran, clearly reflects the view of Rabbenu Yerucham. The primary *mitzvah* is to count days; weeks, and/or fractions thereof, need not be mentioned along the

---

[4] Pg. 28a in the pagination of the Rif. See Chapter 6, n.2.

way. The count of weeks, which constitutes an independent *mitzvah*, is satisfied once every seven days by noting the completion of that week.[5]

However, this was not the prevalent custom. The Ran continues:

אבל ברוב המקומות החמירו על עצמם לומר בכל יום ויום היום כך וכך לעומר שהם כך שבועות וכך ימים.

Rabbenu Asher (The Rosh) had already written in his Responsa:

<u>שו"ת הרא"ש – כלל כד, סימן יג</u>

על ספירת העמר: נהגו בכל תפוצות הגלות למנות יומי ושבועי בכל לילה, ואומר שהם כך וכך שבועות וכך וכך ימים. ולא שמענו אדם שערער בדבר אלא הר"ז הלוי ז"ל. ומנהג אבותינו תורה היא.

This widespread practice seems to reflect the Rambam's view that the two-fold count of both days and weeks comprises one integrated *mitzvah.*

D.

We have looked closely at the two *pesukim* in *Parshat Emor* from the perspective of their relationship to each other:

<u>ויקרא כג</u>

(טו) <u>וספרתם</u> לכם ממחרת השבת מיום הביאכם את עמר התנופה <u>שבע שבתות</u> תמימת תהיינה.

(טז) עד ממחרת השבת השביעת <u>תספרו חמשים יום</u> והקרבתם מנחה חדשה לה'.

Let us focus now on just the second *pasuk*, and particularly on the underlined three words and their *ta'amei mikra.*

<u>רש"י – ויקרא כג:טז</u>

<u>השבת השביעת</u> – כתרגומו שבועתא שביעתא.

<u>עד ממחרת השבת השביעת תספרו</u> – ולא עד בכלל והן ארבעים ותשעה יום.

---

[5] There is a subtle variation of the *nusach* that further underscores the primacy of "counting days." The usual *nusach* is: היום שמנה ימים שהם שבוע אחד ויום אחד <u>בעמר</u> .

The subtle variation is: היום שמנה ימים <u>בעמר</u> שהם שבוע אחד ויום אחד (see Ran). The respective positions of the word בעמר here is the key. In the usual formulation, the weeks (and fractions thereof) are part of the integrated count. In the variation, the *mitzvah* is technically completed after the cumulative count of days has been mentioned; the weeks (and fractions thereof) are an almost-dispensable addendum.

חמשים יום והקרבתם מנחה חדשה לה' – ביום החמשים תקריבוה. ואומר אני זהו מדרשו;
אבל פשוטו: עד ממחרת השבת השביעית, שהוא יום חמשים, תספרו – ומקרא מסורס
הוא.

According to either of Rashi's interpretations, there is no directive in the *pasuk* to count days. *Pasuk* 16 merely qualifies *pasuk* 17, which directs us to "count seven weeks," but does not add a second dimension to the *mitzvah*.[6]

On the other hand, we have seen that the Gemara in *Menachot* and *Chagigah* clearly derives a *mitzvah* to "count days" from the phrase תספרו חמישים יום . The Gemara neither inserts a semi-colon after *tispiru*, like Rashi's first interpretation, nor does it render *chamishim yom* a subordinate clause set off by commas, like Rashi's second interpretation. Rather, it treats *chamishim yom* as the direct object of the transitive verb *tispiru*.

The *ta'amei mikra* in our *pasuk* are as follows: *katton* (a minor pause) above *ha-shevi'it*, *tipcha* (another minor pause) under *tispiru*, and *etnachta* under *yom*.

The *etnachta*, separating *yom* from *ve-hikravtem*, militates unequivocally against Rashi's first interpretation. On the other hand, the *katton* above *ha-shevi'it* (followed by the *tipcha* under *tispiru*) indicates an ambiguity. The *pasuk* allows for either Rashi's second interpretation or for the Gemara's interpretation.[7]

There is a similar phenomenon earlier in *Sefer Vayikra*:

ויקרא טז:ל

כי ביום הזה יכפר עליכם לטהר אתכם מכל חטאתיכם לפני ה' תטהרו.

This *pasuk* is the subject of dispute between R. Elazar b. Azaryah and R. Akiva:

משנה מסכת יומא, סוף פרק ח

...את זו דרש רבי אלעזר בן עזריה: "מכל חטאתיכם לפני ה' תטהרו" – עברות שבין אדם
למקום, יום הכפורים מכפר; עברות שבין אדם לחברו, אין יום הכפורים מכפר, עד
שירצה את חברו.

---

[6] This would support the view of the Ra'avya as it is characterized above.

[7] For other examples of ambiguities that occur in *pesukim*, see *Yoma* 52a-b ("*chamesh mikra'ot ba-Torah ein lahen hechra...*").

אמר רבי עקיבא: אשריכם ישראל, לפני מי אתם מטהרין, ומי מטהר אתכם? אביכם שבשמים, שנאמר: "וזרקתי עליכם מים טהורים וטהרתם" (יחזקאל לו:כה). ואומר: "מקוה ישראל ה'" (ירמיה יז:יג), מה מקוה מטהר את הטמאים, אף הקדוש ברוך הוא מטהר את ישראל.

Here, too, the *ta'amei ha-mikra* help us to understand the respective readings of *Vayikra* 16:30 which are represented in this Mishnah. There is a *katton* above *chatoteichem*, and a *tipcha* under *Hashem*. This sequence of the two "minor pauses" allows for the ambiguity that generated the two views of R. Elazar b. Azaryah and R. Akiva.[8]

II. One Mitzvah or Forty-Nine *Mitzvot*?

A.

The discussion of this question in the halachic literature is focused around a specific *halachah* of the *Ba'al Halachot Gedolot* (Bahag), so let us begin by studying his view. His opinion is quoted (somewhat differently) in two *tosafot* (*Menachot* 66a and *Megillah* 20b[9]) that report a dispute amongst Rishonim regarding which of two *mishnayot* should prevail normatively. It will be helpful, therefore, to first cite the two Mishnah texts.

מנחות עא.
<u>משנה</u> – ...מצותו לקצור בלילה; נקצר ביום כשר, ודוחה את השבת.

מגילה כ:
<u>משנה</u> – כל היום כשר לקריאת...כל הלילה כשר לקצירת העומר ולהקטר חלבים ואברים. זה הכלל: דבר שמצותו ביום כשר כל היום, דבר שמצותו בלילה כשר כל הלילה.

Both *mishnayot* agree that the proper time to harvest the *omer* of barley is at night. If one failed to do so at night, however, may it be done during the next day? Here the two sources seem to adopt contradictory views. In fact, the Gemara in *Menachot* raises this issue:

---

[8] For the Rav's own interpretation of this *pasuk*, see his *Yimei Zikkaron* (Jerusalem, 1986), pp. 242–43.

[9] This is the *Tosafot* whose conclusion we discussed in Chapter 6, section II, C.

<u>מנחות עב.</u>
נקצר ביום כשר – והתנן: "כל הלילה כשר לקצירת העומר ולהקטיר חלבים ואברים. זה הכלל: דבר שמצותו כל היום כשר כל היום; דבר שמצותו בלילה כשר כל הלילה." קתני לילה דומיא דיום – מה דיום בלילה לא, אף דלילה ביום נמי לא!
אמר רבה: לא קשיא, הא רבי והא ר' אלעזר בר' שמעון.

The Amora'im thus confirm that there are, in fact, two Tana'itic views on the matter. These two views about the acceptable time for harvesting the *omer* of barley have implications, in turn, for the *mitzvah* of *sefirat ha-omer*.

<u>תוספות מנחות סו.</u>
<u>זכר למקדש הוא</u> – נראה דבספק חשיכה יכול לברך ואין צריך להמתין עד שיהא ודאי לילה כיון שהוא ספיקא דרבנן. ועוד אומר דאפילו ביום סמוך לחשיכה עדיף משום תמימות כדאמרינן לעיל; ואין נראה.
והיכא דשכח לספור בלילה פסק בה"ג שסופר ביום. וכן היה נראה מתוך סתם מתניתין דסוף פירקן (דף עא.) דתנן מצותו בלילה לקצור ואם נקצר ביום כשר.
אבל נראה לר"ת עיקר אידך סתמא דמתניתין דפרק שני דמגילה (דף כ:) ומייתי לה בסוף פירקין (דף עב.) כל הלילה כשר לקצירת העומר כו' ודייקינן מינה דקתני לילה דומיא דיום – מה דיום בלילה לא, אף דלילה ביום לא...
עוד פסק בהלכות גדולות שאם הפסיק יום אחד ולא ספר שוב אינו סופר משום דבעיא תמימות. ותימה גדולה הוא, ולא יתכן!

<u>תוספות מגילה כ:</u>
<u>כל הלילה כשר לקצירת העומר</u> – אומר ר"ת שאם שכח לברך בלילה לא יברך ביום כדמשמע בהאי סתמא דמתניתין – דנהי דאיכא סתמא במנחות (דף עא.) דתני נקצר ביום כשר בדיעבד מ"מ סתמא דהכא עדיפא דהא קתני לה גבי הלכתא פסיקתא דדינא.
ועוד נראה דאפי' למאן דמכשר קצירת העומר ביום דיעבד, מודה הוא גבי ספירה דאין לברך ביום משום דשנה עליה הכתוב לעכב דכתיב (ויקרא כג) "תמימות", ואי אתה מוצא תמימות אלא כשאתה מונה בלילה; וכן כתוב בהלכות עצרת.
ובה"ג כתב ד"היכא דאינשי לברך בלילה ימנה למחר בלא ברכה", וכן הלכה.
אבל אם שכח לילה ויום לא ימנה עוד בברכה, דבעינן תמימות וליכא.
ואחר שבירך על הספירה אומר י"ר שיבנה וכו' מה שאין כן בתקיעת שופר ולולב; והיינו טעמא: לפי שאין אלא הזכרה עתה לבנין ביהמ"ק, אבל לשופר ולולב יש עשיה.

To sum up: There are two views in the Mishnah — one in *Menachot* and one in *Megillah* — as to the acceptable time for *ketzirat ha-omer*. Rabbenu Tam and Bahag agree that the proper time for *sefirat ha-omer* is determined by the time for *ketzirat ha-omer*. Their argument revolves around which Mishnah should prevail. The Bahag seems to feel that the Mishnah in *Menachot* should have priority because it appears within the entire context of the harvest of, and the sacrifice of, the *minchat ha-omer*. Rabbenu Tam and the Ri, on the other hand, opt for the Mishnah in *Megillah* because it offers an authoritative catalogue of various *mitzvot* that are to be performed, respectively, either by day or by night.

This is the Talmudic backdrop for the position of the Bahag. Let us now compare the two citations:

תוספות מנחות סו.

...והיכא דשכח לספור בלילה פסק בה"ג שסופר ביום...

עוד פסק בהלכות גדולות שאם הפסיק יום אחד ולא ספר, שוב אינו סופר משום דבעיא תמימות. ותימה גדולה הוא, ולא יתכן!

תוספות מגילה כ:

ובה"ג כתב דהיכא דאינשי לברך בלילה ימנה למחר בלא ברכה, וכן הלכה.

אבל אם שכח לילה ויום לא ימנה עוד בברכה, דבעינן תמימות וליכא.

A careful reading of these two versions yields the following two questions:

(1) What is the relationship, according to the Bahag, between the "count" and the *berachah*? According to *Tosafot Menachot*, it appears that one may even recite the *berachah* by day. According to *Tosafot Megillah*, however, this is not the case.

(2) If twenty-four hours passed without counting, may one continue to count at all? According to *Tosafot Menachot*, the answer seems to be: no. According to *Tosafot Megillah*, however, it seems that one should continue to count each night, but without the *berachah*.

Incidentally, the critical edition of the *Sefer Halachot Gedolot*[10] has this formulation:

והיכא דאנשי ולא בריך על ספירת העמר מאורתא, מברך למחר.

This supports the version cited by *Tosafot Menachot*, but it only addresses the first of our two questions (regarding the relationship of the count to the *beracha*). As far as the second issue (if twenty-four hours passed without counting) we are completely dependent on the traditions reported by the Rishonim in the Bahag's name.

B.

The three variant readings of the Bahag's language with regard to the first issue (reciting the *berachah* during the day) can be harmonized on the basis of an inference from a passage of the Ra'avya, and a fourth variant of the Bahag – both quoted in the *Tur*:

<u>טור אורח חיים סימן תפט</u>

...וכתב עוד אבי העזרי: היכא דפתח ואמר בא"י אמ"ה אדעתא דלימא "היום ארבעה" – שהוא סבור שהם ארבעה – ונזכר וסיים בחמש והן חמשה, מי אזלינן בתר פתיחה – וכיון דפתח אדעתא דלימא ארבעה לא נפיק – או דלמא בתר חתימה אזלינן וכדין חתים ונפיק? אי נמי איפכא: הם ד' ופתח אדעתא דלימא ארבעה וטעה וסיים בה', מי אזלינן בתר פתיחה ונפיק או בתר חתימה ולא נפיק? ומסתברא דבתרווייהו לא נפיק, דבעיא פתיחה וחתימה ודאי. אם אינו יודע החשבון ופתח אדעתא דליסיים כמו שישמע מחבירו ושתק עד שישמע מחבירו וסיים כמוהו יצא דפתיחה וחתימה איכא ע"כ.

כתב בעל הלכות גדולות שאם שכח לברך כל הלילה שיספור ביום ואינו נראה לר"י. <u>וא"א הרא"ש ז"ל כתב שיספור ביום בלא ברכה.</u>

כתב עוד בה"ג שאם שכח לברך באחד מן הימים שלא יברך עוד בימים שלאחריו.

ורב סעדיה כתב שאם שכח באחד מן הימים יברך בימים שלאחריו חוץ מלילה הראשון שאם שכח ולא בירך בו שלא יברך עוד.

ורב האי כתב בין בלילה הראשון בין בשאר לילות אם שכח ולא בירך בו יברך בשאר לילות וכ"כ הר"י.

[10] See the *Machon Yerushalayim* edition of 1992, p. 185.

It becomes evident from a careful study of the Ra'avya's view quoted here,[11] as well as from the Tur's formulation of the Bahag's view ("if he forgot to recite the *berachah* all night, he may count during the day") that they fused the day's count with the *berachah*. In other words, the *berachah* contained within itself the specific count of that day. Thus, the verbs "to count *sefirah*" and "to recite the *birkat ha-mitzvah* for *sefirat ha-omer*" were synonymous.

Thus, if we permit one who forgot to count at night to do so during the next day, we are *eo ipso* permitting him to recite the *berachah* by day. This seems to be the assumption of the Bahag (in all four versions), and it is clearly the frame of reference for the Ra'avya. The dispute is merely whether or not one may count at all during the day. Is the night simply the preferred time for a *le-chatchila* performance of the *mitzvah*, which can however be performed *be-d'avad* during the next day? Or can the *mitzvah* be performed only during the night?

The integrated *berachah*-count appears to have been the common practice amongst the Ge'onim and the earlier *Ba'alei Tosafot*. By the end of the thirteenth century, however, the Rosh (quoted in the *Tur* cited above[12]) was already operating with two independent entities: a *berachah*, and a statement of the day's count. He thus offers a compromise between the Bahag (who permits counting during the day) on the one hand, and the Ri and Rabbenu Tam (who do not permit counting during the day) on the other hand, a compromise that was adopted by R. Yosef Karo in the *Shulchan Aruch*:[13]

שו"ע אורח חיים סימן תפט, סעיף ז

שכח ולא בירך כל הלילה – יספור ביום בלא ברכה.

C.

Now let us return to the second of our two questions that emerged from a comparative reading of *Tosafot Menachot* and *Tosafot Megillah*. If twenty-four

---

[11] See the background supplied by the *Beit Yosef* and the *Bach*; and the *Be'ur HaGra* to the *Shulchan Aruch*, 489:6.

[12] See also the Rosh at the very end of *Pesachim*, #41.

[13] The Mechaber still seems to use the verbs *beirach* and *safar* interchangeably.

hours passed without having counted, may one continue to count at all, or has he forfeited that season's *mitzvah*?

Both sources in our two *Tosafot* agree. The Bahag maintains that one may not continue his count at all, whereas the *Ba'alei Tosafot* disagree. Again, the Mechaber adopted a compromise position:

שו"ע אורח חיים סימן תפט, סעיף ח

אם שכח לברך באחד מהימים – בין יום ראשון בין משאר ימים – סופר בשאר ימים בלא ברכה; אבל אם הוא מסופק אם דילג יום אחד ולא ספר, יספור בשאר ימים בברכה.

The dispute amongst Rishonim appears to center around our opening question in this segment: are we dealing with one *mitzvah* or with forty-nine *mitzvot*? The view of the *Ba'alei Tosafot* is straightforward: the *mitzvah* is to create a numeric continuum between Pesach and Shavu'ot, and a missing link here or there cannot disturb the overarching unity of the period.

What conception underlies the Bahag's view? Does he agree that it is all one *mitzvah*, but insist on absolute comprehensiveness in its implementation? Or does he, perhaps, consider the forty-nine days to comprise forty-nine respective *mitzvot*,[14] but demand continuity? In other words, is it his view that – although we are dealing with individual *mitzvot* – one cannot count "the twentieth day" without having counted "the nineteenth," since an arithmetic progression demands that the chain be unbroken?

There are many indications that the latter theory represents the Bahag's thinking. Let us review some of them:

(1) The view of R. Sa'adya Ga'on quoted above by the *Tur*:

ורב סעדיה כתב שאם שכח באחד מן הימים יברך בימים שלאחריו חוץ מלילה הראשון שאם שכח ולא בירך בו שלא יברך עוד.

R. Sa'adya must subscribe to our second explanation of the Bahag. According to the first theory, it should not matter whether he skipped the first day or one in the middle; any *lacuna* would destroy the integrity of the one, comprehensive, *mitzvah*. According to the second approach, however,

---

[14] Hence, we recite a separate *berachah* each night. This answers the question of the *Pri Megadim* (*Eshel Avraham*, 489: 13) as to why we recite 49 individual *berachot*.

as long as both the initial and final *termini* are firmly established, it should not matter if a link here or there in the middle is skipped; the overall internal continuity will be sustained by the strength of the *termini*.

(2) R. Hai Ga'on, as quoted in the *Tur* above, can also be explained with this theory. In the *Bi'ur Halachah*, his view is presented with a qualification:

ביאור הלכה, או"ח סי' תפט, ד"ה סופר בשאר ימים

...כתב הרי"ץ גיאת בשם רה"ג... דהיכי דאישתלי יום אחד, יספור בליל שני שתי הספירות; כגון בשכח ספירה ראשונה – יאמר בספירה שנייה "אתמול היה אחד בעמר, ויומא דין תרי בעומרא". וכיון דמני גם של אתמול, לא נפק מכלל "תמימות תהיינה"....

R. Yitzchak ibn Gi'at cited the view of R. Hai Ga'on: one who forgot to count a day should, the next evening, count: "yesterday the count was___ days of the *omer*; today is___ days." By verbalizing the previous day's count, albeit retroactively, one would satisfy the requirement for "*temimot.*"

(3) This added requirement to count retroactively in order not to have skipped any day, is also reflected in the *Sefer ha-Chinuch:*

ספר החינוך – מצוה שו

...ויש שאמרו שמי ששכח ולא מנה יום אחד, שאין יכול למנות עוד באותה שנה, לפי שכולן מצוה אחת היא, ומכיון ששכח מהן יום אחד הרי כל החשבון בטל ממנו. ולא הודו מורינו שבדורנו לסברא זו, אלא מי ששכח יום אחד יאמר אמש היו כך בלא ברכה, ומונה האחרים עם כל ישראל.

There are three stages in this segment of the *Sefer ha-Chinuch*:

(a) His citation of the view that we already recognize as that of the Bahag;

(b) His presentation of a theory to account for this view. His theory is the one that we have rejected as the explanation for the Bahag;

(c) His report that his contemporaries have chosen to build in a default, retroactive, count so that the continuity will be maintained. This is what we already saw attributed to R. Yitzchak ibn Gi'at in the name of R. Hai Ga'on.

The very last phrase is noteworthy: ‏ומונה האחרים עם כל ישראל‎. It suggests yet another dimension to maintaining continuity, despite having missed an entire twenty-four-hour period. In addition to his own articulation of yesterday's count, he can "ride on the coattails of" all the other Jews who *did* count yesterday. He is, after all, part of a collective. As long as the collective maintains the unbroken count, his own lapse will be "covered" by the group.

D.

The Rav contributed a very helpful distinction to the ongoing discussion about the implications of the Bahag's view. The Rav distinguished conceptually between the ritual performance of *mitzvat sefirat ha-omer* and the mathematical reality of maintaining a continuous count. It is possible to achieve the latter independently of the former.

According to the Rav's analysis, the Bahag feels that one can perform the *mitzvah* only at night. However, in the absence of that performance on a given night, one can still provide the arithmetic substratum during the day to enable him to continue to perform the *mitzvah* on the subsequent night.

The respective terms employed by the Rav to designate each of these two dimensions of the process of *sefirat ha-omer* are: *ma'aseh sefirah* and *kiyyum mitzvat sefirah*. The former refers to the mathematical reality of maintaining a continuous count; the latter denotes the ritual performance of *mitzvat sefirat ha-omer*. The Rav then utilized these terms, and the concepts they represent, to explain a few halachic issues. Two of them are:

(1) What is the status of a child who was still a minor (*katan*) during Pesach, but came of age (*bar mitzvah*) between Pesach and Shavu'ot? Although he counted *sefirah* each night before his birthday, he did so as a minor. The days that he will now count after his birthday will be "counted" on the basis of a different level of obligation. Should his forty-nine-day count be deemed complete, or not?[15]

---

[15] This question was raised by the *Minchat Chinuch* (see the *Machon Yerushalayim* 1988 edition, Vol. 2, p. 468, n. 14). He analyzed the question in terms of the relationship between a rabbinic level of obligation and a biblical level of obligation. His inclination

The Rav applied his conceptual categories to our question. He suggested that the earlier count by the boy before he became a *bar mitzvah* should constitute at least a *ma'aseh sefirah*. This, no less than an adult's retroactive count of the previous day, should provide the mathematical continuity, covering the days on which he was not yet eligible, to enable him to now achieve the *kiyyum mitzvat sefirah* on each of the remaining days on which he *is* eligible.[16]

(2) An *onen* is not permitted to observe *mitzvot aseh*. He is thus prohibited from counting the *omer* on the day between his relative's death and burial. Once twenty-four hours pass without his having counted, may he resume the count after the burial, or has he forfeited the *mitzvah* for that year? This brings us squarely back to our two theoretical interpretations of the Bahag (section C above), and to the Rav's categories within the context of our second, preferred, interpretation.

Were the forty-nine days to comprise but one *mitzvah*, his count would be irreparably disrupted. However, we understand the Bahag in terms of forty-nine *mitzvot* that require simply a uniting framework, one that can be achieved by a *ma'aseh sefirah* even if it does not qualify for a *kiyyum mitzvat sefirah*. The *onen* should, therefore, count the day without a *berachah*, as a mere *ma'aseh sefirah*. This, in turn, will afford him the substratum upon which to resume his *kiyyum mitzvat sefirah* after the burial.[17]

---

is to assign significance to the days previously counted, and to obligate the boy to continue counting.

The *Avnei Nezer* (II:539) also discusses this question. His decision, however, is to disregard the earlier days, and to thus revert to the dispute amongst Rishonim regarding one who failed to count one or more days.

The *Minchat Elazar* (III:60) disagrees strongly with the *Avnei Nezer*, and he insists that the boy's prior count should be considered a valid performance of the *mitzvah*.

[16] For a comprehensive bibliographic review, see R. Ovadyah Yosef, *Yechaveh Da'at* 3:29; *Yabi'a Omer* 3:28.

[17] See *Bei'ur Halachah*, 489, *s.v. be-lo berachah*; *Pitchei Teshuvah*, *Yoreh De'ah* 341:6. Both refer to a responsum in *Noda b'Yehudah*.

E.

In closing, it is appropriate to call attention to the overwhelming impact the Bahag's view has had in all subsequent discussions of our issue. The *Aruch HaShulchan*[18] comments:

כיון דדבריו דברי קבלה[19] – הלכה ומורין כן.[20]

III. Is There a Communal Obligation to "Count *Sefirah*"?

A.

In order to understand fully this question, let's begin with an analogy from something that is familiar. The Torah formulates its commandment regarding the *daled minim* using the *plural* pronominal suffix:

<u>ויקרא כג:מ</u>

ולקחתם לכם ביום הראשון פרי עץ הדר...

Although this grammatical form could be understood as addressed to the *collective tzibbur*, our tradition has defined this *mitzvah* as incumbent upon *each individual*. Thus:

<u>ספרא, פרשת אמור – פרשה טז</u>

(ב) "ולקחתם לכם" – כל אחד ואחד.

On the other hand, the directive to count the years of the seven *shemittah* cycles culminating in the *yovel* year, which is formulated with the *singular* pronominal suffix, is understood by Chazal as addressed to the central *beit din ha-gadol* rather than to each individual:

<u>ויקרא כה:ח</u>

וספרת לך שבע שבתת שנים שבע שנים שבע פעמים והיו לך ימי שבע שבתת השנים תשע וארבעים שנה.

---

[18] *Orach Chayyim* 489:15.

[19] See *Chullin* 137a.

[20] See *Shabbat* 12b; *Eruvin* 7a; *Bava Kama* 30b.

ספרא, פרשת בהר – פרשה ב

(א) "וספרת לך" – בבית דין.

Note, similarly, the difference in the Rambam's respective formulation of these two *mitzvot*:

הלכות לולב ז:יט

כל שחייב בשופר ובסוכה[21] חייב בנטילת הלולב, וכל הפטור משופר וסוכה פטור מלולב...

הלכות שמיטה ויובל י:א

מצות עשה לספור שבע שבע שנים ולקדש שנת החמשים שנאמר "וספרת לך שבע שבתות שנים וגו' וקדשתם את שנת החמשים..." ושתי מצות אלו מסורין לבית דין הגדול בלבד.

Against the background of these two *mitzvot*,[22] let us now proceed to the *pesukim* regarding *sefirat ha-omer*.

B.

The primary *pesukim* that present *mitzvat sefirat ha-omer* are in *Parshat Emor*:

ויקרא כג:טו-טז

וספרתם לכם ממחרת השבת... עד ממחרת השבת השביעת תספרו חמשים יום....

Here the *plural* pronominal form is used, and the *mitzvah* is understood to apply to each *yachid*, as it does in the *mitzvot* of *shofar*, *sukkah* and *lulav*. Thus:

---

[21] הלכות שופר ב:א – הכל חייבין לשמוע קול שופר כהנים לוים וישראלים וגרים ועבדים משוחררים; אבל נשים ועבדים וקטנים פטורין...

הלכות סוכה ו:א – נשים ועבדים וקטנים פטורים מן הסוכה טומטום ואנדרוגינוס חייבים מספק וכן מי שחציו עבד וחציו בן חורין חייב...

Note that the formulations of *mitzvat shofar* and *mitzvat sukkah* are also in the plural:

ויקרא כג:כד – ...בחדש השביעי באחד לחדש יהיה לכם שבתון זכרון תרועה מקרא קדש.

במדבר כט:א – ובחדש השביעי באחד לחדש... יום תרועה יהיה לכם.

ויקרא כג:מב – בסכת תשבו שבעת ימים כל האזרח בישראל ישבו בסכת.

[22] See *Excursus* for two further *mitzvot*.

ספרא, פרשת אמור – פרשה יב

(א) "וספרתם לכם" – כל אחד ואחד.

מנחות סה:

תנו רבנן: "וספרתם לכם" – שתהא ספירה לכל אחד ואחד.

רמב"ם, הלכות תמידין ומוספין – פרק ז

(כב) מצות עשה לספור שבע שבתות תמימות מיום הבאת העומר שנאמר "וספרתם לכם ממחרת השבת... שבע שבתות." ומצוה למנות הימים עם השבועות שנאמר "תספרו חמשים יום"...

(כד) מצוה זו על כל איש מישראל... ונשים ועבדים פטורין ממנה.

What, then, is the signifance of the fact that in *Parshat Re'eh* the Torah employs the *singular* pronoun?[23]

דברים – פרק טז

(ט) שבעה שבעת תספר לך; מהחל חרמש בקמה תחל לספר שבעה שבעות.

(י) ועשית חג שבעות לה' אלקיך....

This question is, in fact, addressed already by Chazal, and then later by the Chizkuni.

ספרי, פרשת ראה – פיסקא פג

"שבעה שבועות תספור לך" – בבית דין. ומנין לכל אחד ואחד? ת"ל "וספרתם לכם" – כל אחד ואחד.

חזקוני, ויקרא כה:ח

וספרת לך שבע שבתת שנים – לפי שאין כאן אלא ספירה אחת, והיא בב"ד, אין צריך לברך.

אבל עומר, דכתיב ביה שתי ספירות – אחת בפרשת אמור ואחת בפרשת ראה, אחת לב"ד ואחת לצבור – צריך לברך.

---

[23] It does so for *mitzvat sukkah* as well, but that is beyond the purview of this *shiur*. See *Devarim* 16: 13; *Sifrei, ad locum; Sukkah* 9a, 27b.

The *Sifrei* and the Chizkuni are thus clearly of the opinion that, in addition to each *yachid*'s daily performance of *mitzvat sefirat ha-omer*, the *beit din* also counted.[24]

But what need would *beit din* have to count the days of *sefirat ha- omer*? True, its role in counting the years toward *yovel* is readily understandable. The year of *yovel*, like each new month, has to be sanctified and designated officially by the *beit din*'s formal declaration. Each of these functions of *beit din*, in fact, constitutes a *mitzvat aseh*. Thus:

ויקרא – פרק כה

(ט) והעברת שופר תרועה בחדש השביעי בעשור לחדש ביום הכפרים תעבירו שופר בכל ארצכם.

(י) וקדשתם את שנת החמשים שנה וקראתם דרור בארץ לכל ישביה יובל היא תהיה לכם...

---

[24] The Rambam did not share this opinion, as is clear from his formulation in the *Sefer ha-Mitzvot*.

מצוה קסא – היא שצונו לספור מקצירת העומר תשעה וארבעים יום, והוא אמרו ית' "וספרתם לכם ממחרת השבת וגו' ".

ודע כי כמו שנתחייבו בית דין למנות שנות יובל שנה שנה ושמטה שמטה, כמו שבארנו במה שקדם, כן חייב כל אחד ואחד ממנו למנות ימות העומר יום יום ושבוע שבוע; שהוא אמר "תספרו חמשים יום" ואמר "שבעה שבועות תספר לך"...

How could the Rambam ignore the *Sifrei*? Apparently, he had the *girsa* of the *Sifrei* that was later endorsed by the *Gra*. See *Mesorah*, vol. 1 (April, 1989), pp. 12–13.

The Ramban's position is not clear. His reference to *sefirat ha-omer* is enigmatic:

רמב"ן, ויקרא כג:טו

וטעם "וספרתם לכם" כמו "ולקחתם לכם" (כג:מ) – שתהא ספירה ולקיחה לכל אחד ואחד, שימנה בפיו ויזכיר חשבונו כאשר קבלו רבותינו.

ואין כן "וספר לו" (לעיל טו:יג) "וספרה לה" (טו:כח) דזבין, שהרי אם רצו עומדים בטומאתם, אלא שלא ישכחוהו, וכן "וספרת לך" (להלן כה:ח) דיובל – שתזהר במספר שלא תשכח.

ובת"כ (בהר, ב:א): "וספרת לך" – בב"ד. ולא ידעתי אם לומר שיהיו ב"ד הגדול חייבין לספור שנים ושבועות בראש כל שנה ולברך עליהן כמו שנעשה בספירת העומר, או לומר שיזהרו ב"ד במנין ויקדשו שנת החמשים.

Does the underlined passage refer to a count by *beit din*, or to a count by each individual?

<u>רמב"ם, ספר המצות – מצות עשה – מצוה קלו</u>

היא שצונו לקדש שנת החמשים, כלומר לבטל העבודה בה, כמו השמטה. והוא אמרו ית' "וקדשתם את שנת החמשים שנה"....

<u>שם – מצוה קלז</u>

היא שצונו לתקוע שופר בעשירי מתשרי משנה זו ולקרא בכל ארצותינו דרור לעבדים, ולצאת כל עבד עברי לחרות בלי פדיון ביום הזה – כלומר העשירי מתשרי – והוא אמרו ית' "והעברת שופר תרועה בחדש העשירי בעשור לחדש" ואמר "וקראתם דרור וגו'....

<u>שמות יב:ב</u>

החדש הזה לכם ראש חדשים ראשון הוא לכם לחדשי השנה.

<u>רמב"ם, ספר המצות – מצות עשה – מצוה קנג</u>

היא שצונו לקדש חדשים ולחשוב חדשים ושנים, וזו היא מצות קדוש החדש. והוא אמרו ית' "החדש הזה לכם ראש חדשים", ובא הפירוש "עדות זו תהא מסורה לכם" – כלומר שמצוה זו אינה מסורה לכל איש ואיש כמו שבת בראשית שכל איש ימנה ששה ימים וישבות בשביעי... אבל מצוה זו לא יעשה אותה לעולם זולתי בית דין הגדול לבד...[25]

With regard to *sefirat ha-omer*, however, what role does *beit din* play? Why is this count not like the weekly count toward Shabbat, in which *beit din* has no official responsibility or jurisdiction?

The Rav answered this question on the basis of a passage in *Rosh Hashanah* 6b:

---

[25] The *pasuk* in *Parshat Bo* is the basis of the *mitzvah*. The two *pesukim* in *Parshat Emor*.

<u>ויקרא – פרק כג</u>

(ב) דבר אל בני ישראל ואמרת אלהם מועדי ה' אשר תקראו אתם מקראי קדש אלה הם מועדי...

(ד) אלה מועדי ה' מקראי קדש אשר תקראו אתם במועדם.

and their exposition in the well-known Mishnah in *Rosh Hashanah* 25a:

...שנאמר "אלה מועדי ה' מקראי קדש אשר תקראו אתם" – בין בזמנן בין שלא בזמנן – אין לי מועדות אלא אלו...

and in the *Sifra* (10:3):

קידשוהו אנוסים או שוגגין או מוטעים מנין שהוא מקודש? תלמוד לומר "אשר תקראו אותם במועדם" – אתם אפילו מוטעין, אתם אפילו אנוסין – אם קריתם אתם, מועדי; ואם לאו אינן מועדי.

provide the broad parameters for the *mitzvah*, but are not the basis for it.

ראש השנה ו:

...כדתני רב שמעיה: עצרת – פעמים חמשה, פעמים ששה, פעמים שבעה. הא כיצד?
שניהן מלאין – חמשה, שניהן חסרין – שבעה, אחד מלא ואחד חסר ששה.

רש"י

פעמים ששה – שהוא ששה בסיון, יום החמשים לעומר.
שניהם מלאים – ניסן ואייר – הרי חמשה עשר ימים מניסן, ושלשים דאייר, מלא להו
חמשים בחמשה בסיון.

Thus, on the one hand, Shavu'ot is exclusively a function of Rosh Chodesh Nisan. That is, once *beit din* has declared the first day of that month, the first day of Pesach will follow naturally fifteen days later, and the *ketzirat ha-omer* will also follow automatically on the next night; this, in turn, will initiate the forty-nine-day count towards Shavu'ot, which will be observed on the fiftieth day after the first day of Pesach. There would, thus, seem to be no role for *beit din* once it has declared Rosh Chodesh Nisan.

If we think of Shavu'ot, however, as a holiday that is observed on a calendar date within Sivan, it will then be viewed in terms of its relationship to Rosh Chodesh Sivan. That date, in turn, is dependent on whether the months of Nisan and Iyyar were each – or both – *chaser* (i.e., 29 days) or *male* (i.e., 30 days). That determination is precisely the responsibility of *beit din*. From this perspective, *beit din* has a central role to play in the determination of the date of Shavu'ot, as it does with regard to each of the other *Yamim Tovim*.

C.

The Rav's analysis of the role of *beit din* in *kiddush ha-chodesh* generally, and in *sefirat ha-omer* in order to determine the date of Shavu'ot specifically, is comprehensive and penetrating, and it has far-reaching implications.

The function of the *beit din ha-gadol* in the process of *kiddush ha-chodesh* is, according to the Rav, independent of its judicial and legislative functions.[26] We are accustomed to think of the *beit din ha-gadol* within the context of:

---

[26] See *Shiurim le-Zecher Abba Mari*, Vol. 1 (Jerusalem, 1983), pp. 129–42; *Kovetz Chiddushei Torah* (Jerusalem), pp. 51–60.

<u>דברים – פרק יז</u>

(ח) כי יפלא ממך דבר למשפט בין דם לדם בין דין לדין ובין נגע לנגע דברי ריבת בשעריך וקמת ועלית אל המקום אשר יבחר ה' קיך בו.

(ט) ובאת אל הכהנים הלוים ואל השופט אשר יהיה בימים ההם ודרשת והגידו לך את דבר המשפט.

(י) ועשית על פי הדבר אשר יגידו לך מן המקום ההוא אשר יבחר ה' ושמרת לעשות ככל אשר יורוך.

(יא) על פי התורה אשר יורוך ועל המשפט אשר יאמרו לך תעשה לא תסור מן הדבר אשר יגידו לך ימין ושמאל.

<u>רמב"ם, הלכות ממרים – פרק א</u>

(א) בית דין הגדול שבירושלים הם עיקר תורה שבעל פה והם עמודי ההוראה ומהם חק ומשפט יוצא לכל ישראל ועליהן הבטיחה תורה שנאמר "על פי התורה אשר יורוך" זו מצות עשה. וכל המאמין במשה רבינו ובתורתו חייב לסמוך מעשה הדת עליהן ולישען עליהן.

Kiddush ha-chodesh, on the other hand, was entrusted to *K'lal Yisrael*, to the nation collectively. *Beit din* acts merely as the agent of, on behalf of, the people as a whole. The members of the *beit din* represent the collective society, but the ultimate authority for *kiddush ha-chodesh* resides in the populace, not in the *beit din*.

Thus, the *nusach ha-chatimah* for the *berachah* that expresses the *kedushat ha-yom* of Yom Tov is "*mekadesh Yisrael ve-ha-zemanim*." The Gemara explains:

<u>ביצה יז.</u>

תנו רבנן: יום טוב שחל להיות בשבת -

בית שמאי אומרים: מתפלל שמנה [ואומר] של שבת בפני עצמה ושל יום טוב בפני עצמה.

ובית הלל אומרים מתפלל שבע; מתחיל בשל שבת ומסיים בשל שבת ואומר קדושת היום באמצע.

רבי אומר: אף חותם בה "מקדש השבת ישראל והזמנים."

תני תנא קמיה דרבינא: "מקדש ישראל והשבת והזמנים."

אמר ליה: אטו שבת ישראל מקדשי ליה? והא שבת מקדשא וקיימא! אלא אימא: "מקדש השבת ישראל והזמנים". אמר רב יוסף: הלכה כרבי, וכדתריץ רבינא.

<u>רש"י</u>

<u>מתחיל בשל שבת</u> – ברכה אחת לשניהם, ומתחיל להזכיר שבת תחילה ותתן לנו את יום המנוחה הזה ואת יום חג פלוני הזה.

<u>ומסיים</u> – הברכה בשל שבת מקדש השבת, ותו לא.

<u>ואומר קדושת היום באמצע</u> – ותתן לנו ה' אלהינו את יום המנוחה הזה ואת יום חג פלוני הזה.

<u>תני תנא קמיה דרבינא</u> – במילתיה דרבי מקדש ישראל והשבת והזמנים.

<u>אטו שבת ישראל מקדשי ליה</u> – שקדמת קדושת ישראל לשל שבת, בשלמא זמנים צריך להקדים קדושת ישראל לקדושתן, שעל ידי קדושת ישראל נתקדשו הם, ואילו לא נתקדשו ישראל לא היו קובעים חדשים וקוראין מועדים בבית דין.

<u>אלא שבת מקדשא וקיימא</u> – מששת ימי בראשית, ואינה תלויה בקביעות דראש חדש.

Similarly:

<u>ברכות מט</u>

רבי אומר: אין חותמין בשתים. איתיביה לוי לרבי: "על הארץ ועל המזון"? ארץ דמפקא מזון.

"על הארץ ועל הפירות"? ארץ דמפקא פירות. "מקדש ישראל והזמנים"? ישראל דקדשינהו לזמנים. "מקדש ישראל וראשי חדשים"? ישראל דקדשינהו לראשי חדשים.

This analysis of the liturgical formula for the *chatimat ha-berachah* supports the Rav's assertion that it is *K'nesset Yisrael*, rather than the *beit din*, that creates the *kedushat ha-yom* on Yom Tov. To the extent that the *beit din ha-gadol* was charged with the formal declaration to announce the advent of a new month, it was acting as the representative of the *tzibbur*.[27]

---

[27] The Rav pointed out that this role of the *beit din ha-gadol* as the representative of the *tzibbur* is reflected in *Parshat Beha'alotecha*:

<u>במדבר – פרק יא</u>

(טז) ויאמר ה' אל משה: אספה לי שבעים איש מזקני ישראל אשר ידעת כי הם זקני העם ושטריו ולקחת אותם אל אהל מועד והתיצבו שם עמך.

(יז) וירדתי ודברתי עמך שם ואצלתי מן הרוח אשר עליך ושמתי עליהם ונשאו אתך במשא העם ולא תשא אתה לבדך.

D.

The Rav's approach, which posits two distinct roles for the *beit din ha-gadol* – a judicial/legislative one, and a ceremonial/representative one – provides an explanation for an *apparent* oversight in the first Mishnah of *Sanhedrin*, and for a number of ritual practices that are otherwise puzzling.

(1) The first Mishnah in *Sanhedrin* lists respective functions of the *beit din* and stipulates how many of the 71 judges constitute an acceptable quorum for each function. The responsibility for *kiddush ha-chodesh* is not mentioned. Nor is it included by the Rambam in his delineation of the functions of *beit din* in *Hilchot Sanhedrin* 5:1.

The Rav's explanation is that the Mishnah and the Rambam are addressing only the judicial/legislative role of *beit din*, not its ceremonial/representative one.

(2) With regard to our recitation of *Ya'aleh ve-Yavo* on Rosh Chodesh, the Rav suggests that it is not only an expression of the character of the day *de facto*, but that it actually creates that character *de jure*. We no longer have a *beit din ha-gadol* that accepts the formal testimony of witnesses and declares the onset of Rosh Chodesh. The recitation of *Ya'aleh ve-Yavo* is our equivalent; we thereby declare the onset of the new month. This explains the enigmatic *halachah*:

<u>ברכות ל:</u>

אמר רב ענן אמר רב: טעה ולא הזכיר של ראש חדש ערבית אין מחזירין אותו, לפי שאין בית דין מקדשין את החדש אלא ביום.

<u>שו"ע אורח חיים – תכב:א</u>

ערבית שחרית ומנחה מתפללים י"ח ברכות ואומר יעלה ויבא ברצה. ואם לא אמרו בערבית אין מחזירין אותו.... מפני שאין מקדשין את החדש בלילה; אבל אם לא אמרו שחרית ומנחה מחזירין אותו.

Why should the fact that *beit din* did not convene at night[28] affect our recitation of *Ya'aleh ve-Yavo*? Why shouldn't we say it in *Ma'ariv* of Rosh

---

[28] See *Hilchot Sanhedrin* 3:3–5; *Hilchot Kiddush ha-Chodesh* 2:8.

Chodesh just as we say it in *Ma'ariv* of *Yom Tov*? The *kedushat ha-yom* has already begun, and the *Ya'aleh ve-Yavo* is the liturgical expression of *me'ein ha-me'ora*.[29]

The Rav's explanation is: since our recitation of *Ya'aleh ve-Yavo* is not only an expression of the character of the day *de facto*, but actually creates that character *de jure*, we are performing the role of *beit din* in our simulation of the process of *kiddush ha-chodesh*. As such, we are bound by the same time parameters that restricted *beit din*.

(3) Along these lines, the Rav suggested further, we can understand the *minhag* to announce publicly in *shul* the day(s) on which Rosh Chodesh will occur. This, too, is a symbolic enactment of the erstwhile *kiddush ha-chodesh* by *beit din,* in its representative role, on behalf of *K'lal Yisrael*. In order to further symbolize the collectivity of *K'lal Yisrael*, we say *"chaverim kol Yisrael"* and the *shali'ach tzibbur* holds a *Sefer Torah* (emblematic of *K'nesset Yisrael*) when announcing the days of Rosh Chodesh.

E.

We began with the *Sifrei* and the Chizkuni, who understood the singular *"tispor loch"* in *Parshat Re'eh* as an indication that *beit din* is obligated to count *sefirat ha-omer*. The Rav explained the purpose of this count in terms of *beit din*'s representative role on behalf of *K'nesset Yisrael* in the process of *kiddush ha-chodesh* and *kevi'at ha-mo'adim*. This, in turn, served to explain the omission in the Mishnah in *Sanhedrin*, the *halachah* about *Ya'aleh ve-Yavo* in *Ma'ariv*, and the *minhagim* of *hachrazat ha-chodesh*.

The Rav thus developed a two-dimensional perspective on *mitzvat sefirat ha-omer*. On one level, we count from the *hakravat ha-omer* toward the *hakravat shtei ha-lechem* or, in Aggadic terms, from *Yetzi'at Mitzrayim* toward *Kabbalat ha-Torah*. On a second level, there is a count – which we have, until now, identified with *Beit Din* – that represents the process of *kiddush ha-chodesh and kevi'atm ha-mo'adim* which sets the stage for our observance of Shavu'ot.

---

[29] See *Shabbat* 24a, *Eruvin* 40b; *Betzah* 17a and Rashi *a.l.*

The Rav employed this two-dimensional perspective not only to account for the *sefirat ha-omer al yidei beit din* alongside the *sefirat ha-omer al yidei kol yachid*. He also used it to advance a two-dimensionality within the *sefirat ha-omer al yidei kol yachid*, independent of the *sefirat ha-omer al yidei beit din*. That is, each individual is counting from the *omer* of barley toward the *shtei ha-lechem* of wheat and, simultaneously, toward the establishment of the *kedushat ha-yom* of the holiday of Shavu'ot.

This approach enabled the Rav to explain (1) a custom in ancient Eretz Yisrael (in contradistinction to ancient *Bavel*), as well as (2) a startling comment in the *Chiddushei ha-Ramban* on *Kiddushin*.

(1) There was a custom in ancient Eretz Yisrael for each individual to count both at night and during the day. The Rav suggested that we might explain this custom in terms of our two-dimensional perspective on *sefirat ha-omer*. The nighttime count corresponded to the time of *ketzirat ha-omer*; the daytime count corresponded to the time during which *beit din* convened. Each Jew thus participated in the collective process of *kiddush ha-chodesh* and *kevi'at ha-mo'adim*.

(2) The Mishnah in *Kiddushin* 29a introduces the *sugya* of *mitzvot aseh she-ha-zeman gerama*. In his *Chiddushim* to that *sugya*, the Ramban writes:

חדושי הרמב"ן – קידושין לג:

והוי יודע דהאי תנא הכי תני "איזוהי מצות עשה שהזמן גרמא", כגון סוכה; "ואיזוהי מצות עשה שלא הזמן גרמא", כגון מזוזה. ותנא ושייר:

במצות עשה שהזמן גרמא שייר תפילין – דכתיב בהדיא דפטורות, וא"נ סבר אין הזמן גרמא – שייר ראיה.

ובמצות עשה שאין הזמן גרמא שייר טובא: מורא וכבוד, בכורים וחלה, כסוי הדם, ראשית הגז, מתנות, ספירת העומר, פריקה טעינה, פדיון פטר חמור, ורוב המצוות כן; אלא לא בא לפרש ולמנות את כולם. שאילו בא לפרטן בפרט הוה ליה למיתני "אלו הן מצות עשה וכו'"; מדקתני "איזוהי" ש"מ כגון קתני.

וכן בירושלמי ברישא וסיפא; ויש מי שטעה בזה, ולכן כתבתי.

In order to appreciate the anomalous character of this statement, we must remember that the *Halachah* regards *sefirat ha-omer* as a *mitzvat aseh she-ha-zeman gerama*. As such, women are exempt. Hence:

רמב"ם, הלכות תמידין ומוספין – ז:כד

מצוה זו על כל איש מישראל ובכל מקום ובכל זמן; ונשים ועבדים פטורין ממנה.

ספר החינוך – מצוה שו

ונוהגת מצות ספירת העומר... בכל מקום בזכרים....

משנה ברורה – סימן תפט

(ג) מתחילין לספור וכו' – ונשים ועבדים פטורות ממצוה זו, דהוי מ"ע שהזמן גרמא....

The fact that the Ramban includes *sefirat ha-omer* within *mitzvot aseh she-ein ha-zeman gerama* is baffling. The *Avnei Nezer*,[30] the *Divrei Yechezke'el*[31] and the *Seridei Eish*[32] each tried to account for it. The Rav was able to draw on his two-dimensional perspective on *mitzvat sefirat ha-omer* to offer an explanation of this enigmatic Ramban. As far as that aspect of the *sefirah* that provides the transition from the *omer* of barley toward the *shtei ha-lechem* of wheat, women are exempt because it is a function of the sixteenth of Nisan and, as such, is a *mitzvat aseh she-ha-zeman gerama*. However, according to the Rav there is a second aspect of each individual's *sefirah*, the count toward the establishment of the *kedushat ha-yom* of the holiday of Shavu'ot. This is the aspect of *sefirah* whereby each Jew participates in the collective process of *kiddush ha-chodesh* and *kevi'at ha-mo'adim*. This ongoing process is not *zeman gerama* and women, as part of *K'lal Yisrael*, are included in this aspect of *sefirat ha-omer*.

Excursus

Two other areas in which the issue of *yachid* vis-à-vis *tzibbur* is reflected are: (1) the *parshiyot* of *keri'at shema*, and (2) the respective *tochachot* in *Bechukotai* and *Ki Tavo*. In both *keri'at shema* and the *tochachah*, however, the grammatical forms are understood in their more natural sense. That is, the singular pronominal suffix is addressed to each individual; the plural pronominal form is directed to the *tzibbur* as a collective.

---

[30] *Orach Chayyim*, # 384.

[31] R. Yechezke'el HaLevi Burstein was a prominent figure in the Slobodka (Lithuania)Yeshiva, *Ohr Yisrael*, which had been founded in 1882. This book is a collection of essays on diverse halachic topics.

[32] Vol. II, # 116.

(1) With regard to *keri'at Shema:*

<u>רש"י דברים יא:יג</u>

<u>בכל לבבכם ובכל נפשכם</u> – והלא כבר הזהיר "בכל לבבך ובכל נפשך" – אלא אזהרה ליחיד, אזהרה לציבור.

Which *parshah* refers to the *yachid* and which to the *tzibbur*? A straightforward reading of Rashi would suggest that they are in sequence – that is, the first *parshah* (*ve-ahavta*) is addressed to each *yachid*, and the second *parshah* (*ve-hayah im shamo'a*) is addressed to the *tzibbur*. This is further supported by Rashi's source in the *Sifrei*:

<u>ספרי פרשת עקב – פיסקא ה</u>

...והלא כבר נאמר "בכל לבבך ובכל נפשך" – כאן ליחיד כאן לצבור, כאן לתלמוד כאן למעשה....

Of the two *parshiyot*, it is the second that would be characterized as focusing on "the implementation of *mitzvot*."[33] The supercommentaries on Rashi by R. Eliyahu Mizrachi and by R. Shabbetai Bass (*Siftei Chachamim*) both understand Rashi (and hence the *Sifrei*) in this manner.[34]

(2) With regard to the *tochachot* the sources are unambiguous:

<u>מגילה לא:</u>

"ואין מפסיקין בקללות" – ...אמר אביי: לא שנו אלא בקללות שבתורת כהנים, אבל קללות שבמשנה תורה פוסק. מאי טעמא? הללו בלשון רבים אמורות, ומשה מפי הגבורה אמרן; והללו בלשון יחיד אמורות, ומשה מפי עצמו אמרן.

<u>רש"י דברים כח:כג</u>

<u>והיו שמיך אשר על ראשך נחשת</u> – קללות הללו משה מפי עצמו אמרן, ושבהר סיני מפי הקב"ה אמרן כמשמעו. וכן נאמר "ואם לא תשמעו לי... ואם תלכו עמי קרי", וכאן הוא אומר "לקול ה' אלקיך... ידבק ה' בך... יככה ה'.." הקל משה בקללותיו לאמרן בלשון יחיד....

---

[33] עיין משנה ברכות יג. – אמר רבי יהושע בן קרחה: למה קדמה פרשת שמע לוהיה אם שמוע? כדי שיקבל עליו עול מלכות שמים תחלה ואחר כך מקבל עליו עול מצות.

[34] R. Meir Simchah ha-Kohen of Dvinsk, however, writes in his *Or Same'ach*:

<u>הל' תלמוד תורה א:ב</u> – "ולדעתי יתכן דפרשה ראשונה בלשון יחיד נאמרה, שהצבור חייבים...שכשמדבר אל כלליות האומה מדבר בלשון יחיד..."

Chapter 8

The Great Debate
Between the *Tzadukim*[1] / *Baitusim* and the *Perushim*
Concerning the Date of Shavu'ot

Unlike the earlier chapters that were drawn from various secondary sources in which the Rav's teachings have been presented, this one is based directly on a tape of a *shiur* delivered by the Rav on *Motza'ei Shabbat*, May 13, 1972, the eve of Rosh Chodesh Sivan. The sources quoted in the text are those to which the Rav referred, and the structure of the unit follows the sequence of ideas as the Rav developed them. Additional sources and supplementary comments were all relegated to the footnotes.[2]

A.

מגילת תענית

אלין יומיא דילא לאתענאה בהון, ומקצתהון דילא למספד בהון: מן ריש ירחא דניסן עד
תמניא ביה אתוקם תמידא – דילא למספד. מן תמניא ביה ועד סוף מועדא אתותב חגא –
דילא למספד ודילא להתענאה.

Megillat Ta'anit[3] records the following: "These are the days upon which one should not fast; on some of them one should [also] not deliver a eulogy: From Rosh Chodesh Nisan until the eighth of that month, during

---

[1] The authoritative vocalized manuscripts of the Mishnah (*Parah*, Chapter 3; *Yadayim*, Chapter 4) all have a *kamatz* under the *tzadi* and a *shuruk* after the *daled*. I have followed this "canonical" vocalization in my transliteration. The Rav used the conventional pronunciation, *tzedukim*.

[2] Nine years later, in 1981, the Rav again discussed some of the themes that he had addressed in 1972. B. David Schreiber published a digest of the 1981 *shiur* in *Nor'ot HaRav*, Vol. 5 (New York, 1997). The sections that are relevant to this unit are on pp. 59–68. The Rav presented two points in 1981 that he had not introduced in 1972; they are identified below in notes 17 and 19.

[3] See Rashi, *Rosh Hashanah* 18b, *s.v. batlah Megillat Ta'anit*; *Shulchan Aruch*, *Orach Chayim* #573. See *Excursus* I for more about *Megillat Ta'anit*.

which the *korban Tamid* was established firmly,[4] one should not deliver a eulogy.[5] From the eighth until the end of the holiday [of Pesach; i.e., until the twenty-first of Nisan], during which time the holiday [of Shavu'ot[6]] was settled, one should neither fast nor deliver a eulogy."

<u>תענית יז:</u>

כל הכתוב במגילת תענית דלא למיספד – לפניו אסור לאחריו מותר. תנו רבנן: אלין יומיא דלא להתענאה בהון ומקצתהון דלא למיספד בהון: מריש ירחא דניסן ועד תמניא ביה איתוקם תמידא דלא למיספד בהון. מתמניא ביה עד סוף מועדא איתותב <u>חגא דשבועיא</u> דלא למיספד בהון.... אמר מר מתמניא ביה עד סוף מועדא איתותב חגא דשבועיא דלא למיספד....

<u>מנחות סה.</u>

תנו רבנן: אלין יומיא דלא להתענאה בהון, ומקצתהון דלא למספד בהון: מריש ירחא דניסן עד תמניא ביה איתוקם תמידא דלא למספד. ומתמניא ביה ועד סוף מועדא איתותב <u>חגא דשבועיא</u> דלא למספד.

מריש ירחא דניסן ועד תמניא ביה איתוקם תמידא דלא למספד – שהיו צדוקים אומרים: יחיד מתנדב ומביא תמיד. מאי דרוש? "את הכבש האחד תעשה בבקר ואת הכבש השני תעשה בין הערבים" (במדבר). מאי אהדרו? "את קרבני לחמי לאשי... תשמרו" – שיהיו כולן באין מתרומת הלשכה.

מתמניא ביה ועד סוף מועדא איתותב חגא דשבועיא דלא למספד – שהיו בייתוסין אומרים: עצרת אחר השבת. ניטפל להם רבן יוחנן בן זכאי ואמר להם: שוטים, מנין לכם? ולא היה אדם אחד שהיה משיבו חוץ מזקן אחד שהיה מפטפט כנגדו ואמר: משה רבינו אוהב ישראל היה ויודע שעצרת יום אחד הוא עמד ותקנה אחר שבת כדי שיהו ישראל מתענגין שני ימים. קרא עליו מקרא זה: (דברים א:ב) "אחד עשר יום מחורב" – ואם משה רבינו אוהב ישראל היה, למה איחרן במדבר ארבעים שנה? אמר לו: רבי, בכך אתה פוטרני?! אמר לו: שוטה, ולא תהא תורה שלמה שלנו כשיחה בטילה שלכם; כתוב אחד אומר (ויקרא כג:טז) "תספרו חמשים יום", וכתוב אחד אומר (שם כג:טו) "שבע שבתות

---

[4] See *Menachot* 65a; Rashi, *Ta'anit* 17b, *s.v. mei-reish yarcha.*

[5] See *Tosafot Menachot* 65a, *s.v. mei-reish yarcha*; Rabbenu Chananel, *Ta'anit* 17b.

[6] The text of *Megillat Ta'anit* that is quoted in *Ta'anit* 17b and in *Menachot* 65a has the additional word: "*Shavu'aya*" (the Arama'ic form of *Shavu'ot*).

תמימות תהיינה." הא כיצד? כאן [פסוק טו] ביום טוב שחל להיות בשבת, כאן [פסוק טז] ביו"ט שחל להיות באמצע שבת....[7]

The Tzadukim[8] maintained that the *mitzvah* of "*u-sefartem lachem mi-mochorat ha-Shabbat* (*Vayikra* 23:15) begins on the first Sunday ("the morrow of Shabbat," literally) after the onset of Pesach, rather than on the second day of Pesach ("the morrow of yom tov," which is also designated Shabbat). Although we consider their position to be transparently erroneous, Chazal struggled for many years to combat their view. When they were finally victorious,[9] they instituted an annual two-week celebration – from the eighth to the twenty-first of Nisan – to commemorate their victory. The Tzadukim must have, thus, had a persuasive argument. In fact, Rabban Yochanan ben Zakai in his rebuttal, concedes the cogency of their insistence that *shabbatot temimot* suggests weeks which extend, as "normal" weeks do, from Sunday through Shabbat. He thus limits the application of *Vayikra* 23:15 to such weeks; that is, to those years when the first day of Pesach is on Shabbat (and the count would thus begin on Sunday).

The Tzadukim must have been further prompted by the phrase "*ve-asita Chag Shavu'ot*" (*Devarim* 16: 10). The term *shavu'a* means, in its natural sense, a conventional seven-day-week, beginning on Sunday and ending on Shabbat. The Perushim had to strain in order to interpret it as any seven-day-period, beginning on any day of the week.

---

[7] A similar description of a debate on another halachic topic is found in *Bava Batra* 115b:

דתניא בארבעה ועשרים בטבת תבנא לדיננא שהיו צדוקין אומרין תירש הבת עם בת הבן נטפל להן רבן יוחנן בן זכאי אמר להם שוטים מנין זה לכם ולא היה אדם שהחזירו דבר חוץ מזקן אחד שהיה מפטפט כנגדו ואומר... קרא עליו את המקרא הזה... אמר ליה רבי בכך אתה פוטרני אמר לו שוטה ולא תהא תורה שלמה שלנו כשיחה בטלה שלכם... ונצחום. ואותו היום עשאוהו יום טוב.

[8] The Rav, throughout the tape, refers to the opponents of the Perushim as the Tzadukim. The Gemara in *Menachot* 65a designates the Tzadukim as the protagonists in the debate regarding the *korban Tamid*, and the Baitusim as the adversaries in the debate regarding Shavu'ot. In general, the terms are used interchangeably in rabbinic literature.

See *Excursus* II for more on the "Sadducees" and the "Boethusians."

[9] See *Excursus* III for a discussion of this "victory."

Secondly, the term *mi-mochorat ha-Shabbat* (23:15,16) does suggest "the day following Shabbat;" that is, Shabbat as we know it, the last day of the natural week. Yom Tov is never referred to as "Shabbat." Rather, the term *shabbaton* is used, as in:

ויקרא – פרק כג

(כד) דבר אל בני ישראל לאמר בחדש השביעי באחד לחדש יהיה לכם <u>שבתון</u> זכרון תרועה מקרא קדש.

(לט) אך בחמשה עשר יום לחדש השביעי באספכם את תבואת הארץ תחגו את חג ה' שבעת ימים; ביום הראשון <u>שבתון</u> וביום השמיני <u>שבתון</u>.

Thirdly, the *parshah petuchah*, the fourteen *pesukim* comprising the literary unit of *Vayikra* 23: 9–22 which presents the *mitzvot* of *tenufat ha-omer* and *sefirat ha-omer*, does not mention *Chag ha-Matzot*. The *terminus ad quem*, the fiftieth day of the count, seems entirely unrelated to the Yom Tov that begins on the fifteenth of Nisan. It is a function, rather, of the beginning of the harvest season:

ויקרא – פרק כג

(י) דבר אל בני ישראל ואמרת אלהם <u>כי תבאו אל הארץ אשר אני נתן לכם וקצרתם את קצירה</u> והבאתם את עמר ראשית קצירכם אל הכהן.

(יא) והניף את העמר לפני ה' לרצנכם <u>ממחרת השבת</u> יניפנו הכהן.

(טו) וספרתם לכם <u>ממחרת השבת מיום הביאכם את עמר התנופה</u> שבע שבתות תמימת תהיינה.

(טז) <u>עד ממחרת השבת השביעת</u> תספרו חמשים יום והקרבתם מנחה חדשה לה'.

Prima facie, then, the Tzadukim had a cogent case. The Torah seems to teach us that at the very beginning of the harvest during the spring, the harvest that is between mid-Nisan and the first of Tishri, we should take an *omer* of barley and, on the first Sunday of the harvest season, offer it in the *beit ha-mikdash*. We should then begin to count from that day a period of seven weeks (from Sunday through *Shabbat*) and offer, on the fiftieth day (i.e., on the eighth Sunday in the sequence), the *shtei ha-lechem*.

From this perspective, on the basis of an objective reading of the *pesukim*, the Tsadukim had a more persuasive case than did the Perushim. There seems to be no ambiguity in the text that would require an orally transmitted commentary (*torah she-b'al peh*) to clarify its meaning. In fact,

Rabi Yosi's argument in *Menachot* 66a, which is reproduced in Rashi on *Vayikra* 23:11, now begins to sound less self-evident:

<u>מנחות סו.</u>

רבי יוסי אומר: "ממחרת השבת" – ממחרת יום טוב. אתה אומר ממחרת יו"ט או אינו אלא ממחרת "שבת בראשית"? אמרת... דכל השנה כולה מלאה שבתות; צא ובדוק איזו שבת.

<u>רש"י – ויקרא כג:יא</u>

<u>ממחרת השבת</u> – ממחרת יום טוב הראשון של פסח; שאם אתה אומר[10] שבת בראשית אי אתה יודע איזהו.

Why would we not know which Shabbat? The Torah clearly states: on the morrow of the first Shabbat of the new harvest season. This linkage to the harvest is reinforced in *Parshat Re'eh*:

<u>דברים – פרק טז</u>

(ח) ששת ימים תאכל מצות וביום השביעי עצרת לה' אלקיך לא תעשה מלאכה.
(ט) שבעה שבועות תספר לך <u>מהחל חרמש בקמה</u> תחל לספר שבעה שבעות.
(י) ועשית חג שבועות לה' אלקיך מסת נדבת ידך אשר תתן כאשר יברכך ה' אלקיך.
(יא) ושמחת לפני ה' אלקיך...

The Torah seems to go out of its way to avoid presenting the offering of the *omer* and the subsequent seven-week count as a function of *Chag ha-Matzot.* It seems, rather, that as soon as there is a consensus amongst the farmers of Eretz Yisrael to begin the new harvest, the *omer* of barley should be offered on the first Sunday, and the seven-week count should be initiated on that same day.

Chazal were aware of the anomalous character of Shavu'ot within the calendar cycle of *Yamim Tovim.* It is, they conceded, the only one that is not celebrated on a fixed date.

---

[10] The Rav called attention to the fact that Rashi does not refer to the Tzadukim. Rashi mentions their position only as a theoretical possibility. Unfortunately, the Rav did not comment further.

<u>ראש השנה ו</u>:

כדתני רב שמעיה: עצרת – פעמים חמשה, פעמים ששה, פעמים שבעה. הא כיצד? שניהן מלאין, חמשה; שניהן חסרין, שבעה; אחד מלא ואחד חסר, ששה.

<u>רש"י</u>

<u>פעמים ששה</u> – שהוא ששה בסיון, יום החמשים לעומר.

<u>שניהם מלאים</u> – ניסן ואייר; הרי חמשה עשר ימים מניסן, ושלשים דאייר. מלא להו חמשים בחמשה בסיון.

Although for the Perushim this did not undermine their conviction that Shavu'ot is a function of the second day of Pesach, the Rav pointed out that this ambiguity as to a specific calendar date must have added weight to the insistence by the Tzadukim that Shavu'ot "floats" around the calendar (albeit within the narrow parameters of "the beginning of the Spring harvest season") as a function of an agricultural event rather than as a function of the fixed date of the sixteenth of Nisan.

The Rav went so far as to cite a question by the Rambam in support of the cogency of the position of the Tzadukim:

<u>הלכות קדוש החדש – פרק ג</u>

(יא) כל מקום שהיו השלוחין מגיעין היו עושין את המועדות יום טוב אחד ככתוב בתורה. ומקומות הרחוקים שאין השלוחים מגיעין אליהם היו עושין שני ימים מפני הספק לפי שאינם יודעים יום שקבעו בו בית דין ראש חדש איזה יום הוא.

(יב) יש מקומות שהיו מגיעין אליהן שלוחי ניסן ולא היו מגיעין אליהן שלוחי תשרי. ומן הדין היה שיעשו פסח יום טוב אחד – שהרי הגיעו אליהן שלוחין וידעו באיזה יום נקבע ראש חדש – ויעשו יום טוב של חג הסוכות שני ימים, שהרי לא הגיעו אליהן השלוחין. וכדי שלא לחלוק במועדות התקינו חכמים שכל מקום שאין שלוחי תשרי מגיעין שם עושין שני ימים – אפילו <u>יום טוב של עצרת</u>.[11]

(יג) וכמה בין שלוחי ניסן לשלוחי תשרי? שני ימים. ששלוחי תשרי אינן מהלכין באחד בתשרי מפני שהוא יום טוב, ולא בעשירי בו מפני שהוא יום הכפורים.

---

[11] See *Rosh Hashanah* 21a:

מכריז רבי יוחנן: כל היכא דמטו שלוחי ניסן ולא מטו שלוחי תשרי ליעבדו תרי יומי גזירה ניסן אטו תשרי.

The Rambam here raises the following issue: Diaspora Jewry celebrated a second day of each Yom Tov only because of their uncertainty as to when Rosh Chodesh had been. This, in turn, was a direct function of the inability of the runners dispatched by *beit din* to reach the outlying communities. Therefore, the Rambam asked, why is there no difference between Tishri (when the runners lost two additional days because they could not travel on Rosh Hashanah and on Yom Kippur) and Nisan (when the communities which they reached during the two additional travel days should have been spared the *sefeika d'yoma* day of Pesach)? The same question applies even more so to Shavu'ot. By seven weeks after Pesach, wouldn't the communities furthest from Yerushalayim have known when the sixteenth of Nisan had been?

This question does, after all, challenge the insistence of the Perushim that Shavu'ot is a direct function of the dates of Pesach. The logical extension of their position should, in fact, obviate the need for observing a *sefeika d'yoma* for Shavu'ot.

The Rav cited a formulation of the Ramban that also suggests — ironically, since the Ramban is rejecting their argument — that the Tzadukim had a defensible position:

רמב"ן על ויקרא כג:יא

ממחרת השבת יניפנו הכהן – ממחרת יום טוב הראשון של פסח, שאם אתה אומר שבת בראשית אי אתה יודע איזהו; לשון רש"י.

ובאמת שזו גדולה שבראיות בגמרא, כי מה טעם שיאמר הכתוב "כי תבואו אל הארץ וקצרתם את קצירה" תביאו העומר ממחרת "שבת בראשית"? כי יש במשמע[12] שבאיזה זמן מן השנה שנבוא לארץ ונקצור קצירה יניף הכהן העומר ממחרת השבת הראשונה שתהיה אחרי ביאתנו לארץ, והנה אין לחג השבועות זמן שימנה ממנו. ועוד על דרך הזה לא נדע בשנים הבאות אחרי כן מתי נחל לספור, רק מיום החל חרמש בקמה כפי רצוננו, ואלה דברי תוהו.

אבל אם יהיה "ממחרת השבת" יום טוב כפי קבלת רבותינו, יבוא הענין כהוגן. כי צוה הכתוב תחילה שנעשה בחדש הראשון חג המצות שבעת ימים, וביום הראשון שבתון וביום השביעי שבתון וכל מלאכת עבודה לא נעשה. ואחר כן אמר כי כאשר נבוא אל הארץ נביא ממחרת השבת הזאת הנזכרת עומר התנופה והיא השבת הראשונה הנזכרת כאן, ולימד שלא ינהג העומר במדבר ובחוצה לארץ.

---

[12] For the use of the phrase *"yesh be-mashma"* by the Ramban, see his commentary to *Bemidbar* 20:8 and 30:1.

אבל "ממחרת השבת השביעית" (פסוק טז) "ושבע שבתות" (פסוק טו) לא יתכן לפרש אותם יום טוב, אבל תרגם בו אונקלוס לשון שבוע. וא"כ יהיו שתי לשונות בפסוק אחד.
והמפרשים אמרו כי הוא דרך צחות – כמו "רוכבים על שלשים עירים, ושלשים עירים להם" (שופטים י: ד) – ובמקום אחר (דברים טז:ט) פירש "שבעה שבועות". וכן "באי השבת עם יוצאי השבת" (מ"ב יא:ט) – שבוע. וכן "מתי יעבור החדש ונשבירה שבר, והשבת ונפתחה בר" (עמוס ח:ה) כי בעבור שיש בכל שבעה ימים שבת אחת, וחשבון הימים ממנו, יקרא שבוע אחד שבת אחד; והוא לשון ידוע ומורגל בדברי רבותינו: "שפעמים בשבת ב"ד יושבין בעירות" (כתובות ב).
ויתכן שיהיה כל "השבת" הנזכר בפרשה שבוע, ויהיה טעם "ממחרת השבת" לומר כי ביום הנפת העומר יתחיל לעשות השבוע במנינו. אם כן יהיה היום ההוא ממחרת השבוע שעבר, כאילו אמר: יהיה יום התנופה ממחרת שבוע לימים העוברים, וראשון לשבועות שיספור עד שישלים שבע שבתות. ובעבור שהזכיר "ובחמשה עשר יום" (פסוק ו), אמר שיניף את העומר ממחרת השבוע הנזכר, ויספור ממנו שבע שבתות, ואין לטעות ביום ארבעה עשר, כי לא הזכיר ממנו רק "בין הערבים" (פסוק ה). וטעם "תמימות תהיינה" (פסוק טו): כי השבת עם ששת הימים תקרא שבת שלימה.
ופירוש "ממחרת השבת" כמו במחרת השבת, וכן "עד ממחרת השבת השביעית תספרו", וכן "ביום זבחכם יאכל וממחרת" (לעיל יט:ו).
ואמרו כי לא יבא בי"ת במלת מחר ומחרת: "ויהי ממחרת וישב משה לשפט את העם" (שמות יח:יג); "ויעש ה' את הדבר הזה ממחרת (שם ט:ו); וכן כולם.

The Ramban thus concedes that a straightforward reading of the *pesukim* ("*yesh be-mashma*") will lead to the conclusion that they require Bnei Yisrael to offer the *omer* of barley on the morrow after the first Shabbat of the harvest season. He then, admittedly, proceeds to object on the grounds that this would be too amorphous:

"שבאיזה זמן מן השנה שנבוא לארץ ונקצור קצירה יניף הכהן העומר ממחרת השבת הראשונה שתהיה אחרי ביאתנו לארץ, והנה אין לחג השבועות זמן שימנה ממנו."

In his discussion of this Ramban, however, the Rav pointed out that the time of the *omer* offering would not be as vague and undefined as the Ramban states. It is not, after all, *be-eizeh zeman min ha-shanah* (at any, arbitrary, time of the year); it is clearly at the beginning of the harvest season that begins after mid-Nisan and before the first of Tishri. Thus, the position of the Tsadukim is not as absurd as the Ramban would have us believe when he concludes "*ve-eileh divrei tohu*."[13]

In summation: there was a legitimate *machloket* between the Tzadukim and the Perushim. The fundamental issue was whether Shavu'ot is linked to Pesach or whether it is entirely independent of, and unrelated to, it. The Tzadukim had compelling arguments to support their position.[14] This is why the debate raged for a long time, until the Perushim finally convinced their opponents[15] that Shavu'ot should be linked to Pesach.

B.

We can now understand why Chazal changed the biblical name of *Chag Shavu'ot* (*Devarim* 16:10,16) to *Atzeret*. Throughout Talmudic and Midrashic literature, the *yom tov* is referred to as *Atzeret*. Chazal clearly used the term purposively, to emphasize that this Yom Tov is, in fact, linked to Pesach. The very term *atzeret* means "held back," "restrained." Thus, its use in *Vayikra* 23:36 and *Bemidbar* 29:35 refers, according to the Midrash, to tarrying in Yerushalayim yet one more day,[16] and its referent is clearly the earlier week of Sukkot. In fact, each time the Torah uses the term, it designates the last day of the Yom Tov (Pesach or Sukkot).[17] The Torah never uses it to identify the first day of a Yom Tov, since its very meaning is "an addendum to an earlier period." By employing this designation, Chazal were clearly polemicizing against the view that the Tsadukim had maintained. *Chag Shavu'ot* is *not* free-floating, independent of Pesach. It is,

---

[13] See *Excursus* IV regarding the Ramban's second objection to their position.

[14] The designation of the Tzadukim by Chazal as *shotim* (*Menachot* 65a), and by the Rambam as *tipshim* (*Hilchot Temidim u-Musafim* 7:11; cf. *Hilchot Parah Adumah* 1:14) thus has to be understood as rhetorical hyperbole in order to de-legitimate their opponent, rather than as an objective historically-realistic assessment of them.

[15] See note 9 above.

[16] See Rashi on *Vayikra* 23:36, *Bemidbar* 29:35 and *Devarim* 16:8 (in the last two, Rashi also cites the other interpretation: restraint from the performance of *melachah*). It is also useful to consult a concordance to explore the use of the term *atzeret* in *Tanach*.

[17] See *Vayikra* 23:36 and *Devarim* 16:8. In his 1981 *shiur*, the Rav pointed out that the days which are designated by the Torah as *atzeret* do not have any specific *mitzvot* (such as *matzah*, *sukkah*, or *daled minim*) associated with them. Their *kedushat ha-yom* is expressed solely through *issur melachah*. The same is true of Shavu'ot. See Schreiber, pp. 65–66.

rather, determined by Pesach, and it stands in relation to Pesach the way Shemini Atzeret stands in relation to Sukkot.

In fact, this parallel to Sukkot is so intrinsic to Chazal's view, that they expressed it even in the reverse (that is, with Pesach as the paradigm for Sukkot). The Midrash relates:

<u>ילקוט שמעוני – על במדבר פרק כט – המשך רמז תשפב</u>

...אתה מוצא: כשם שעצרת של פסח רחוקה חמשים יום, אף זאת היתה צריך להיות רחוקה חמשים יום. ולמה היא סמוכה לחג?

אמר ר' יהושע בן לוי: משל למה הדבר דומה? למלך שהיו לו בנים הרבה, מהן נשואין [במקום רחוק, ומהם נשואין] במקום קרוב. [כשהיו מבקשים אותם שהיו נשואים במקום קרוב] באין אצלו, וכשהיו מבקשין לילך ולחזור היו הולכין ובאין ומניחן. למה כך? שהדרך קרובה, וכל יום שהן מבקשין לילך [היו הולכין ובאין]. אבל אותן שהיו נשואין במקום רחוק באין אצלו, וכשהיו מבקשין לילך היה כובשן עוד יום אחד אצלו.

כך בפסח, ימי הקיץ, והן עולין בעצרת לירושלים אחר חמשים יום. אבל עכשיו, אחר החג, ימות הגשמים הן – והדרכים טרחות. לפיכך אמר הקב"ה: עד שהן כאן, יעשו את העצרת. הוי "ביום השמיני עצרת."

Forty-nine days after Sukkot would find the Jews in the midst of the rainy season in Eretz Yisrael, during which time travel to Yerushalayim would be very difficult. The *Ribbono shel Olam*, therefore, advanced the date of the post-Sukkot *Atzeret* to the day immediately following it. Forty-nine days after Pesach, on the other hand, finds the Jews in the midst of the summer, when road conditions are optimal. Therefore, He left the post-Pesach *Atzeret* at an interval of forty-nine days.

This Midrash emphasizes the absolute parallel between the relationship of Shavu'ot to Pesach and that of Shemini Atzeret to Sukkot. In fact, even Shemini Atzeret is designated as a *regel bifnei atzmo*,[18] with its own halachic character, even though it is the immediate extension of the week of Sukkot. Shavu'ot, too, is a "*regel bifnei atzmo*" while serving as the extension of Pesach.

---

[18] See *Sukkah* 48a and elsewhere.

To emphasize this relationship of Shavu'ot to Pesach, Chazal referred consistently to it as *Atzeret*.[19] The only two exceptions are the two passages from *Ta'anit* 17b and *Menachot* 65a, reproduced above, which quote *Megillat Ta'anit* to the effect that

מתמניא ביה ועד סוף מועדא איתותב חגא דשבועיא.

The Aramaic equivalent of *shavu'ot* is used there in order to emphasize that it is this very term that misled the Tzadukim. Our victory over them consisted in convincing them that *Devarim* 16:10 does *not* mean "the holiday of the natural weeks, of the *bereishit* weeks." The term that misled them was finally clarified convincingly. The holiday which the Tzadukim regarded as a function of the "natural seven-day-week, from Sunday to Shabbat," and which they viewed as dependent on the *ad hoc* beginning of the harvest season each year, *itotav*, was "settled." The imagery is that of taking something that had been itinerant, and "seating" it in a specific place.[20] The holiday was now a direct corollary of the sixteenth of Nisan.

Why, then, do we refer to Shavu'ot in our *tefillot* as "*Yom Chag ha-Shavu'ot ha-zeh*"? The answer is that Chazal employed biblical terminology in their formulations of the liturgy. Thus, Pesach is never referred to in rabbinic literature as *Chag ha-Matzot*, but in the *tefillot* this biblical designation[21] is employed. The same is true of Sukkot, which is never referred to as such in rabbinic literature; its designation is simply the unqualified term "*chag*," although it is called *Chag ha-Sukkot*[22] in our *tefillot*.

---

[19] The Rav noted in his 1981 *shiur* that the *targumim* translate the word *be-shavu'oteichem* (*Bemidbar* 28:26) as *be-atzartechon*. This is clearly the source upon which Chazal drew to designate Shavu'ot as *Atzeret*. See Schreiber, pp. 66–67.

[20] The Rav's insightful comment on the term *itotav* is strengthened by the contrast within *Megillat Ta'anit*. The immediately preceding line uses the term "was established" rather than "was seated, or settled":

מריש ירחא דניסן עד תמניא ביה איתוקם תמידא.

[21] See *Shemot* 23:15, 34:18; *Vayikra* 23:6; *Devarim* 16:16.

[22] See *Vayikra* 23:34; *Devarim* 16:13,16.

C.

We have discussed, thus far, the controversy between the Tzadukim and the Perushim in technical, exegetical, terms. There is, moreover, a profound philosophical dimension to their debate.

According to the Tzadukim there is no connection between Pesach and Shavu'ot. The former holiday celebrates our release from slavery; the latter is an agricultural festival. That is why its determinant is, for the Tzadukim, the beginning of the harvest season rather than a particular day of Pesach.

According to the Perushim, however, our release from slavery on Pesach was only the first stage of our *ge'ulah*. The *Ribbono shel Olam*'s plan was to intervene in our political situation in order to implement His goal of presenting the Torah to us. The *Sefer ha-Chinuch* formulates this eloquently:

<u>ספר החינוך – מצוה שו</u>

מצות ספירת העומר: לספור תשעה וארבעים יום מיום הבאת העומר, שהוא יום ששה עשר כניסן, שנאמר "[ויקרא כג:טו] וספרתם לכם ממחרת השבת מיום הביאכם את עומר התנופה."

והמנין הזה חובה, ועלינו למנות בו הימים, יום יום; וכן השבועות[23] – שהכתוב אמר "[שם, פסוק טז] תספרו חמשים יום." ואמר גם כן [דברים טז:ט] "שבעה שבועות תספר לך"....

משרשי המצוה על צד הפשט, לפי שכל עיקרן של ישראל אינו אלא התורה... והיא העיקר והסיבה שנגאלו ויצאו ממצרים כדי שיקבלו התורה בסיני ויקיימוה. וכמו שאמר השם למשה [שמות ג:יב] "וזה לך האות כי אנכי שלחתיך בהוציאך את העם ממצרים תעבדון את האלקים על ההר הזה". ופירוש הפסוק: כלומר, הוציאך אותם ממצרים יהיה לך אות שתעבדון את האלקים על ההר הזה – כלומר: שתקבלו התורה, שהיא העיקר הגדול שבשביל זה הם נגאלים והיא תכלית הטובה שלהם; וענין גדול הוא להם יותר מן החירות מעבדות. ולכן יעשה השם למשה אות צאתם מעבדות לקבלת התורה, כי התפל עושין אות לעולם אל העיקר.

ומפני כן – כי היא כל עיקרן של ישראל, ובעבורה נגאלו ועלו לכל הגדולה שעלו אליה – נצטוינו למנות ממחרת יום טוב של פסח עד יום נתינת התורה, להראות בנפשנו החפץ הגדול אל היום הנכבד הנכסף ללבנו....

---

[23] See Chapter 7, section I.

The *Sefer ha-Chinuch* develops the idea on the basis of *Shemot* 3:12. It is also reflected by the *daled leshonot shel ge'ulah*. The first three are:

שמות – פרק ו

(ו) לכן אמר לבני ישראל אני ה'; <u>והוצאתי</u> אתכם מתחת סבלות מצרים <u>והצלתי</u> אתכם מעבודתם <u>וגאלתי</u> אתכם בזרוע נטויה ובשפטים גדלים.

These three refer to political redemption, to release from bondage. They do not, however, express the ultimate goal. *That* is contained in the next *pasuk*:

(ז) <u>ולקחתי</u> אתכם לי לעם והייתי לכם לאלקים;....

Ve-lakachti was realized at *Har Sinai*, not in *Mitzrayim*. *Yetzi'at Mitzrayim* was thus consummated with *matan Torah*. This is why the Perushim insisted that Shavu'ot is not a separate holiday. In their view, the ultimate objective of *ge'ulat Mitzrayim* was finally realized seven weeks later. That's why they characterized Shavu'ot as the *Atzeret* of Pesach.

There is a dispute between R. Eliezer and R. Yehoshua regarding the celebration of Yom Tov, generally:

פסחים סח: [השווה ביצה טו:]

דתניא – רבי אליעזר אומר: אין לו לאדם ביום טוב אלא או אוכל ושותה או יושב ושונה. רבי יהושע אומר: חלקהו – חציו לאכילה ושתיה, וחציו לבית המדרש. ואמר רבי יוחנן ושניהם מקרא אחד דרשו כתוב אחד אומר (דברים טז:ח) "עצרת לה' אלקיך", וכתוב אחד אומר (במדבר כט:לה) "עצרת תהיה לכם." רבי אליעזר סבר: או כולו לה' או כולו לכם; ורבי יהושע סבר: חלקהו – חציו לה' וחציו לכם.

R. Eliezer thus offers the option of spending the entire day of *yom tov* in spiritual contemplativeness, to the exclusion of eating and drinking. However, he concedes that on Shavu'ot some measure of physical celebration is required:

אמר רבי אלעזר: הכל מודים בעצרת[24] דבעינן נמי לכם. מאי טעמא? יום שניתנה בו תורה הוא.

---

[24] This *Baraisa* points up dramatically the sharp distinction between the biblical and the rabbinic use of the term *atzeret*. The two *pesukim* refer to the seventh day of Pesach and to Shemini Atzeret, respectively. In the very next line, however, R. Eliezer uses the term to refer to Shavu'ot, in contradistinction to the other holidays.

Why is Shavu'ot different? *Prima facie* a Jew might be expected to spend the entire day of Shavu'ot learning Torah as an expression of appreciation for this gift. Why does R. Eliezer insist on physical celebration? The answer is: because we are actually celebrating our liberation from slavery. After all, if not for *matan Torah*, we would still be enslaved. The *Ribbono shel Olam's* purpose in releasing us from bondage was to give us the Torah. Shavu'ot, therefore, is the ultimate celebration of that which we celebrate on Pesach. We should rejoice over our physical release from slavery by expressing our freedom physically through food and drink. Shavu'ot is thus linked intimately with Pesach.[25]

The relationship of Shavu'ot to Pesach is also expressed in *Parshat Yitro*:

שמות – פרק יט

(ד) אתם ראיתם אשר עשיתי למצרים; ואשא אתכם על כנפי נשרים ואביא אתכם אלי.

(ה) ועתה אם שמוע תשמעו בקולי ושמרתם את בריתי והייתם לי סגלה מכל העמים כי לי כל הארץ.

(ו) ואתם תהיו לי ממלכת כהנים וגוי קדוש; אלה הדברים אשר תדבר אל בני ישראל.

The first half of *pasuk daled* refers to *yetzi'at Mitzrayim*. However, that was not the ultimate goal. It was only instrumental to the realization of the second half of the same *pasuk*, as explicated by the next two *pesukim*.

---

[25] The Rav's interpretation of R. Eliezer's view represents one approach. Rashi, *ad locum*, (*s.v. de-ba'inan nami lachem*) offers a second: We should celebrate with food and drink, as we normally celebrate any joyous occasion, to express our appreciation for the Torah. The Rav's great-grandfather, the *Beit Halevi*, in his commentary to the Torah (Warsaw, 1884) offers a third suggestion (in *Parshat Yitro*, p. 24a): In *Chazal's* portrayal (*Shabbat* 88b–89a) of a debate between Moshe and the angels, he convinced them that the Torah rightfully belongs in our mundane world rather than in their non-corporeal world by pointing to the physical nature of many *mitzvot*. It is, therefore, appropriate to highlight the strategic basis of Moshe's victory by celebrating physically, with food and drink, on the day that we were granted the Torah. Finally, R. Shlomo Yosef Zevin (in *La-Mo'ed*, Vol. 4 [Jerusalem, 1946], p. 7) advances yet another approach: The purpose of the Torah is to help endow the mundane with spiritual value. As an expression of this, we sanctify the consumption of food and drink by dedicating it to the glorification of the Torah. This, suggests Rav Zevin, is why the Torah identifies Shavu'ot with the harvest and calls it *Yom ha-Bikkurim* (*Bemidbar* 28:26), to emphasize that the Torah is to be implemented through mundane activities.

Now we can understand why Chazal interpreted *mi-mochorat ha-Shabbat* as "the morrow of Pesach" rather than "the morrow of *Shabbat Bereishit*." It means "the morrow of the as-yet-incomplete *ge'ulah*." Yes, we begin to celebrate our *ge'ulah* already on the first day of Pesach; but the *ge'ulah* was not completed until Shavu'ot.

D.

We have seen the basis of the dispute between the Tzadukim and the Perushim. Why didn't the Torah avert this socially divisive controversy by designating the date of the *hakravat ha-omer* as "*mi-mochorat Chag ha-Matzot*" or "*mi-mochorat he-Chag*"? The date of Shavu'ot would then have been clear to everyone, Tzadukim and Perushim alike. It seems that the *Ribbono shel Olam* deliberately employed the ambiguous term *Shabbat*; it would appear that the controversy with the Tzadukim was by design.

Moreover, why did the Torah separate *ketzirat ha-omer* and *sefirat ha-omer* from Pesach by presenting them in a separate literary unit, in their own *parshah petuchah* (*VaYikra* 23:9 ff.)? In view of the fact that they are to be performed during the week of Pesach, shouldn't they have been included within the *parshah* of Pesach (*Vayikra* 23:4–8)?

In order to address these two questions, we must first explore Chazal's distinction between two types of *Hallel:*

<u>שבת קיח:</u>
אמר רבי יוסי: יהא חלקי מגומרי הלל בכל יום.
איני? והאמר מר: הקורא הלל בכל יום הרי זה מחרף ומגדף.
כי קאמרינן בפסוקי דזמרא.

<u>רש"י</u>
<u>הרי זה מחרף ומגדף</u> – שנביאים הראשונים תיקנו לומר בפרקים לשבח והודיה, כדאמרינן בערבי פסחים;[26] וזה – הקורא תמיד בלא עתה – אינו אלא כמזמר שיר ומתלוצץ.
<u>פסוקי דזמרא</u> – שני מזמורים של הילולים: הללו את ה' מן השמים, הללו קל בקדשו.

---

[26] *Pesachim* 117a:

תנו רבנן: הלל זה מי אמרו? ...וחכמים אומרים: נביאים שביניהן תיקנו להם לישראל שיהו אומרים אותו על כל פרק ופרק ועל כל צרה וצרה שלא תבא עליהם לישראל, ולכשנגאלין אומרים אותו על גאולתן.

Pesukei d'Zimra is thus a form of *Hallel* that should be recited daily. However, that *Hallel* which the early *Nevi'im* instituted to be recited only on certain occasions should *not* be recited daily. Chazal characterize this latter *Hallel* as *Hallel ha-Mitzri*,[27] in view of its pivotal chapter, *Be-tzeit Yisrael mi-Mitzrayim*,[28] in order to distinguish it from *Hallel ha-Gadol*.[29]

Why this difference between *Pesukei d'Zimra* and *Hallel ha-Mitzri*? After all, both are designated as *Hallel*. The answer is: *Hallel ha-Mitzri* praises the *Ribbono shel Olam* for His performance of *nissim ve-nifla'ot* on our behalf, for His supernatural disruption of the natural order for our benefit. On those occasions in history, it was easy to feel the presence of *Hakadosh Baruch Hu*. Chazal expressed this hyperbolically in their characterization of the experience of *keri'at yam suf*:

<u>מכילתא, פרשת השירה, פרשה ג</u>

<u>זה קלי ואנוהו</u>. רבי אליעזר אומר: מנין אתה אומר שראתה שפחה על הים מה שלא ראה יחזקאל וכל שאר הנביאים?...

Frequent recitation of this *Hallel* would condition us to look for God only in supernatural events. In the worldview of Chazal, however, the *Ribbono shel Olam* abrogates reluctantly the natural law that He ordained. In strikingly anthropomorphic terms the Midrash portrays *Hakadosh Baruch Hu* compromising Himself, defiling Himself, in order to implement the miraculous deliverance of the Jews from Egypt.

<u>שמות – פרק יב</u>

(א) ויאמר ה' אל משה ואל אהרן בארץ מצרים לאמר.

---

27 See *Berachot* 56a, and Rashi *a.l.*:

"...אמר ליה אקריון הללא מצראה בחלמא." [<u>רש"י</u>: "הללא מצראה" – הלל שאנו קורין בפסח; לפי שיש הלל אחר הקרוי הלל הגדול, קורין לזה הלל המצרי.]

28 *Tehillim* 114. See *Pesachim* 118a:

וכי מאחר דאיכא הלל הגדול, אנן מאי טעמא אמרינן האי? משום שיש בו חמשה דברים הללו: יציאת מצרים וקריעת ים סוף ומתן תורה ותחיית המתים וחבלו של משיח. יציאת מצרים דכתיב "בצאת ישראל ממצרים", וקריעת ים סוף דכתיב "הים ראה וינס", מתן תורה דכתיב "ההרים רקדו כאילים"...

For the Rav's analysis of the respective themes within *Hallel ha-Mitzri,* see Chapter 2.

29 I.*e.*, *Tehillim* 136. See *Pesachim* 118a:

תנו רבנן: רביעי גומר עליו את ההלל ואומר הלל הגדול... מהיכן הלל הגדול? ...ולמה נקרא שמו הלל הגדול?...

(ב) החדש הזה לכם ראש חדשים...

<u>שמות רבה – פרשה טו, פסקה ה</u>

"בארץ מצרים" – למה אינו אומר "במצרים"? א"ר חנינא: אמר הקב"ה – כתיב בתורה "בחוץ תעמוד" (דברים כד:יא); אף אני אעשה כך, בארץ מצרים ולא במצרים. וכן אמר משה "כצאתי את העיר." אמר רבי שמעון: גדולה חיבתן של ישראל שנגלה הקב"ה במקום עבודת כוכבים ובמקום טנופת ובמקום טומאה בשביל לגאלן; משל לכהן שנפלה תרומתו לבית הקברות, אומר: מה אעשה? לטמא את עצמי אי אפשר ולהניח תרומתי אי אפשר; מוטב לי לטמא את עצמי פעם אחת, וחוזר ומטהר, ולא אאבד את תרומתי. כך אבותינו היו תרומתו של הקב"ה, שנאמר "קדש ישראל לה' וגו'" (ירמיה ב:ג); היו בין הקברות שנאמר "כי אין בית אשר אין שם מת" (שמות יב:ל), ואומר "ומצרים מקברים" (במדבר לג:ד). אמר הקב"ה: היאך אני גואלן? להניחן אי אפשר; מוטב לירד ולהצילן שנאמר "וארד להצילו מיד מצרים" (שמות ג:ח). כשהוציא, קרא לאהרן וטהר אותו – שנאמר "וכפר את מקדש הקדש" (ויקרא טז:לג); "וכפר על הקדש" (שם טז:טז).

"*Va-eireid le-hatzilo*" thus suggests that God contaminated Himself, defiled Himself, by "descending" to save the Jews, by compromising His principles and interfering in the natural order.

Not only God is compromised when he overturns the laws of nature. The people for whom He performs miracles are also compromised. Thus:

<u>שבת נג:</u>

תנו רבנן: מעשה באחד שמתה אשתו והניחה בן לינק ולא היה לו שכר מניקה ליתן, ונעשה לו נס ונפתחו לו דדין כשני דדי אשה והניק את בנו. אמר רב יוסף: בא וראה כמה גדול אדם זה שנעשה לו נס כזה. אמר ליה אביי: אדרבה <u>כמה גרוע אדם זה שנשתנו לו סדרי בראשית</u>. אמר רב יהודה: בא וראה כמה קשים מזונותיו של אדם שנשתנו עליו סדרי בראשית; אמר רב נחמן: תדע דמתרחיש ניסא ולא אברו מזוני.

<u>רש"י</u>

<u>שנשתנו עליו כו'</u> – ולא זכה ליפתח לו שערי שכר.

<u>תדע</u> – דקשין.

<u>דמרחשי ניסא</u> – מן השמים לכמה הצלות לנפשות אדם.

<u>ולא איברו מזוני</u> – ואין נס זה רגיל שיבראו מזונות לצדיקים בביתם, שימצאו חיטין גדילין באוצרותיהן.

We can now understand the Gemara's strong condemnation of one who recites *Hallel ha-Mitzri* daily:

(שבת קיח:) – : הקורא הלל בכל יום הרי זה מחרף ומגדף.

It is considered blasphemous to convey the impression that one can perceive the *Ribbono shel Olam* only through miracles, only when He acts contrary to the established cosmic order.

On the other hand, one should recite *Pesukei d'Zimra* daily because these *pesukim* emphasize God's revelation to us through natural law, through the daily sunrise and sunset, through the sustenance that He provides daily for all creatures, etc. The following representative survey of *Pesukei d'Zimra* highlights the contrast of this perspective with that of *Hallel ha-Mitzri*.

תהלים – קמה: יד-טז
סומך ה' לכל הנפלים וזוקף לכל הכפופים. עיני כל אליך ישברו ואתה נותן להם את אכלם בעתו. פותח את ידך ומשביע לכל חי רצון.

תהלים – קמו: ו-ח
עושה שמים וארץ את הים ואת כל אשר בם השמר אמת לעולם. עושה משפט לעשוקים נתן לחם לרעבים.

תהלים – קמז: ד-ט
מונה מספר לכוכבים לכלם שמות יקרא...
המכסה שמים בעבים המכין לארץ מטר המצמיח הרים חציר. נותן לבהמה לחמה לבני ערב אשר יקראו.

תהלים – קמח: ג-י
הללוהו שמש וירח הללוהו כל כוכבי אור. הללוהו שמי השמים והמים אשר מעל השמים. ... ויעמידם לעד לעולם חק נתן ולא יעבור... אש וברד שלג וקיטור רוח סערה עשה דברו. ההרים וכל גבעות עץ פרי וכל ארזים. החיה וכל בהמה רמש וצפור כנף.

E.

Pesach and Shabbat symbolize, respectively, these two types of *Hallel*. Pesach symbolizes cosmic *disorder*, cosmic *chaos*, abrogation by *Hakadosh*

Baruch Hu of the laws of nature. Shabbat, on the other hand, represents cosmic *order*, a lawful world, a predictable world.

There is a beautiful midrashic portrayal of the *Ribbono shel Olam* celebrating the completion of the construction of His "home":

מדרש תנחומא – פרשת בראשית – ב:ב
שאילתא: דמחייבין בית ישראל למינח ביומא דשבתא דכד ברייה הקדוש ברוך הוא לעלמיה ברייה בשיתא יומין ונח ביומא דשבתא ברכיה וקדשיה כמאן דבנא ביתא וגמר לעבידתיה ועביד יומא טבא כך אמרי אינשי כילול בתי דכתיב "ויכל אלקים ביום השביעי" ואומר רחמנא נוחו ביומא דשבתא כי היכי דנחי ביה אנא דכתיב "וינח ביום השביעי על כן ברך ה' וגו' ".[30]

When an architect dedicates a newly constructed home, it is the orderliness of the design that is celebrated. Shabbat thus celebrates the world of causality, not a world of miracles. We do *not* recite *Hallel ha-Mitzri* on Shabbat, but we *do* recite additional *Pesukei d'Zimra.*

Consider the following *mizmor:*

תהלים – פרק צב
(א) מזמור שיר ליום השבת.
(ב) טוב להדות לה', ולזמר לשמך עליון.
(ג) להגיד בבקר חסדך, ואמונתך בלילות.
(ד) עלי עשור ועלי נבל, עלי הגיון בכנור.
(ה) כי שמחתני ה' בפעלך, במעשי ידיך ארנן.
(ו) מה גדלו מעשיך ה', מאד עמקו מחשבותיך.
(ז) איש בער לא ידע, וכסיל לא יבין את זאת.
(ח) בפרוח רשעים כמו עשב, ויציצו כל פעלי און – להשמדם עדי עד.
(ט) ואתה מרום לעלם ה'.
(י) כי הנה איביך ה', כי הנה איביך יאבדו, יתפרדו כל פעלי און.
(יא) ותרם כראים קרני, בלתי בשמן רענן.
(יב) ותבט עיני בשורי, בקמים עלי מרעים תשמענה אזני.

---

[30] The Rav noted that this formulation is also preserved, with minor variations, in the first of Rav Acha'i Gaon's *She'iltot.* The Rav also quoted, by way of concretizing further the midrashic imagery, the phrase from *Yishayahu* 66:1: השמים כסאי והארץ הדום רגלי.

(יג) צדיק כתמר יפרח, כארז בלבנון ישגה.

(יד) שתולים בבית ה', בחצרות אלהינו יפריחו.

(טו) עוד ינובון בשיבה, דשנים ורעננים יהיו.

(טז) להגיד כי ישר ה', צורי ולא עולתה בו.

In *pesukim* 2–4, *David HaMelech* states that it is appropriate to praise *Hakadosh Baruch Hu*. Why? *Pasuk* 5 provides the reason: for *pha'alecha* and for *ma'asei yadecha*. These refer to the orderly world as we perceive it daily. *David HaMelech* then acknowledges in *pesukim* 6–7 that it is, in fact, more difficult to find God within the laws of nature than it is to find Him in *keri'at yam suf*, for example.

Ish ba'ar – a man who is devoid of understanding; a superficial, insensitive man – will not perceive divinity in *pha'alecha* and *ma'asei yadecha*. *U-chesil* – man, in his limited intelligence – cannot comprehend issues of theodicy, such as those described in *pasuk* 8. Only Yechezke'el *ha-Navi* was able to find God even in extreme adversity:

יחזקאל פרק א

(א) ויהי בשלשים שנה ברביעי בחמשה לחדש, ואני בתוך הגולה על נהר כבר, נפתחו השמים ואראה מראות אלקים.

(ד) וארא, והנה רוח סערה באה מן הצפון ענן גדול ואש מתלקחת....

In exile, dislocated, with hurricane winds blowing from the north, and in the midst of destructive fire, Yechezke'el nonetheless felt that the heavens were opening to allow him a glimpse of a divine vision. This ability to perceive God from the perspective of natural adversity is beyond the reach of many people. This is the challenge of *ve-emunatcha ba-leilot* (*pasuk* 5). It is much easier to feel God's immanence during His performance of a miracle (*le-hagid ba-boker chasdecha* [*pasuk* 5]). This is what Chazal meant to communicate when they said:

מכילתא, פ' בשלח, פרשת השירה – פרשה ג

זה קלי ואנוהו. רבי אליעזר אומר: מנין אתה אומר שראתה שפחה על הים מה שלא ראה יחזקאל ושאר נביאים....[31]

---

[31] Cf. Rashi on *Shemot* 15:2:

זה קלי – בכבודו נגלה עליהם והיו מראין אותו באצבע; ראתה שפחה על הים מה שלא ראו נביאים.

The maidservant, after all, was not superior to Yechezke'el. However, she perceived *Hakadosh Baruch Hu* in circumstances that were much more conducive to such a realization. Those circumstances are associated with Pesach, and form the backdrop for our recitation of *Hallel ha-Mitzri*. Yechezke'el's circumstances, on the other hand, his ability to experience the presence of *Hakadosh Baruch Hu* even as he confronted the dismaying reality of בפרוח רשעים כמו עשב ויציצו כל פועלי און, are associated with Shabbat, and form the backdrop for our recitation of *Pesukei d'Zimra*.

The challenge we face daily is to find God in everyday experiences. That is the prime purpose of the *Halachah*, to help us find the *Ribbono shel Olam* in small details, in routine activities. The atheist or the agnostic is incapable of this. That is why Chazal characterize *resha'im* as "dead."

ברכות יח:

"והמתים אינם יודעים מאומה" (קהלת ט:ה) – אלו רשעים שבחייהן קרויין מתים....

The *rasha* is insensitive, unresponsive. He sees the sun rise, but he does not respond with enthusiasm to that greatest of miracles. *These* are the miracles for which we praise God when we recite *Pesukei d'Zimra* daily.

It is noteworthy that in our *Shemonah Esrei*, amongst the many requests that we articulate, we do not ask for any supernatural help. Even the phrase that expresses gratitude for על נסיך שבכל יום עמנו ועל נפלאותיך וטובותיך שבכל עת, does not refer to miracles in the conventional sense. It refers to life itself, the greatest of all miracles.[32]

Shabbat, then, is our celebration of the orderliness of creation through which God reveals Himself to the intelligent eye and to the sensitive mind. The term *shavu'a* is synonymous with Shabbat; both refer to a week. Hence a *shtar* is dated *be-echad be-Shabbat*, *be-sheini be-Shabbat*, etc. The daily *mizmor*, which had been chanted by the *Levi'im* in the *beit ha-mikdash*, is introduced by *ha-yom yom shelishi ba-Shabbat*, *chamishi ba-Shabbat*, etc.

---

[32] Indeed, the juxtaposition of *nisecha* and *nifle'otecha* with *she-be-chol yom* and *she-be-chol eit*, respectively, would constitute an oxymoron were the two nouns to be understood in a supernatural, miraculous, sense.

The relationship of Shabbat to the *Yamim Tovim*, of cosmic order to cosmic disorder, of *Pesukei d'Zimra* to *Hallel ha-Mitzri*, is further reflected in *parshat Emor.*

<u>ויקרא – פרק כג</u>

(א) וידבר ה' אל משה לאמר.

(ב) דבר אל בני ישראל ואמרת אלהם: מועדי ה' אשר תקראו אתם מקראי קדש, אלה הם מועדי.

(ג) ששת ימים תעשה מלאכה וביום השביעי שבת שבתון מקרא קדש כל מלאכה לא תעשו שבת הוא לה' בכל מושבתיכם.

(ד) אלה מועדי ה' מקראי קדש אשר תקראו אתם במועדם.

(ה) בחדש הראשון בארבעה עשר לחדש בין הערבים פסח לה'.

(ו) ובחמשה עשר יום לחדש הזה חג המצות לה', שבעת ימים מצות תאכלו.

The list of *mo'adim* begins, surprisingly, with Shabbat. It is, in fact, the premier *mo'ed.* Its *kedushah* transcends that of any other *mo'ed*, including *Yom ha-Kippurim.* That is why seven people are called to the Torah on Shabbat, whereas on *Yom ha-Kippurim* only six are called. Shabbat is the festival of creation, of *mizmor shir le-yom ha-Shabbat.*

Pasuk 5 proceeds to the fourteenth of Nisan, to the *korban Pesach.* It commemorates the miracle which God performed by "passing over" the Jewish first-born. *Pasuk* 6 then continues with *Chag ha-Matzot*, again a celebration of the miraculous.

In fact, throughout the forty years in the desert the Jews were governed by *hanhagah nisit*, by divine providence acting through miracles. Moshe describes this in a very picturesque manner:

שמלתך לא בלתה מעליך ורגלך לא בצקה זה ארבעים שנה (דברים ח:ד).

But this was never intended to last forever; it was necessary only during the transitional phase. But the time would soon come in which *hanhagah nisit* would be superseded by the much-preferred *hanhagah tiv'it.* After referring to the commemoration of the *korban Pesach* and the celebration of *Chag ha-Matzot*, the Torah begins a new literary unit, a new *parshah petuchah*, with:

<u>ויקרא – פרק כג</u>

(ט) וידבר ה' אל משה לאמר.

(י) דבר אל בני ישראל ואמרת אלהם: כי תבואו אל הארץ אשר אני נתן לכם וקצרתם את קצירה...

Food will no longer be provided miraculously. You will have to till the ground, to irrigate and fertilize it; only then will you be able to reap the harvest. This will not be a supernatural order; rather, you will live under natural order. Nonetheless, you should continue to experience God within His *hanhagah tiv'it* as you will have done within His *hanhagah nisit*. To express this, you will be required:

שם

(י) ...והבאתם את עמר ראשית קצירכם אל הכהן.

(יא) והניף את העמר לפני ה', לרצנכם, ממחרת השבת יניפנו הכהן.

By offering the very beginning of your harvest to the *kohein*, you will demonstrate your awareness that it does not belong to you. The *kohein* will then raise it and wave it before God to express your conviction that it belongs to God, that it is yours only by virtue of God's benevolence and magnanimity, no less than the miraculous manna in the desert had been. The *omer* will thus constitute evidence that you have found God in nature, in the orderly cosmos, in the daily agricultural regimen of a farmer.

This ceremony will be meaningful only *lirtzonchem*, if you desire it, if you are predisposed to discover God in tilling the soil and reaping the harvest. He who seeks God earnestly is vouchsafed success:

ובקשתם משם את ה' אלקיך – ומצאת (דברים ד:כט) .

The one stipulation is: כי תדרשנו בכל לבבך ובכל נפשך. This is the commitment suggested by *lirtzonchem*.

This is why the Torah did not say *mi-mochorat he-chag*. That might have suggested that Bnei Yisrael will live in Eretz Yisrael as an extension of the *hanhagah nisit* commemorated by the *chag*. Rather, the Torah used the admittedly ambiguous *mi-mochorat ha-Shabbat* to indicate that they would now be living by the laws of nature that are celebrated by our observance of the weekly Shabbat.

We begin by celebrating on the fourteenth of Nisan (*korban Pesach*), and then proceed to celebrate on the fifteenth (*Chag ha-Matzot*). However, already on the sixteenth of Nisan we begin to re-orient our perspective away from *hanhagah nisit* toward *hanhagah tiv'it*.

ויקרא – פרק כג

(טו) וספרתם לכם ממחרת השבת מיום הביאכם את עמר התנופה שבע שבתות תמימת תהיינה.

(טז) עד ממחרת השבת השביעת תספרו חמשים יום והקרבתם מנחה חדשה לה'.

The phrase *sheva shabbatot temimot* is meant to emphasize that we are now to live within the natural world, not in a world of *nissim*. The holiday is therefore called *Chag Shavu'ot*, the holiday of the natural weeks. It is, for us, *chag matan Torah* because the purpose of the Torah is to help us live within the natural world, and to find God within that world.

והקרבתם מנחה חדשה לה'.

The offering on Shavu'ot is characterized as a *minchah chadashah* because it represents a new idea. The *korban musaf* on Pesach represents the miraculous deliverance from Egypt. The *shtei ha-lechem* constitute a *minchah chadashah*, a new approach to finding God.

One last point. The *omer* on the second day of Pesach is of barley. The *shtei ha-lechem* are of wheat. This symbolizes a progression. Chazal considered barley to be *ma'achal beheimah*, animal feed.[33] Man should, first of all, find God in that which he shares in common with animals, his body. The *berachah* of *asher yatzar et ha-adam be-chochmah* does not speak of man as the being with superior intelligence, as the pinnacle of creation. It speaks, rather, of man as a biological organism no different from the brutish beast. So we begin the progression away from Nisan's celebration of miracles by focusing on the physiology of the human body as a window into awareness of God.

After forty-nine days, seven natural weeks, we have reinforced our conviction that God can, and must, be found within the natural physical world. We are now ready to express our conviction that man is more than an animal, a beast. He is also a spiritual personality. The symbol of human intelligence, of that aspect of man through which he transcends his animal

---

[33] See, *e.g.*,

משנה סוטה יד. – כשם שמעשיה מעשה בהמה כך קרבנה מאכל בהמה.

רש"י על במדבר ה:טו – "שעורים" – ולא חטים; (סוטה יב) היא עשתה מעשה בהמה, וקרבנה מאכל בהמה.

nature, is wheat, *chittah*. According to one opinion in Chazal, the *eitz ha-da'at* was actually wheat:

סנהדרין ע. – ע:

דתניא – רבי מאיר אומר: אותו אילן שאכל אדם הראשון ממנו גפן היה....
רבי יהודה אומר: חטה היה – שאין התינוק יודע לקרוא אבא ואימא עד שיטעום טעם דגן.
רבי נחמיה אומר: תאנה היה....

If the barley on Pesach symbolizes man's ability to find God through the "natural miracle" of human physiology, the wheat on Shavu'ot symbolizes man's ability to find God through the "natural miracle" of his cognitive faculties.

During the seven weeks from Pesach to Shavu'ot we progress from *mimochorat ha-Shabbat* as *we* (in contradistinction to the Tzadukim) understand it, from the day after we celebrate *hanhagah nisit*, and begin immediately the transition to *hanhagah tiv'it* by celebrating the natural harvest, to the *minchah chadashah*, to the celebration of the Torah which teaches us to use our intelligence in order to find God in the mundane and in the ordinary.

Excursus I[34]

MEGILLAT TA'ANIT (literally: "Scroll of Fasting"), a list of 36 days on which there were significant victories and happy events in the history of the Jews during the Second Commonwealth, as a result of which Chazal forbade fasting on them, as well as, in some cases, the delivery of memorial addresses for the dead *(hespedim)*. The title should therefore be taken as meaning "The Scroll of (the Days of Prohibited) Fasting."

The work received its present form close to the time of the destruction of the Second Temple or at the latest during the Bar Kochba era. It is written in Aramaic and with extreme brevity. According to a tannaitic source (*Shabbat* 13b) it was compiled by "Chananyah b. Chizkiyah (b. Garon) and his company," but the appendix to the *megillah* gives the author

---

[34] The following information on *Megillat Ta'anit*, the Sadducees, the Boethusians and the Pharisees was adapted from the *Encyclopedia Judaica* entries by those names.

as Eliezer, the son of this Chananyah, one of the leading rebels against the Romans (Josephus, *Wars*, 2:409).

The thirty-six memorial days were observed until the third century, but later "*Megillat Ta'anit* was rescinded" (*Rosh HaShanah* 18b; *Yerushalmi Ta'anit* 2:13).

For a comprehensive treatment of this intriguing document, see Vered Noam, *Megillat Ta'anit* (Jerusalem, 2003).

Excursus II

SADDUCEES – sect of the latter half of the Second Commonwealth period, formed about 200 B.C.E. Active in political and economic life, the Sadducean party was composed largely of the wealthier elements of the population – priests, merchants, and aristocrats. They dominated the Beit HaMikdash worship and its rites, and many of them were members of the *Sanhedrin*.

According to a talmudic tradition (*Avot deRabi Natan*, chapter 5[35]), the name derives from Zadok, a disciple of Antigonus of Sokho who, misunderstanding his teacher's maxim, denied afterlife and resurrection and formed a sect in accordance with those views. An alternative explanation of the name is that it is derived from Zadok, the *kohein gadol* in the days of David (*Shemuel Bet* 8:17 and 15:24) and Solomon (cf. *Melachim Aleph* 1:34ff. and *Divrei Hayamim Aleph*. 12:29). Yechezke'el (40:46, 43:19 and 44:10–15) selected this family as worthy of being entrusted with the control of the

---

[35] אבות דרבי נתן פרק חמישי

(א) אנטיגנוס איש סוכו קבל משמעון הצדיק הוא היה אומר אל תהיו כעבדים המשמשים את הרב על מנת לקבל פרס אלא היו כעבדים המשמשים את הרב שלא על מנת לקבל פרס ויהי מורא שמים עליכם כדי שיהיה שכרכם כפול לעתיד לבא.

(ב) אנטיגנוס איש סוכו היו לו שני תלמידים שהיו שונין בדבריו והיו שונים לתלמידים ותלמידים לתלמידיהם עמדו ודקדקו אחריהן ואמרו מה ראו אבותינו לומר [דבר זה] אפשר שיעשה פועל מלאכה כל היום ולא יטול שכרו ערבית אלא אילו היו יודעין אבותינו שיש עולם [אחר] ויש תחיית המתים לא היו אומרים כך. עמדו ופירשו מן התורה ונפרצו מהם שתי פרצות צדוקין וביתוסין צדוקים על שום צדוק ביתוסין על שום ביתוס. והיו משתמשין בכלי כסף וכלי זהב כל ימיהם שלא היתה דעתן גסה עליהם אלא צדוקים אומרים מסורת הוא ביד פרושים שהן מצערין עצמן בעוה"ז ובעוה"ב אין להם כלום.

Beit HaMikdash. Descendants of this family constituted the Temple hierarchy down to the second century B.C.E., though not all *kohanim* were Sadducees. Hence the name "Sadducees" may best be taken to mean anyone who is a sympathizer with the Zadokites, the priestly descendants of Zadok.

The main difference between the Pharisees and the Sadducees concerned their attitudes toward the Torah. Both parties acknowledged the supremacy of the Torah. However, the Pharisees assigned to the Oral Law a place of authority side by side with the written Torah, and determined its interpretation accordingly, whereas the Sadducees refused to accept any precept as binding unless it was based directly on the Torah.

BOETHUSIANS – a religious and political sect that existed during the century preceding the destruction of the Second Temple. According to rabbinic tradition the Boethusians and the Sadducees were named after two disciples of Antigonus of Sokho, Zadok and Boethus. They misinterpreted the maxim of their teacher, "Be not like servants who serve their master in order to receive a reward"[36] as meaning that there was no reward for good works, and thus they denied the doctrine of resurrection and the world to come. They thereupon established the two sects named after them (*Avot deRabi Natan*, chapter 5).

PHARISEES – The meaning of the term "Perushim (Pharisees)" is equally uncertain. It is generally believed that the name derives from the Hebrew root, *parash* ("to be separated"). Perushim would thus mean "the separated ones" or the "separatists" (see *Kiddushin* 66a where this meaning is clearly implied). The object of this separation is not clear. According to some, they "set themselves apart," avoiding contact with other Jews for reasons of ritual purity. Alternatively, they "separated themselves" from the heathens and/or from the heathenizing tendencies and forces in their own nation. Still others see the designation in terms of their opposition to, and separation from, the Tzadukim.

---

[36] See Mishnah *Avot* 1:2.

Excursus III

The nature of this alleged "victory" (see n. 9 above) continues to elude historians. Did the Perushim actually convince the Tzadukim by logical/exegetical argument, or did they manage to outvote them in the Sanhedrin?

It is highly unlikely, in view of the cogency and the tenacity of the Tzadukim's arguments, that the Perushim ever convinced them to finally abandon their position. It is possible that at certain junctures in the ongoing debate the Perushim won specific "battles." They could not have won "the war," however; the Karaites later revived the same arguments that the Tzadukim had advanced.

It is very likely, on the other hand, that the Perushim were able to gain enough votes in the Sanhedrin during certain periods to outvote the Tzadukim. However, we do not know how often, if at all, issues were revisited and votes were retaken. We cannot really envision the reality of this protracted debate and its implications.

During the talmudic period, *scholia* (written in mishnaic Hebrew and based upon the Hebrew original of *I Maccabees*, the talmudic literature, and various oral traditions unknown from any other source) were added to *Megillat Ta'anit*. These stand in relation to the original text of *Megillat Ta'anit* the way the Gemara stands in relation to the Mishnah.[37] Five of the thirty-six dates commemorate, according to these *scholia*, victories of the Perushim over the Tzadukim. The first and fourth are formulated, respectively, as follows (the text of *Megillat Ta'anit* is underlined; the text of the *scholium* is not):

<u>מן ריש ירחא דניסן עד תמניא ביה אתוקם תמידא</u>...שהיו בייסוסים אומרים...אמרו להם חכמים... וכשגברו עליהם ונצחום...

<u>בעשרין וארבעה ביה [באב] תבנא לדיננא</u>...שהיו הצדוקים דנין בדיניהם...יום שנצחום...

---

[37] See R. Adin Steinsaltz, ed., *Talmud Bavli*, Vol. 11 (Jerusalem, 1983). He published (after *Massechet Ta'anit*) the full text of *Megillat Ta'anit* with these *scholia*, divided by the months of the year. The following citations are from this edition.

The fifth date is presented in the following manner:

בעשרין ותמניא לטבת יתיבת כנישתא על דינא. מפני שהיו הצדוקים יושבין
בסנהדרין...אמר להם שמעון בן שטח... והעמיד שמעון בן שטח אחד מן התלמידים
והושיבו במקומו...וכך עשה להם בכל יום ויום עד שנסתלקו כולם וישבה סנהדרין של
ישראל. יום שנסתלקה סנהדרין של צדוקים וישבה סנהדרין של ישראל עשאוהו יום טוב.

The sources thus suggest that there was a struggle for seats (*i.e.,* votes) in the Sanhedrin. At some point, or points, the Perushim were able to outvote the Tzadukim and, in this manner, to achieve a "victory" over them.

Finally, it is noteworthy that there is no record of dissension in practice during the period of *bayit sheni*. It seems that the *ketzirat ha-omer* was always done on the second night of Pesach (and not on the first *motza'ei Shabbat* after the onset of Pesach) and that Shavu'ot (with the *hakravat shtei ha-lechem*) was always observed on the fiftieth day after the sixteenth of Nisan.

For more about the Perushim, Tzadukim and Baitusim see *Ha-Intziklopedia Ha-Ivrit*, Vol. 28 (Jerusalem, 1976), 171–74.

Excursus IV

The Rav does not discuss the second objection of the Ramban (see n. 13 above), which is an even greater *reductio ad absurdum*. The plain sense of *Vayikra* 23:10–11, argues the Ramban, is that this directive to offer the *omer* and to start the seven-week count after the first Shabbat of the harvest season is limited to the initial year of the arrival of B'nai Yisrael in Eretz Yisrael. Only following *ki tavo'u el ha-aretz* should the process be initiated *mi-mochorat ha-Shabbat*. Thus, although we don't have a particular calendar date, we have at least a specific day of the week to serve as a focal point. In subsequent years, argues the Ramban, we don't even have a specific day of the week. It seems to be entirely open-ended, restricted only by "*mei-hachel chermeish ba-kamah*" (*Devarim* 16:9), by the requirement that the count begin sometime (anytime!) after the beginning of the harvest.

In defense of the Tzadukim, we must remember that the Ramban knew, of course, that the phrase "*ki tavo'u el ha-aretz*" (which appears, *e.g.,* in *Shemot*

12:25, *Vayikra* 25:2 and *Devarim* 26:1) does not limit the subsequent *mitzvah* to the initial year of arrival. It is understood, rather, as an exemption from the *mitzvah* during their years in the desert before their arrival in Eretz Yisrael. Once they will have arrived, however, the *mitzvah* (*korban Pesach, shemittah, bikkurim*) is obligatory in perpetuity.

Furthermore, the Ramban admits that there is a problem with the Perushim's interpretation of the *pesukim*. The term *Shabbat/Shabbatot* has to be translated differently, in two distinct senses: (1) one specific day of the week, and (2) a seven-day period (a full week). In response, the Ramban feels the need to try to interpret the term(s) in a consistent manner by straining to translate "*mi-mochorat ha-Shabbat*" as "the day which follows the (previous) week."

Chapter 9

A Homiletical Exposition of the Introductory *Pesukim* to the *Aseret ha-Dibrot*

In the early 1970's, during the months of May and June, the Rav *zt"l* delivered various *shiurim* in Boston and New York devoted to the holiday of Shavu'ot. Some of them set out to offer a line-by-line analysis of Rashi's comments to the *Aseret ha-Dibrot* in *Parshat Yitro*. Due to the Rav's wideranging and multi-tiered discussions of each passage in Rashi, he would usually have to stop after having analyzed just two *pesukim*. This was the case in 1970, 1972[1] and 1973. One *shiur*, in June 1973, was devoted exclusively to *pesukim* 3–5 (the second *dibrah*). In the course of his explanations of the first few *pesukim* in Chapter 20, the Rav often commented on some of the *pesukim* in Chapter 19 as well.

There is great similarity between these *shiurim*, and the Rav presented many of the same insights during more than one of them, albeit with nuanced differences. We are thus in the privileged position to be able to gain a window into the Rav's thoughts during those years of his life about these *pesukim*.

---

[1] B. David Schreiber presented the substance of one of the tapes in *Nor'ot ha-Rav*, Vol. 5 (New York, 1997), pp. 1–58. In conversations with him and with Rabbi Milton Nordlicht (who supplied him with the tape) it became clear to us that the dating of this *shiur* is indeterminate. It was delivered in May of either 1970 or 1972.

Schreiber presented the substance of an earlier *shiur* (Sivan, 1969) on the *Aseret ha-Dibrot* in a later volume of *Nor'ot ha-Rav*; see Vol. 12 (New York, 2000), pp. 107–34. Most of that *shiur* develops themes that are not addressed in our reconstruction; I drew only on pp. 107–09, 133–34.

The other tapes have not yet, to my knowledge, been made available to the public. I have also drawn on my personal, extensive, notes on three *shiurim* that the Rav delivered in Boston on three consecutive *motza'ei Shabbatot* (on June 6, 13, and 20, 1970). The correspondence of my notes to the reconstruction of these *shiurim* printed in J. Epstein, *Shiurei HaRav* (Hoboken, 1994), 111–17, is reassuring.

We shall advance clause-by-clause through the text of Rashi as the Rav did in each *shiur*, integrating his comments from tapes of the respective *shiurim* as we proceed. Whenever appropriate, we shall quote the Rav's formulations (from the tapes) verbatim, indicating these by quotation marks. Supplemental sources or comments that were not part of the Rav's presentations have been relegated to the footnotes.

One *shiur* focused exclusively on the first half of 19:6 –

ואתם תהיו לי ממלכת כהנים וגוי קדוש.

This *shiur* was delivered on *Motza'ei Shabbat Parshat Bamidbar*, Rosh Chodesh Sivan – May 10, 1975 – in the Talner Beis Midrash in Brookline, Massachusetts. It was formulated as a tribute to the Rav's *mechutan*, Reb Meshullam Zusha Twersky *zt"l*, whose third *hillula* had just been celebrated on Wednesday, 26 Iyyar.[2] As in Chapter Four, I have only my own notes of this *shiur* upon which to draw.

Chapter Nine will be devoted to the Rav's exposition of *Shemot* 19: 3–24 and 20:1, the introduction to the *Aseret ha-Dibrot*. Chapter Ten will focus on *Shemot* 20:2–5, the first two *dibrot*. Chapter Eleven will provide supplementary comments to the second *dibrah*, and then proceed to the third and fourth *dibrot*.

I.

A.

The verse "*ve-atem tihiyu li mamlechet kohanim ve-goi kadosh*" (19:6) is usually translated: "And you shall be unto Me a kingdom of priests and a holy nation." *Targum Onkelos* reflects this understanding of the *pasuk* as a two-fold characterization of A*m Yisrael*:

ואתון תהון קדמי: מלכות כהנין, ועם קדיש....

The renditions of the other *targumim* are thus surprising:

---

[2] It is, in a sense, a sequel to "A Eulogy for the Talner Rebbe" that was delivered upon the *sheloshim* of Rabbi M.Z. Twersky in June, 1972. It was printed in J. Epstein, *op.cit.*, pp. 66–81.

תרגום יונתן

ואתון תהון קדמי: מלכין קטירי כלילא, וכהנין משמשין, ועם קדיש...

"You shall be unto Me kings wreathed with crowns, and priests engaged in service, and a holy nation."

תרגום ירושלמי

ואתון תהוון לשמי: מלכין, וכהנין, ואומא קדישא....

"You shall be unto Me kings, and priests, and a holy nation."

They present us with a three-fold characterization.[3] The term *mamlechet* is thus not in the "construct" form (*semichut*), but is rather an independent noun.

In their approach to the *pasuk*, these *targumim* seem to have been determined to separate the priestly cultic function (*avodah* in the *mishkan*, and later in the *beit ha-mikdash*) from a caste of royalty. *Targum Yonatan*, describes the kings graphically as "bound [adorned] with a wreath," and the priests as "ministering."

Rashi, on the other hand, reinterprets *kohanim* as "officers," citing the verse in *Shmuel Aleph*:

ואתם תהיו לי ממלכת כהנים – שרים, כמה דאת אמר (ש"ב ח:יח) "ובני דוד כהנים היו".[4]

What prompted all of these *mefarshim* to circumvent the straightforward sense of the phrase *mamlechet kohanim* as "a kingdom of (ministering) priests"?

---

[3] <u>הכתב והקבלה</u>. <u>ממלכת כהנים</u>. ת"א מלכות כהנין; לדעתו ממלכת נסמך לכהנים, והוא שם מופשט, ופי' ממלכה של כהנים. אמנם יבע"ת מלכין קטירי כלילא וכהנין משמשין; וכן בת"י מלכין וכהנין. לדעתם ממלכת שם נפרד כמו "ממלכת לבת ירושלים" (מיכה ד:ח), והוא כאן שם תאר, כשם מלכות, שהוא פעם שם מופשט כמו "הגעת למלכות" (אסתר ד:יד), ופעם שם תאר כמו "ארבע מלכיות" (דניאל ח:כב), והוא נופל על הממשלה ועל המושל. וישנם לפי זה כאן שלשה עניינים, ויבוא הוי"ו בשלישי כראובן שמעון ולוי.

[4] וכן ברשב"ם: "<u>ממלכת כהנים</u> – שרים, כמו ובני דוד כהנים היו."

B.

The Rav's answer was: They found the two-fold characterization, as understood by Onkelos, to be anomalous. *Am Yisrael* is always portrayed sociologically as comprising three groups: *kohanim*, *levi'im*, and *yisraelim*.[5] Therefore, the *Targum Yonatan* and *Targum Yerushalmi* felt the need to complement the class of *kohanim* with two other groups: the political rulers and the general public. Rashi, on the other hand, seems to have responded to the challenge by reinterpreting *kohanim* and, thereby, obviating the need to retain a tri-partite sociological division.

The Rav approached our pasuk in an original way, by developing two concepts of *kehunah*: a mundane priesthood, and a supernal priesthood. In order to establish a framework for this dichotomy, he adopted the terminology of the *Zohar*.

זוהר ח"א (בראשית), "הקדמת ס' הזהר", ה:

פתח ואמר "את שבתותי תשמרו" (ויקרא יט:ל)...שבתותי – שבת עלאה ושבת תתאה.

The *Zohar* addresses here the intriguing use of the plural *Shabbtotai*. The Torah usually refers to Shabbat in the singular. The answer introduces a two-tiered notion of Shabbat: a *Shabbat ila'ah*, a "Shabbat above," and a *Shabbat tata'ah*, a "Shabbat below." One might also translate the terms as the "elevated Shabbat" and the "lower Shabbat." Or, we might say, the

---

[5] <u>משנה תענית פרק ד</u> – " אלו הן מעמדות. לפי שנאמר (במדבר כח) "צו את בני ישראל ואמרת אלהם את קרבני לחמי" – וכי היאך קרבנו של אדם קרב, והוא אינו עומד על גביו? התקינו נביאים הראשונים עשרים וארבע משמרות. על כל משמר ומשמר היה מעמד בירושלים של כהנים, של לוים, ושל ישראלים...

<u>משנה קידושין פרק ד</u> – "עשרה יוחסין עלו מבבל: כהני, לויי, ישראלי..."

<u>תוספתא סנהדרין ז:א</u> – "אמר רבן שמעון בן גמליאל: בראשונה לא היו חותמים על כתובת נשים כשרות אלא כהנים או לוים או ישראלים המשיאין לכהונה..."

<u>תוספתא, כלים בבא קמא, א:ט</u> – "הכל נכנסים לבנות ולתקן ולהוציא את הטומאה. מצוה בכהנים, אין כהנים נכנסין לוים, אין לוים נכנסים ישראלים..."

<u>מגילה כא</u> – "הני שלשה כנגד מי?... כנגד כהנים לוים וישראלים."

ethereal, or ideal, Shabbat – as envisioned by the *Ribbono shel Olam* – and the real Shabbat – as experienced by flesh-and-blood human beings.[6]

The Rav applied these terms, *tata'ah* and *ila'ah*, to one of the aggadic expositions of a *pasuk* in *Bereishit*.

ויחלם והנה סולם מוצב ארצה וראשו מגיע השמימה והנה מלאכי אלקים עולים ויורדים בו (בראשית כח:יב).

The *mefarshim*, starting with Chazal, try to account for the surprising description of celestial angels "ascending and descending" the ladder. Wouldn't we expect the angels to originate in heaven, and hence to descend before ascending?

One answer is offered in *Chullin* 91b.

"עולין ומסתכלין בדיוקנו של מעלה, ויורדין ומסתכלין בדיוקנו של מטה."

The angels that had accompanied Yaakov thus far, now took advantage of the lull to "take stock of" him. How did his performance in real life measure up against "the ideal Yaakov" *in potentia*? They ascended metaphorically to view the ideal Yaakov, and then returned to look again at the real flesh-and-blood Yaakov.

The Rav suggested that, by adopting the terms of the *Zohar*, we could reformulate the aggadic images as *Yaakov tata'ah* and *Yaakov ila'ah*.[7]

Similarly, Chazal speak of a mundane *mikdash* and a supernal *mikdash*:

---

[6] The Rav, in a one-sentence aside, suggested that the *Shabbat shel matah* refers to the weekly 24-hour Shabbat that we observe, while the *Shabbat shel ma'alah* refers to the eschatological *yom she-kulo Shabbat u-menuchah le-chayyei ha-olamim*.

[7] Again in a one-sentence aside, the Rav commented that this conception of what he termed *adam shel ma'alah* is the cornerstone of our notion of *teshuvah*. The Rav was clearly suggesting that one who engages in the process of *teshuvah* is restoring the integral relationship that should prevail between one's own *adam shel matah* and *adam shel ma'alah*.

A year earlier, in Elul 1974, when discussing this Gemara more extensively in a *shiur* devoted to *teshuvah*, the Rav had employed the terms "ideal man" and "empirical man." See B. David Schreiber, *Nor'ot HaRav*, Vol. 13 (New York, 2000), pp. 119–22.

In the first footnote of *Ish HaHalachah*, the Rav already addresses the dichotomy of the "ideal" person and the "real" person, and the gap that typically separates them.

<u>מדרש תנחומא – ויקהל פרק ז</u>

ר' נתן אומר: חביב הוא מעשה הארון ככסא הכבוד של מעלה שנאמר "מכון לשבתך פעלת ה' מקדש ה' כוננו ידיך" (שמות טו:יז), שמקדש של מעלה מכוון כנגד בית המקדש של מטה.

The Midrash also portrays a mundane Yerushalayim and a supernal Yerushalayim:

<u>מדרש תנחומא – פקודי פרק א</u>

"אלה פקודי המשכן" – זה שאמר הכתוב "כסא כבוד, מרום מראשון, מקום מקדשנו" (ירמיה יז:יב), שם מכוון מקדשנו. וכן הוא אומר "מכון לשבתך פעלת ה' מקדש ה' כוננו ידיך" (שמות טו:יז). וכן אתה מוצא שירושלים מכוונת למעלה כמו ירושלים של מטה; מרוב אהבתה של מטה, עשה אחרת למעלה – שנאמר "הן על כפים חקותיך, חומתיך נגדי תמיד" (ישעיה מט:טו)... וכן אמר דוד: "ירושלים הבנויה כעיר שחוברה לה יחדיו" (תהלים קכב:ג), כלומר כעיר שבנה קה; ותרגם ירושלמי: "דמתבניא ברקיע כקרתא דאתחברת כחדא בארעא." ונשבע ששכינתו לא יכנס בשל מעלה עד שיבנה של מטה.[8]

C.

Against this backdrop of the two-tiered imagery of Shabbat, Yaakov (representing each individual), the *mikdash* and Yerushalayim, the Rav now returned to his point of departure: the two types of *kehunah*. There is a *kehunah tata'ah* and a *kehunah ila'ah*.

Kohanim, in fact, have two distinct functions. Moshe identified them in his final charge to the tribe of Levi:

וללוי אמר: ...יורו משפטיך ליעקב ותורתך לישראל; ישימו קטורה באפך וכליל על מזבחך (דברים לג: ח–יא).

The *kohanim*, who are a sub-set of the tribe of Levi, are charged with (a) teaching Torah to the people, and with (b) performing the rites in the *mikdash*. The latter function was reserved to them alone. The Torah often warns: והזר הקרב יומת.[9] For a non-*kohein* to perform one of the sacrificial rites is deemed a capital offense. To teach Torah, on the other hand, is not

---

[8] עיין תענית ה. ("אמר הקב"ה: לא אבוא בירושלים של מעלה עד שאבוא לירושלים של מטה..."); מדרש תהלים על מזמור קכב, ד"ה "ירושלים הבנויה"; ילקוט שמעוני: הושע רמז תקכח, ותהלים רמז תתעט.

[9] E.g., *Bamidbar* 1:51, 3:10, 3:38, 18:7.

within the exclusive province of the *kohanim.* In fact, historically, most *chachmei ha-mesorah* had not been *kohanim.*

The twenty-four *matnot kehunah* were reserved for the members of the *kehunah de-le-tatah.*[10] However, the *kehunah de-le-eilah* was open to all Jews. The Rav here quoted the well-known formulation of the Rambam:

הלכות שמיטה ויובל – פרק יג

יב) ולמה לא זכה לוי בנחלת ארץ ישראל ובביזתה עם אחיו? מפני שהובדל לעבוד את ה', לשרתו,[11] ולהורות דרכיו הישרים ומשפטיו הצדיקים לרבים; שנאמר "יורו משפטיך ליעקב ותורתך לישראל." לפיכך הובדלו מדרכי העולם: לא עורכין מלחמה כשאר ישראל, ולא נוחלין, ולא זוכין לעצמן בכח גופן; אלא הם חיל ה' שנאמר "ברך ה' חילו" (דברים לג:יב), והוא – ברוך הוא – זוכה להם, שנאמר "אני חלקך ונחלתך" (במדבר יח:כ).[12]

יג) ולא שבט לוי בלבד, אלא כל איש ואיש מכל באי העולם אשר נדבה רוחו אותו, והבינו מדעו, להבדל לעמוד לפני ה' לשרתו ולעובדו, לדעה את ה'; והלך ישר כמו שעשהו האלקים ופרק מעל צווארו עול החשבונות הרבים אשר בקשו בני האדם[13] – הרי זה נתקדש קדש קדשים, ויהיה ה' חלקו ונחלתו לעולם ולעולמי עולמים, ויזכה לו בעולם הזה דבר המספיק לו כמו שזכה לכהנים ללוים. הרי דוד ע"ה אומר: "ה' מנת חלקי וכוסי אתה תומיך גורלי" (תהלים טז:ה).

The *kohanim* were divided into twenty-four *mishmarot.* Each *mishmar* was then sub-divided into seven *batei av*, one for each day of the week. Each *beit av* was thus on call one day every twenty-fourth week. Each *kohein*, therefore, served in the *mikdash* two days a year. What did they do all year? The answer is: they were responsible to teach Torah to the nation. This is indicated in *Devarim* 33:11, quoted above, as well as in *Devarim* 21:5:

ונגשו הכהנים בני לוי, כי בם בחר ה' אלקיך לשרתו ולברך בשם ה'; ועל פיהם יהיה כל ריב וכל נגע.

---

[10] "וידבר ה' אל אהרן: ואני הנה נתתי לך את משמרת תרומתי לכל קדשי בני ישראל לך נתתים למשחה ולבניך לחק עולם" (במדבר יח:ח).

[11] "בעת ההוא הבדיל ה' את שבט הלוי לשאת את ארון ברית ה' לעמד לפני ה' לשרתו ולברך בשמו עד היום הזה. על כן לא היה ללוי חלק ונחלה עם אחיו; ה' הוא נחלתו כאשר דבר ה' אלקיך לו" (דברים י: ח-ט).

[12] "ויאמר ה' אל אהרן: בארצם לא תנחל וחלק לא יהיה לך בתוכם; אני חלקך ונחלתך בתוך בני ישראל."

[13] "לבד ראה זה מצאתי – אשר עשה האלקים את האדם ישר, והמה בקשו חשבנות רבים" (קהלת ז:כט).

Yechezke'el (44:23–24) also portrays the *kohanim* as the Torah authorities in the community:

ואת עמי יורו בין קדש לחל ובין טמא לטהור יודיעום. ועל ריב המה יעמדו למשפט, במשפטי ישפטוהו; ואת תורותי ואת חקותי בכל מועדי ישמורו, ואת שבתותי יקדשו.

These sources all point to the *kohanim* as the guardians of Torah and as its teachers. Throughout history, however, this responsibility was discharged mostly by non-*kohanim*.

The Rav cited the following incident, reported in *Yoma* 71b, as dramatic evidence of the decline in Torah scholarship within the *kehunah gedolah* already during the first century BCE.

תנו רבנן: מעשה בכהן גדול אחד שיצא מבית המקדש והוו אזלי כולי עלמא בתריה. כיון דחזיונהו לשמעיה ואבטליון שבקוהו לדידיה ואזלי בתר שמעיה ואבטליון. לסוף אתו שמעיה ואבטליון לאיפטורי מיניה דכהן גדול. אמר להן: ייתון בני עממין לשלם. אמרו ליה: ייתון בני עממין לשלם דעבדין עובדא דאהרן, ולא ייתי בר אהרן לשלם דלא עביד עובדא דאהרן.

רש"י

<u>לסוף אתו שמעיה ואבטליון לאיפטורי מיניה</u> – ליטול רשות ממנו, ולפרוש לצד ביתן. <u>ייתון בני עממין לשלם</u> – לשון גנאי הוא, לפי שבאו מבני בניו של סנחריב, כדאמרינן בגיטין (נז:).
<u>דעבדי עובדא דאהרן</u> – רודפי שלום.
<u>דלא עבד עובדא דאהרן</u> – שהוניתנו אונאת דברים; ואמר מר (ב"מ נח:) "לא תונו איש את עמיתו" (ויקרא כה:יז) באונאת דברים הכתוב מדבר. אם היה בן גרים לא יאמר לו "זכור מעשה אבותיך."

The people abandoned the *kohein gadol* in deference to the erudition of these two *chachmei ha-Sanhedrin*. He, in turn, resented them for their scholarship and for the popularity that they had earned thereby. One aspect of the decline of the *kehunah gedolah* during the period of *bayit sheini*, noted the Rav, is that its incumbents lost their role as Torah scholars. The mantle passed to the members of the Sanhedrin.

D.

The Rav had thus developed comprehensively, as his exposition of the term *mamlechet kohanim*, the two concepts of *kehunah de-le-eilah* and *kehunah de-le-tatah*.[14] The former represents all of us in our roles as teachers of Torah; the latter represents specifically the *kohanim*, with their exclusive prerogative to conduct the *avodah* in the *mikdash*. Our *pasuk* addresses only the *kehunah de-le-eilah*, that dimension of *kehunah* that is shared by the entire nation. Hence the phrase *mamlechet kohanim* is an apt characterization of, and is therefore parallel to, *goy kadosh*.

The Rav now turned to the evening's focus, a tribute to the memory of the Talner Rebbe, and he concluded his *shiur* by eulogizing briefly Reb Meshullam Zusha *zt"l*.[15]

---

[14] ועיין ספורנו על שמות יט:ו – "ואתם תהיו לי ממלכת כהנים. ובזה תהיו סגולה מכולם, כי תהיו ממלכת כהנים להבין ולהורות לכל המין האנושי לקרוא כולם בשם ה', ולעבדו שכם אחד, כמו שיהיה ענין ישראל לעתיד לבא, כאמרו 'ואתם כהני ה' תקראו' (ישעיהו סא:ו), וכאמרו 'כי מציון תצא תורה' (ישעיהו ב:ג)."

ועיין בפירוש ר' אברהם בן הרמב"ם על שמות יט:ו – "ופירוש ממלכת כהנים: שהכהן של כל עדה הוא המנהיג, שהוא הנכבד שלה והדוגמה שלה, שאנשי העדה ילכו בעקבותיו וימצאו את הדרך הישר על ידו. ואמר: תהיו אתם בשמירת תורתי מנהיגי העולם; היחס שלכם אליהם כיחס הכהן אל עדתו. ילכו בעקבותיכם, ויהיו מחקים את מעשיכם, ויתהלכו בדרכיכם. זה טעם שקיבלתי בפירוש [מקרא] זה מן אבא מרי ז"ל. וזה יהיה אם תשמרו לשמוע [ככתוב] 'ושמרתם ועשיתם כי היא חכמתכם ובינתכם [לעיני העמים]' (דברים ד:ו). והבטיח [ה'] השלמת [דבר] זה לעתיד במאמרו על ידי ישעיה: 'והלכו עמים רבים ואמרו לכו ונעלה אל הר ה', אל בית אלקי יעקב, ויורנו מדרכיו ונלכה בארחותיו, כי מציון תצא תורה ודבר ה' מירושלם' (ב:ג)."

[15] There are, the Rav asserted, two styles of teaching: *hora'ah de-le-tatah* and *hora'ah de-le-eilah*. The former is explicit and intellectual; the latter is implicit and experiential. The former teaches by words; the latter teaches by example. [The parallels to the typology in "A Eulogy for the Talner Rebbe" are striking; see n. 2 above. See also "Engaging the Heart and Teaching the Mind" in Abraham R. Besdin, *Reflections of the Rav* (Hoboken, 1979; repr. Boston, 1993), 160–68]. There are many teachers of the former type; those of the latter type are rare. *"Yoru mishpatecha le-Yaakov"* (*Devarim* 33:11) refers to the former type; *"ve-toratecha le-Yisrael"* refers to the latter type.

The Rav, portrayed Reb Meshullam Zusha as the embodiment of *hora'ah de-le-eilah*. He characterized him by employing the Rambam's description quoted above:

"והלך ישר כמו שעשהו האלקים, ופרק מעל צווארו עול החשבונות הרבים אשר בקשו בני האדם; הרי זה נתקדש קדש קדשים, ויהיה ה' חלקו ונחלתו לעולם ולעולמי עולמים."

II.

Let us now proceed to the other *shiurim* in which the Rav began with *Shemot* 20:1.

The primary sources are:

שמות כ:א

וידבר אלקים את כל הדברים האלה לאמר.

מכילתא פרשת "בחדש" פרשה ד

וידבר אלקים – אין אלקים אלא דיין ליפרע ונאמן לקבל שכר.

את כל – בדבור אחד, מה שאי אפשר לבשר ודם לומר כן, שנאמר "וידבר אלקים את כל הדברים האלה לאמר." אם כן מה ת"ל "אנכי ה' אלקיך", "לא יהיה לך"? מלמד שאמר הקב"ה בדיבור אחד עשרת הדברות; חזר ופירשן דיבור דיבור בפני עצמו. שומע אני: אף כל דברות שבתורה נאמרו כולם בדיבור אחד; ת"ל "את כל הדברים האלה" נאמרו בדיבור אחד, ושאר כל הדיבורת – דיבור דיבור בפני עצמו.

לאמר – שהיו אומרים על הן "הן", ועל לאו "לאו" – דברי רבי ישמעאל.

רבי עקיבא אומר: על הן "הן", ועל לאו "הן."

רש"י

וידבר אלקים – אין אלקים אלא דיין; וכן הוא אומר "אלהים לא תקלל" (שמות כב:כז) ותרגומו "דיינא."

לפי שיש פרשיות בתורה שאם עשאן אדם מקבל שכר, ואם לאו אינו מקבל עליהם פורעניות; יכול אף עשרת הדברות כן, ת"ל "וידבר אלקים" – דיין ליפרע.

את כל הדברים האלה – מלמד שאמר הקב"ה עשרת הדברות בדבור אחד, מה שאי אפשר לאדם לומר כן. א"כ מה ת"ל עוד "אנכי" ו"לא יהיה לך"? שחזר ופירש על כל דבור ודבור בפני עצמו.

לאמר – מלמד שהיו עונין על הן הן ועל לאו לאו (מכילתא):

A.

Rashi begins by quoting the first four words of the *Mechilta* and then elaborating upon them. Chazal, commenting on the name *Elokim*, refer to the use of this term to designate a judge. Rashi supports Chazal by pointing to the *pasuk* in *Parshat Mishpatim* (*Shemot* 22:27) and the Targum's rendition of *Elokim* as *dayan*.[16] The role of a judge is to determine accountability and then to mete out punishment.

Rashi then proceeds to account for the seemingly self-evident observation of the *Mechilta*. There is, in fact, an area of possible confusion or misunderstanding that is averted by the *Mechilta*'s identification of *Elokim* with a judge. For one might have thought that the *mitzvot* in the *Aseret ha-Dibrot* are like so many of the Torah's *mitzvot*: if one elects to perform them he is rewarded, but if he chooses not to perform them he is not punished. Therefore, Rashi emphasizes, the *Mechilta* underscored the Torah's use of *Elokim* to teach us that the *mitzvot* of the *Aseret ha-Dibrot* are mandatory; one is held accountable for not performing them.

This elaboration by Rashi is quite problematic. Firstly, there are at most three *mitzvot aseh* amongst the ten: to believe in God, to "remember" the day of Shabbat, and to honor one's parents. The others are all *mitzvot lo-ta'aseh*. It is, therefore, incongruous to speak of "choosing to perform them."

To be sure, there are optional *mitzvot* that become operative only within specific circumstances. The Rambam dubbed them quasi-*reshut*:

<u>רמב"ם, הלכות ברכות, יא:ב</u>
יש מצות עשה שאדם חייב להשתדל ולרדוף עד שיעשה אותה, כגון תפילין וסוכה ולולב
ושופר. ואלו הן הנקראין חובה, לפי שאדם חייב על כל פנים לעשות. ויש מצוה שאינה
חובה אלא דומין לרשות – כגון מזוזה ומעקה. שאין אדם חייב לשכון בבית החייב מזוזה
כדי שיעשה מזוזה, אלא אם רצה לשכון כל ימיו באהל או בספינה ישב. וכן אינו חייב
לבנות בית כדי לעשות מעקה. וכל מצות עשה שבין אדם למקום, בין מצוה שאינה חובה
בין מצוה שהיא חובה, מברך עליה קודם לעשייתה.

The Rambam's two examples are:

(1) Affixing the first two *parshiyot* of *keri'at shema* to a *mezuzah* (doorpost) of a house. If one lives in a home with a doorframe, this *mitzvah* is operative; one would then be rewarded for fulfilling the *mitzvah*. If one does not live in such a home, one need not observe it. One is not obligated to live in

---

16 <u>תרגום אונקלוס</u> – "דיינא לא תקיל..."; <u>תרגום יונתן</u> – "... דייניכון לא תקילין...". ועיין סנהדרין סו.

such a home in order to subject oneself to the conditions that give rise to the *mitzvah.*

(2) Constructing a railing around the roof of one's home. Again, if one's home has a roof or an upper-level porch that is flat and upon which people walk, one is obligated to build a railing around its perimeter and will be rewarded for performing that *mitzvah.* One is not, however, obligated to generate the circumstances that activate this *mitzvah.*

The Rav added a third example: the *mitzvah* to tie *tzitzit* to the four corners of a garment. If one's garment does not have four corners, the *mitzvah* never becomes operative and there is no penalty for one's failure to comply with it.

There are, thus, elective *mitzvot.* Surely, however, the three *mitzvot aseh* of the *Aseret ha-Dibrot* could never be associated with them since they (believing in God, remembering the Shabbat and honoring one's parents) are binding at all times and under all circum- stances. The seven *mitzvot lo-ta'aseh*, on the other hand, could certainly not be thought of as *domin le-reshut*, to use the Rambam's phrase. Why, then, would the *Mechilta* feel the need to rule out such a mistaken association? What did Rashi have in mind with his explanation of the *Mechilta*'s identification of *Elokim* as a judge who exacts punishment?

The Rav offered two different interpretations of Rashi, in two separate *shi'urim.*

The first proceeded from Chazal's conception that there are specific *mitzvot* for which one is rewarded or punished in this world, notwithstanding their general conviction that reward and punishment are reserved for the afterlife. Thus: שכר מצוה בהאי עלמא ליכא[17].

"There is no reward in this world for the performance of a *mitzvah.*" Or – דאמר רבי יהושע בן לוי: מאי דכתיב "אשר אנכי מצוך היום לעשותם" (דברים ז:יא)? היום לעשותם ולא למחר לעשותם; היום לעשותם, למחר לקבל שכרם.[18]

---

[17]קידושין לט:, חולין קמב.

[18]עירובין כב. השווה עבודה זרה ג., ד: ("היום לעשותן ולא היום ליטול שכרם"); ומדרש תנחומא, בראשית א ("ואין מתן שכרה של תורה בעולם הזה אלא לעולם הבא שנאמר 'אשר אנכי מצוך היום

"R. Yehoshua b. Levi said: What is the implication of the verse, 'which I command you today[19] to perform' (*Devarim* 7:11)? You are to perform them [the *mitzvot*] today, rather than tomorrow [in the afterlife;[20] their performance should be implemented today, [although] their reward will be realized [only] tomorrow."

Notwithstanding this generalization, there are a few exceptions. For example:

<u>משנה פאה א:א</u>

...אלו דברים שאדם אוכל פרותיהן בעולם הזה, והקרן קיימת לו לעולם הבא: כבוד אב ואם, וגמילות

חסדים, והבאת שלום בין אדם לחברו, ותלמוד תורה כנגד כלם.

<u>משנה קידושין ד:יד</u>

...רבי נהוראי אומר: מניח אני כל אומניות שבעולם, ואיני מלמד את בני אלא תורה; שאדם אוכל משכרה בעולם הזה, והקרן קיימת לעולם הבא.

<u>תוספתא פאה א:ב</u>

אלו הדברים נפרעין מן האדם בעולם הזה והקרן קיימת לו לעולם הבא: על ע"ז ועל ג"ע ועל שפיכת דמים, ועל לשה"ר כנגד כולם.

<u>אבות דרבי נתן מ:א</u>

ארבעה דברים אדם העושה אותן אוכל פירותיהן בעולם הזה והקרן קיימת לעולם הבא; אלו הן: כבוד אב ואם וגמילות חסדים והבאת שלום בין אדם לחבירו ותלמוד תורה כנגד כולם.

לעשותם' ולא לעולם הבא; היום לעשותם ולא היום ליטול שכרם. וכן אמר שלמה: 'עוז והדר לבושה ותשחק ליום אחרון' " (משלי לא:כה).

[19] Chazal are utilizing the literary ambiguity of the word "today" in order to anchor their philosophical conviction about reward. The word can modify either "command" or "perform." The plain sense of the verse certainly suggests that it modifies "command." Chazal are here consistent with their interpretation of "today" in similar contexts; see, e.g., Rashi to *Shemot* 19:1; to *Devarim* 6:6 (based on the *Sifrei*, #8), 11:13, 26:16 (based on *Tanchuma*, *Ki Tavo*, #1), and 27:9 (based on *Berachot* 63b).

[20] Although *machar* generally means "tomorrow" in an immediate sense, Chazal sometimes interpret it in eschatological terms. See, e.g., Rashi to *Shemot* 13:14 (based on the *Mechilta*, *Bo*, #18).

ד' דברים אדם העושה אותן נפרעין ממנו בעולם הזה ולעולם הבא: עבודת כוכבים וגילוי
עריות ושפיכות דמים ולה"ר יותר מכולם.

רמב"ם, הלכות שבת – פרק ל:טו
...וכל השומר את השבת כהלכתה, ומכבדה ומענגה כפי כחו, כבר מפורש בקבלה שכרו
בעולם הזה יתר על השכר הצפון לעולם הבא; שנאמר "אז תתענג על ה' והרכבתיך על
במותי ארץ והאכלתיך נחלת יעקב אביך כי פי ה' דבר" (ישעיהו נח:יד).

Rashi's interpretation of the *Mechilta*, according to this approach of the
Rav, emphasizes that the *Aseret ha-Dibrot* are amongst those *mitzvot* for
which *Hakadosh Baruch Hu*, in his role as "a judge who exacts punishment,"
will mete out punishment in *this* world. Retribution is not delayed until the
afterlife, as is the case with most commandments.

The second approach of the Rav toward Rashi's explanation for the
Mechilta's identification of *Elokim* as "a judge who exacts punishment"
proceeded from a conception of the *Aseret ha-Dibrot* as a microcosm of all
613 commandments. Rav Sa'adya Ga'on introduced this theory in the early
tenth century, and most Rishonim endorsed it.[21] Accordingly, each *lav* in
the *Aseret ha-Dibrot* corresponds to a number of *mitzvot aseh* that it
represents. For example, *lo tirtzach* corresponds to a number of *mitzvot aseh*
that require us to preserve and to promote life. Similarly, *lo ta'aneh ve-rei'acha
eid shaker* represents a number of *mitzvot aseh* such as *tzedek tzedek tirdof*.

The Rav, in this second interpretation of Rashi's comment on the
Mechilta, suggested that all of these *mitzvot aseh* are binding, and one who
neglects to fulfill them will be punished. This, according to Rashi, would be
the significance of the *Mechilta*'s identification of *Elokim* as "a judge who
exacts punishment."

---

[21] <u>רש"י על שמות כד:יב</u> – "כל שש מאות ושלש עשרה מצות בכלל עשרת הדברות הן; ורבינו סעדיה
פירש באזהרות שיסד לכל דבור ודבור מצות התלויות בו."

<u>אבן עזרא על שמות כ:א</u> – "והגאון רב סעדיה חבר אזהרות וכלל כל המצות באלה עשרת הדברים."

See Y. F. Perlow, *Sefer ha-Mitzvot le-Rabbenu Sa'adya Ga'on* (Jerusalem, 1973), Vol. 1, pp.
57–58.

B.

According to each of these two interpretations, the *Mechilta* understands *Elokim* as denoting the aspect of God that we perceive through divine punishment. How, asked the Rav, did the *Mechilta* know this? To answer the question, the Rav devoted considerable time in each of the *shiurim* under review to develop the connotation of *Elokim* in reference to the *Ribbono shel Olam*. Which aspect of the Deity does *Elokim* signify?

One way to address this question is to identify the meaning of the root (*aleph-lamed*) that underlies this term. In Tanach, it always suggests power or might. Thus:

מי כמכה באלים ה'...(שמות טו:יא)

or:

מזמור לדוד: הבו לה' בני אלים...(תהלים כט:א).

Another way to address this question is by contrasting *Elokim* with the *Shem Havayah* (the Tetragrammaton, comprising the four letters: *yud-heh-vav-heh*), the Name that derives etymologically from the root (*heh-vav-heh*) that means "existence." The juxtaposition of the two in Tanach is particularly suggestive, as in:

אלה תולדות השמים והארץ בהבראם, ביום עשות ה' אלקים ארץ ושמים (בראשית ב:ד).

וירא כל העם ויפלו על פניהם, ויאמרו ה' הוא האלקים ה' הוא האלקים (מלכים א, יח:לט).

עלה אלקים בתרועה, ה' בקול שופר (תהלים מז:ו).

With regard to the *Aseret ha-Dibrot* particularly, we find twice the tantalizing sequence of:

ומשה עלה אל <u>האלקים</u>, ויקרא אליו <u>ה</u>' מן ההר לאמר... (שמות יט:ג).

and again:

וידבר <u>אלקים</u> את כל הדברים האלה לאמר: אנכי <u>ה' אלקיך</u> אשר הוצאתיך... (שמות כ:א-ב).

227

The distinction that is usually made between the *Sheim Havayah*, or the *Sheim Adnut*, on the one hand, and *Elokim*, on the other hand, is in the rabbinic/kabbalistic terms of *midat ha-rachamim* and *midat ha-din*, respectively.[22] In these *shiurim*, however, the Rav stated his intention to "analyze them in plain categories." He distinguished between *Hakadosh Baruch Hu*'s immanence, represented by *Elokim*, and His transcendence, represented by *Havayah*.

In the Rav's own poetic language: "*Elokim* is the God Who abides in every natural phenomenon: in the flowering of the bush, in the far distances separating us from the stars, and even in my own flexible muscle… God's Will is embedded in every element of nature… *Elokim* manifests Himself through regularity in nature, through orderliness and causality rather than through miracles…*Elokim* means God Who controls the cosmic dynamics…Who is responsible for the…boundless reservoir of physical energy…for the grandeur of the universe…"[23]

---

22 מדרש רבה בראשית, פרשה לג פסקה ג – "...בכל מקום שנאמר ה' מדת רחמים... בכל מקום שנאמר אלקים הוא מדת הדין...."

מדרש רבה ויקרא, פרשה כט פסקה ג – יהודה ברבי נחמן פתח (תהלים מז:ו) "עלה אלקים בתרועה, ה' בקול שופר." בשעה שהקב"ה יושב ועולה על כסא דין בדין הוא עולה מאי טעם עלה אלקים בתרועה; ובשעה שישראל נוטלין את שופריהן ותוקעין לפני הקב"ה עומד מכסא הדין ויושב בכסא רחמים דכתיב ה' בקול שופר ומתמלא עליהם רחמים ומרחם עליהם....

מדרש תנחומא, וארא, פרק א – וידבר אלקים אל משה ויאמר אליו אני ה'... א"ל הקב"ה למשה חבל על דאבדין ולא משתכחין... לפיכך "עתה תראה אשר אעשה לפרעה וגו' ", במלחמת פרעה תראה ואין אתה רואה במלחמת שלשים ואחד מלכים שיעשה בהן נקמה יהושע תלמידך. מכאן את למד שנטל משה את הדין שלא ליכנס לארץ לפיכך כתיב "וידבר אלקים אל משה" שישב עליו במדת הדין, "ויאמר אליו אני ה' " מדת רחמים שאגאל את ישראל ואכניסם לארץ....

ספרי פרשת ואתחנן ,פיסקא א – כל מקום שנאמר ה' זו מדת רחמים...כל מקום שנאמר אלקים זו מדת הדין....

רש"י על בראשית א: א ,ד"ה ברא אלקים – ולא אמר ברא ה' שבתחלה עלה במחשבה לבראותו במדת הדין וראה שאין העולם מתקיים והקדים מדת רחמים ושתפה למדת הדין. והיינו דכתיב ביום עשות ה' אלקים ארץ ושמים.

רש"י על הושע יד:ב – תני בשם רבי מאיר: שובה ישראל בעוד שהוא ה' במדת הרחמים, ואם לאו אלקיך מדת הדין....

רש"י על תהלים נו:יא – באלקים אהלל, בה' אהלל – על מדת הדין ועל מדת הרחמים אהלל.

23 The phrases in this paragraph are taken from *shiurim* in Boston on June 6, 1970 and on June 9, 1973.

"What is the natural law about which physics, chemistry and biology speak if not the expression of *Elokim*'s primordial Will embedded in organic and inorganic matter? What is the fall of the stone, the roar of the sea, the flight of the bird, the circular motion of the insect around an electric bulb on a warm summer night...if not the manifestation of God's penetration into the depths of nature?"[24]

Elokim is thus immanent; He is readily discernible in the natural world within which we live. On the other hand, the name *Havayah* represents God in His transcendence. This aspect of the Deity is beyond our ken. *Havayah* encounters man "through the apocalypse rather than through the repetitiousness of nature... The revelation at Har Sinai was achieved through *kolot u-verakim*, through thunder and lightening. It was a frightening experience."[25]

The name *Elokim* thus indicates that aspect of God that represents the cosmic order. There is, moreover, a second dimension to the designation *Elokim*. It is also symbolic of the socio-political order. God exercises power within human society as a legislator and as a judge. Rashi, early in his commentary on the Torah, called attention to this second aspect of *Elokim*:

<u>בראשית, פרק ב</u>

ד) אלה תולדות השמים והארץ בהבראם; ביום עשות ה' אלקים ארץ ושמים.

ה) וכל שיח השדה טרם יהיה בארץ, וכל עשב השדה טרם יצמח; כי לא המטיר ה' אלקים על הארץ, ואדם אין לעבוד את האדמה.

<u>רש"י</u>

<u>ה' אלקים</u> – ה' הוא שמו; אלקים שהוא <u>שליט ושופט</u> על כל העולם. וכן פי' זה בכ"מ לפי פשוטו: ה' שהוא אלקים.

The term *shalit* indicates the aspect of *Elokim* that controls the cosmic order. The term *shofeit* designates the aspect of *Elokim* that controls the socio-political order. *Elokim* designed natural law to govern the cosmos.

---

[24] This paragraph is adapted, with slight modifications, from Schreiber, p. 5.

[25] See *Shemot* 19:16. This quotation is from the *shiur* of June 9, 1973.

Elokim also developed moral law to govern human society. Both are inviolable, and defiance of either elicits retribution.

For example, one who seeks to ignore the law of gravity by jumping from the roof of a tall building will perish. Similarly, an alcoholic who abuses his body will eventually die prematurely and tragically. The *Elokim shalit* of whom Rashi speaks brooks no opposition. Man's very existence is threatened by his defiance of this *Elokim*'s law.

The same is true of the *Elokim shofeit* in Rashi. Murder, for example, avenges itself on the murderer. Thus, the Mishnah (*Avot* 2:6) says:

אף הוא [הלל] ראה גולגולת אחת שצפה על פני המים. אמר (לה): על דאטפת, אטפוך; וסוף, מטיפיך יטופון.

One who does not honor his parents will himself not be honored by his children. Non-observance of Shabbat means that one's life is devoted to materialism and is devoid of spiritual values. *Avodah Zarah* is self-destructive in many ways. Promiscuity results in the complete breakdown of the family fabric. Violation of moral law thus also leads inevitably to disaster.[26]

C.

The usage of the two respective names of *Hakadosh Baruch Hu*, *Elokim* and *Havayah*, in the early chapters of *Bereishit* is instructive. Throughout *Perek Aleph*, as long as man was not yet on stage, only the name *Elokim* appears. In *Perek Bet*, once man has been introduced, the compound *Havayah-Elokim* is used. Chazal noted this change and remarked:

"מזכיר שם מלא על עולם מלא" (מדרש רבה בראשית – פרשה יג, פסקה ג)[27]

"[The Torah] mentions the complete name (of God) in a world which had been completed [by the creation of man]."

Later, when the *Ribbono shel Olam* addressed No'ach, the Torah reports:

---

[26] In a *shiur* delivered on May 22, 1979 whose theme was the relationship of the *parshiyot* and their respective *haftarot* in *Sefer Vayikra*, the Rav emphasized that ולא תקיא הארץ אתכם (ויקרא יח:כח) represents a natural consequence rather than a punishment. See also *Divrei Hashkafah* (Jerusalem, 1992), p. 91.

[27] הובא ברמב"ן על ויקרא א:ט, וברד"ק על בראשית ב:ד ד"ה ה' אלקים.

ויאמר ה' לנח: בוא אתה וכל ביתך אל התבה.... (בראשית ז:א)
ויעש נח ככל אשר צווהו ה'. (ז:ה)

And again:

ויבן נח מזבח לה', ויקח מכל הבהמה הטהורה ומכל העוף הטהור ויעל עולות במזבח (ח:כ).

וירח ה' את ריח הניחוח, ויאמר ה' אל לבו: לא אוסיף לקלל עוד את האדמה בעבור האדם... (ח:כא).

When God communicates directly with man, it is not as *Elokim,* Whom human reason is capable of discerning. It is rather the transcendent *Havayah*, Who is beyond our ken, Who reaches out to us in defiance of our rational faculty.

However, when God is about to legislate the *sheva mitzvot B'nai No'ach*, the Torah employs the name *Elokim*:

<u>בראשית – פרק ט</u>

א) ויברך אלקים את נח ואת בניו ויאמר להם: פרו ורבו ומלאו את הארץ...

ד) אך בשר בנפשו דמו לא תאכלו.

ה) ואך את דמכם לנפשותיכם אדרש מיד כל חיה אדרשנו ומיד האדם מיד איש אחיו אדרש את נפש האדם.

ו) שופך דם האדם באדם דמו ישפך כי בצלם אלקים עשה את האדם.

Here the *Sheim Havayah* is not mentioned. The Seven Noachide Laws, the moral code that is the foundation for a civilized society, emanate from the same source as the natural cosmic laws.[28]

Elokim is thus the legislator of both the laws governing gravity and electromagnetic fields and the laws prohibiting murder and incest. *Elokim* is both *shalit* and *shofeit.* Rebellion against either manifestation of *Elokim* results in catastrophe.

---

[28] See Abraham R. Besdin's reconstruction of a 1971 *shiur* by the Rav, "The Three Biblical Names of God," in his *Reflections of the Rav*, pp. 13–22 (esp. pp. 14–15). The Netziv, in his *Harcheiv Davar* to both *Vayikra* 23:34 and *Bamidbar* 29:12, notes that only the name *Elokim* appears in *Kohelet.* He refers to *Sanhedrin* 60a, where the *Gemara* assumes that non-Jews know God only by this Name, and he suggests that Shlomo Hamelech used to lecture publicly in the *beit ha-mikdash* during Sukkot on theology to an audience that included many non-Jews (who had come to offer sacrifices there), and that his "lecture notes" later formed the basis for his *Kohelet.*

This is true, the Rav emphasized, on both an individual and a societal level. A culture that ignores *Elokim*'s moral law will inevitably deteriorate.[29] This moral law comprises those *mitzvot* that Chazal usually characterize as *mishpatim*, or that Rav Sa'adya Ga'on designated *mitzvot sichliyot.*

On the other hand, those *mitzvot* that Chazal characterize as *chukkim*, or that Rav Sa'adya Ga'on designated *mitzvot shim'iyot*, originate with *Havayah*. The prohibition of *sha'atnez* represents the transcendental, a-rational (to our minds) Will of *Havayah*. *Choshen Mishpat*, by contrast, is "a very reasonable *sefer*" that reflects "profound knowledge of the human personality and the welfare of society." Hence, it expresses the rational (to our minds) Will of *Elokim*.

D.

The usage of both of these names of God in the narrative of *ma'amad Har Sinai* is also very instructive:

<u>שמות – פרק יט</u>

ז) ויבא משה ויקרא לזקני העם, וישם לפניהם את כל הדברים האלה אשר צוהו ה'.
ח) ויענו כל העם יחדיו ויאמרו: כל אשר דבר ה' נעשה; וישב משה את דברי העם אל ה'.
ט) ויאמר ה' אל משה: הנה אנכי בא אליך בעב הענן בעבור ישמע העם בדברי עמך וגם בך יאמינו לעולם; ויגד משה את דברי העם אל ה'.
י) ויאמר ה' אל משה: לך אל העם וקדשתם היום ומחר, וכבסו שמלותם.
יא) והיו נכונים ליום השלישי; כי ביום השלשי ירד ה' לעיני כל העם על הר סיני...

יח) והר סיני עשן כלו מפני אשר ירד עליו ה' באש ויעל עשנו כעשן הכבשן ויחרד כל ההר מאד...

כ) וירד ה' על הר סיני אל ראש ההר ויקרא ה' למשה אל ראש ההר ויעל משה.
כא) ויאמר ה' אל משה: רד העד בעם פן יהרסו אל ה' לראות ונפל ממנו רב.
כב) וגם הכהנים הנגשים אל ה' יתקדשו פן יפרץ בהם ה'.

---

29 In a number of *shiurim* delivered between 1970 and 1973, the Rav made various contemporary references to what he considered to be indications of decline in American culture. Amongst them were: Watergate, homosexual relationships, and the self-hatred and defeatism "which is so evident on the campuses, in the literature and in the press."

כג) ויאמר משה אל ה': לא יוכל העם לעלות אל הר סיני כי אתה העדותה בנו לאמר הגבל את ההר וקדשתו.
כד) ויאמר אליו ה': לך רד ועלית אתה ואהרן עמך והכהנים והעם אל יהרסו לעלות אל ה' פן יפרץ בם.

The entire preparatory period is described in terms of an encounter with *Havayah*.[30] When the moment arrives for the actual revelation, there is an abrupt transition:

וידבר אלקים את כל הדברים האלה לֵאמר. (כ:א)

The *Aseret ha-Dibrot*, the foundation of all civilized existence, issue from the same source as the laws governing nature. This, then, is the point of the *Mechilta*:

אין אלקים אלא דיין ליפרע.

The penalty for violating the *Aseret ha-Dibrot* will follow inevitably, as it does for violating the laws of nature. "The seed of destruction is inherent in the act of violation. It is not an extraneous penalty." This is not the case for violation of *sha'atnez*, of the *chukkim*, of the *mitzvot shim'iyot*, of the laws of *Yoreh De'ah*.

E.

The Rav presented another perspective on this distinction. The *Aseret ha-Dibrot* and all *mishpatim* are addressed to natural man. Compliance with them furthers the welfare of individual man and of collective society. Violation of them destroys human dignity and leads naturally to disintegration. This is so because the legislator is *Elokim*.

When, however, the legislator is *Havayah*, the commandment is addressed to meta-physical man, to transcendental man.[31] *Mitzvot aseh* such as *matzah* and *tefillin*, or *mitzvot lo-ta'aseh* such as *sha'atnez* and *basar be-chalav*, serve to elevate the human spiritual personality to a level of transcendental worth and to raise a natural society to the level of a hallowed covenantal community. Non-compliance prevents the individual and/or the society from these attainments. Hence, punishment for violating these precepts is

---

[30] Unfortunately, the Rav did not comment on the use of *Elokim* in *pesukim* 17 and 19.

[31] This is true of so many *mitzvot* that are introduced by "וידבר/ויאמר ה' אל משה לאמר".

not immediate. "Since the damage is metaphysical, the punishment is also metaphysical, in the world to come."

F.

Against this background, let us now return to the verse:

ומשה עלה אל <u>האלקים</u>, ויקרא אליו <u>ה'</u> מן ההר לאמר... (שמות יט:ג).

When he ascended *Har Sinai*, Moshe's anticipation was that he would receive a system of *mitzvot* from *Elokim*. That is, he thought that *matan Torah* would expand the realm of the *sheva mitzvot B'nai No'ach*, of the moral, rational laws. "Moshe could not anticipate what God would require of the covenantal community." He had no basis upon which to expect the *chukkim*. "He did not yet understand the significance of the *chukkim*."

However, in fact, God met Moshe as *Havayah*, not as *Elokim*. "He told him: 'Moshe, when we will sign the covenant I will demand of My people not only *mishpatim*, but *chukkim* as well.' " This helps us understand the role of *pasuk daled*:

<u>שמות – פרק יט</u>

ג) ומשה עלה אל האלקים ויקרא אליו ה' מן ההר לאמר: כה תאמר לבית יעקב ותגיד לבני ישראל.

ד) אתם ראיתם אשר עשיתי למצרים; ואשא אתכם על כנפי נשרים ואביא אתכם אלי.

Why, after all, was it necessary at this moment to refer to *"what I did to Egypt?"* The answer is: "From the viewpoint of *Elokim*, all the miracles which transpired in *Mitzrayim* could not have taken place." In *Elokim*'s relationship with the world, "there is no departure from the laws of nature. Not a single particle will act in violation of its natural law."

This is the significance of:

"וארא אל אברהם אל יצחק ואל יעקב ב'קל שקי', ושמי 'ה' ' לא נודעתי להם" (שמות ו:ג).

When we read the story in *Sefer Bereishit* of the lives of the patriarchs, the events unfold naturally. No miracles are recorded. *Elokim* was directing the course of their lives. It is only later, in *Sefer Shemot*, that God "revealed to Moshe the secret of *Havayah*, because under the banner of *Elokim* Moshe could not have performed the miracles that he did perform in *Mitzrayim*."

234

Hakadosh Baruch Hu now, at *matan Torah*, said to Moshe:

"אתם ראיתם אשר עשיתי למצרים" (יט:ד).

"You have witnessed events in Egypt that contradicted every aspect of cosmic orderliness. And if it contradicts cosmic regularity, it also contradicts cosmic rationality…I [the *Sheim Havayah*] defeated cosmic rationality which was implanted in the universe by the *Sheim Elokim* in order to redeem you. In return I ask that man defeat his own rationality, that he submit to the demands of the *chukkim*, that he accept My transcendental Will, even though it appears to be in conflict with his rationality.

"That is why *Havayah* is the source of the *chok*. *Elokim* symbolizes rationality and orderliness, whereas *Havayah* symbolizes transcendence and the possibility of defeating orderliness in the cosmos. That is why *Havayah* is the source of the non-rational norms we call *chukkim*."

"ומשה עלה אל האלקים, ויקרא אליו ה' מן ההר..."

"*Matan Torah* would not consist of merely an expanded code of moral laws, but also of *chukkim*, of ritual laws…The uniqueness of the Jew, the singularity of the Jew, is not with regard to our morality. Western civilization took its morality from us. What we have retained as exclusively ours is the *chukkim*. …There are many people who don't steal. There are many people who don't murder. The uniqueness of the Jew, the shibboleth of the Jew, is the *chok*."

III.

A.

The next comment of the *Mechilta* to which the Rav devoted considerable attention is:

<u>את כל</u> – בדבור אחד, מה שאי אפשר לבשר ודם לומר כן, שנאמר "וידבר אלקים את <u>כל</u> <u>הדברים</u> האלה לאמר."

The word *kol* is clearly the stimulus for Chazal's comment. Since, on the face of it, the word is superfluous, Chazal probed its significance. The term is used in Tanach in two distinct senses:

(1) It connotes indivisibility, entirety, intrinsic unity. Thus:

"כי כל העדה כולם קדושים..." (במדבר טז:ג)

The entire congregation is, as a totality, holy. That is, "as an intrinsic totality, not as an integrated totality. It is not a sum which follows the parts, but, on the contrary, a whole which precedes the parts."

Another example of this meaning of *kol* is found in the liturgy for the *Yamim Nora'im*:

מלוך על כל העולם כולו בכבודך...

Rule over the entire world in Your glory. Here, too, the emphasis is upon the entirety of the universe. "It refers to intrinsic unity and oneness in totality."[32]

(2) The connotation of *kol* is often the sum total of people or objects. "It is simply plain arithmetic...the integration of many parts." Thus:

"כל יושבי תבל ושוכני ארץ – כנשוא נס הרים תראו, וכתקוע שופר תשמעו" (ישעיה יח:ג).

"All the dwellers of the world and residents of the earth," each individually, will witness the messianic ingathering of the Diaspora.

The *Mechilta's* image of *be-dibbur echad* reflects Chazal's understanding of the phrase כל הדברים "in the holistic sense" rather than in the integrated sense. God proclaimed the entirety, the totality, of the *Aseret ha-Dibrot*. He did not simply proclaim each of ten discreet commandments. "The Decalogue constitutes a primordial entity, whose unity and integrity are inherent in the very essence of the system...There are not *ten*

---

[32] In order to further illustrate this concept, the Rav offered two halachic applications: the principles of *rubo ke-kulo* and *miktzat ha-yom ke-kulo* (see Schreiber, *op. cit.*, pp. 15–17). The rule that "the majority of a substance is treated as if it were the entire substance" is applicable to an entity when no quantitative measurement is involved. With regard to *shechitah*, for example, once the *shochet* has severed most of the esophagus we consider it to be fully severed (see *Chullin* 19a). On the other hand, when a mathematical quantity or sum is required, *rubo ke-kulo* is inapplicable. Thus, "the majority of a *k'zayit*" does not suffice for *matzah*; thirty *sa'ah* (of the forty required) do not comprise a *mikvah*; a *lulav* of two *tefachim* (of the three required) is invalid.

Similarly, the rule that is operative in *aveilut*, that "[even] a small fraction of the day is treated as if it were the entire day," is meaningful only because a day is an entity. It is a configurative whole, a gestalt, rather than a sum total of hours.

commandments. There is *one* commandment, that branches out into ten aspects."

The word *kol*, then, is not superfluous at all. On the contrary, it introduces a profound idea. We cannot destroy the inner organic unity that binds moral-ethical law, on the one hand, and ritual law, on the other hand. Each side of the *luchot* is incomplete without the other.

"There are some who, though stringent in ritual observance, are less than meticulous in human relations…The Torah intertwines both the ritual and the ethical, and the Ten Commandments unite them in an indivisible entity, *be-dibbur echad*…It is a basic teaching of our faith that if you do not treat your fellow man properly, you are failing in your relationship with God. Also, if your ethics is not anchored in God, it will eventually be rationalized away, as is evidenced in our secular society today. There must be a concurrence of ethics and ritual."[33]

"Can a secular state nurture a moral society? Can a culture that is indifferent to the transcendental imperative inspire ethical performance in private and public life? In past decades, secular humanists were certain that man could be induced and motivated to pursue ethical norms without the absolute imperative of the Divine. Our thesis is that in the long run, and for the masses of society, there can be no such thing. Either man accepts the authority of God as the Legislator of the moral norm, or he will eventually fail in all attempts to create a moral society. A relativistic man-made moral order will simply not endure, and the inability of modern secularism to motivate ethical behavior in private or public life is evidence of this truth."[34]

B.

This indivisibility of ritual and ethical laws is true not only of the two segments of the *Aseret ha-Dibrot* but, more extensively, of the two realms of *chukkim* and *mishpatim*.

---

[33] See this formulation in Abraham R. Besdin, *Man of Faith in the Modern World* (Hoboken, 1989), 153–54.

[34] *Idem, Reflections of the Rav*, pp. 193–94.

"Why, we may ask, is it not enough for the *mishpatim* to be intellectually motivated? Why the need to add…a non-*logos* dimension[35] to social laws which conscience itself dictates?

"Apparently, reason is not a reliable guide even with respect to *mishpatim*. There are borderline situations that confuse the mind, and consequently it finds itself helpless in applying its moral norms. Since our intellect must weigh pros and cons…society starts to nibble away at the edges of marginal, borderline problems…

"For example, the mind certainly condemns murder. This is particularly true of a young working mother who leaves behind orphaned children. But does this abhorrence of murder also apply when the victim is an old, cruel, miserly woman who in the eyes of society was a parasitic wretch, as in Dostoyevsky's *Crime and Punishment*? May we murder her in order to save a young girl from the clutches of degradation? May euthanasia be practiced to relieve the elderly or terminally ill of further suffering? Here the *logos* hesitates, is uncertain, and imparts no decisive guidance. We can easily rationalize in either direction and no external norm is compelling. As a *mishpat*, a social norm, murder may at times be tolerated; as a *chok*, the prohibition against murder is clear and absolute.

"May we kill an infant? Certainly not, the *logos* in the *mishpat* proclaims. But a fetus in the womb confuses the intellect. Is this also murder or does one become a human being only upon emerging from the womb? The confusion is compounded when we consider the womb as a mother-incubator, no different from the hospital's incubator. Perhaps, then, even incubator babies may be put to death. The *logos* can easily be stretched in various directions.…

"In our modern world there is hardly a *mishpat* which has not been repudiated. Stealing and corruption are the accepted norms in many spheres of life; adultery and general promiscuity find support in respectable circles…Without *chok*, every social and moral law can be rationalized away, leaving the world a sophisticated jungle of instincts and impulses."[36]

---

[35] The Rav means: Why did the Torah have to command us at all with regard to laws that logic would have dictated?

[36] *Ibid.*, pp. 104–05.

C.

Our *Mechilta*'s insistence on the inseparability of the two halves of the Decalogue and, by extension, of *chukkim* and *mishpatim* is reflected in the juxtaposition of *mitzvot* in *Parshat Kedoshim*, and in the repeated emphasis on God as the source of interpersonal behavioral norms:

<u>ויקרא – פרק יט</u>

ג) איש אמו ואביו תיראו ואת שבתתי תשמרו אני ה' אלקיכם.

ד) אל תפנו אל האלילם ואלהי מסכה לא תעשו לכם אני ה' אלקיכם.

ה) וכי תזבחו זבח שלמים לה' לרצנכם תזבחוהו...

ט) ובקוצרכם את קציר ארצכם לא תכלה פאת שדך לקצר ולקט קצירך לא תלקט.

י) וכרמך לא תעולל ופרט כרמך לא תלקט לעני ולגר תעזב אתם אני ה' אלקיכם.

יא) לא תגנבו ולא תכחשו ולא תשקרו איש בעמיתו.

יב) ולא תשבעו בשמי לשקר וחיללת את שם אלקיך אני ה'...

יד) לא תקלל חרש ולפני עור לא תתן מכשול ויראת מאלקיך אני ה'...

טז) לא תלך רכיל בעמיך לא תעמד על דם רעך אני ה'...

יח) לא תקום ולא תטור את בני עמך ואהבת לרעך כמוך אני ה'.

יט) את חקותי תשמרו בהמתך לא תרביע כלאים שדך לא תזרע כלאים ובגד כלאים שעטנז לא יעלה עליך.[37]

In rabbinic literature this theme is also emphasized repeatedly. Two illustrative sources are:

<u>תוספתא שבועות ג:ה</u>

חנניא בן חכינאי אומר: "[נֶפֶשׁ כִּי תֶחֱטָא וּמָעֲלָה מַעַל בה'] וְכִחֵשׁ בַּעֲמִיתוֹ [בְּפִקָּדוֹן אוֹ בִתְשׂוּמֶת יָד אוֹ בְגָזֵל אוֹ עָשַׁק אֶת עֲמִיתוֹ]" (ויקרא ה:כא); אין אדם כופר בעמיתו עד שכופר בעיקר.

פעם אחת שבת ר' ראובן בטבריה, מצאו פלוספוס. אמר לו: איזה הוא שנאוי שבעולם? אמר לו: זה הכופר במי שבראו. א"ל: האיך? א"ל: "כבד את אביך, לא תרצח לא תנאף לא

[37] A similar juxtaposition of so-called *mishpatim* and *chukkim* appears in *Parshat Mishpatim*. See *Shemot* 22:20 – 23:9 (the *mishpatim*), followed immediately by 23:10–19 (the *chukkim*).

תגנוב לא תענה לא תחמוד."[38] דהא אין אדם כופר בדבר עד שכופר בעיקר ואין אדם הולך לדבר עבירה אלא אם כפר במי שצוהו לה עליה.

Thus, "whenever there is real faith in God there is no social immorality. There is no embezzlement…there is no perjury…Stealing…and perjury are the result of a secular ethic, of a man who wants to build his own moral world…

"The philosopher had expected R. Reuven to answer that only the fiends of society, only the arch criminals who inflict harm upon others, deserve to be hated, but not the innocent agnostic or atheist. The answer…came swiftly and unequivocally. The absence of faith in God will eventually lead to the breakdown of social morality. Corruption of man is ushered in by the lack of faith in God."

<u>קידושין לא.</u>

דרש עולא רבה אפיתחא דבי נשיאה: מאי דכתיב "יודוך ה' כל מלכי ארץ כי שמעו אמרי פיך" (תהלים קלח:ד)? "מאמר פיך" לא נאמר אלא "אמרי פיך". בשעה שאמר הקדוש ברוך הוא "אנכי" ו"לא יהיה לך" אמרו אומות העולם: "לכבוד עצמו הוא דורש"; כיון שאמר "כבד את אביך ואת אמך" חזרו והודו למאמרות הראשונות. רבא אמר מהכא: "ראש דברך אמת" (שם קיט:קס), "ראש דברך" ולא "סוף דברך." אלא מסוף דברך ניכר שראש דברך אמת.

"The gist of this passage is identical with that of the previous [one]…Social iniquity and immorality are precipitated by the denial of the divine authority. In other words, the crux of social ethics is faith in a transcendental, personal God Who expects man to follow in His

---

[38] פי' <u>מנחת ביכורים</u>: "דאפילו בחמשה דברות האחרונות מ"כבד" ואילך, דמיירי בין אדם לחברו, הוא דומה לחמשה דברות הראשונות דכופר בעיקר. וע"כ הלוחות חמשה מול חמשה..."

ועיין הקדמת המאירי ל<u>בית הבחירה</u> וז"ל וזה אצלי מאמר רבותינו השלמים באמרם על עשרת הדברות שהיו בשני הלוחות חמש בלוח אחד וחמש בלוח שני. ואמרו על זה: "אנכי" כנגד "לא תרצח"... "לא תשא" כנגד "לא תגנב" שכל הגונב סופו לישבע לשקר; או רמז למה שדרשו רבותינו דרך צחות והערה ב"לא תשא" מלשון משא וכמו שאמרו שלא תהא מתעטף בטליתך והולך וגונב, שלא תהא מניח תפלין והולך ומרמה את הבריות, שזהו נשיאת שמו של הקב"ה לשוא... "זכור את יום השבת" כנגד "לא תענה ברעך עד שקר"; ראה איך הודיעו, כמבואר למביניו, סתריהם שהדבר תרמז בענין השבת הוא נופל תחת גדר העדו, שהוא מזהיר המעיין שלא יעיד בזה עדות שקר בעינו; וכבר אמרו במדרש: "זה דודי וזה רעי" אין רעי אלא הקב"ה שנאמר "רעך ורע אביך אל תעזוב" עכ"ל.

footsteps…Without *Anochi* [*Hashem Elokecha*] man forfeits his ethical sensitivity and becomes oblivious to the most elementary principles of morality."

D.

The indivisibility of the first five and the last five *dibrot*, and, more generally, of *mishpatim* and *chukkim*, is true in the reverse as well. "Just as one must [not] separate the social norm from the theological faith premise, …one should not…accept the theological faith premise without embracing the rest of the commandments…Every attribute of God turns into a moral norm.[39]

"*Yahadus* has insisted that life is not divided into two sectors, the mundane and the sacred…God is to be worshipped not only through the offering of sacrifices, through prayer…but also, perhaps mainly, through practicing social morality, through displaying kindness towards one fellow man, [through] extending help to the needy and treating one's subordinate decently."

IV.

A.

The *Mechilta* continues:

לאמר – שהיו אומרים על הן "הן", ועל לאו "לאו" – דברי רבי ישמעאל.
רבי עקיבא אומר: על הן "הן", ועל לאו "הן."

---

[39] At this point in his *shiur* the Rav referred to:

אבא שאול אומר: "ואנוהו" – הוי דומה לו. מה הוא חנון ורחום אף אתה היה חנון ורחום (שבת קלג:).

The passage in *Sotah* 14a is also relevant:

ואמר רבי חמא ברבי חנינא: מאי דכתיב "אחרי ה' אלקיכם תלכו"? וכי אפשר לו לאדם להלך אחר שכינה? והלא כבר נאמר "כי ה' אלקיך אש אוכלה הוא." אלא להלך אחר מדותיו של הקדוש ברוך הוא: מה הוא מלביש… אף אתה הלבש ערומים; הקדוש ברוך הוא ביקר חולים… אף אתה בקר חולים; הקדוש ברוך הוא ניחם אבלים… אף אתה נחם אבלים; הקדוש ברוך הוא קבר מתים… אף אתה קבור מתים.

R. Yishmael and R. Akiva are each responding to the seeming incongruity of the use of *leimor* in our *pasuk*. The term is usually understood as a directive from God to whomever He is addressing. It calls upon the recipient to repeat the substance of the communication to someone else.[40] Alternatively, it calls upon the recipient to respond immediately, or to report back at a later time.[41] In our narrative, God was addressing Moshe and Bnei Yisrael simultaneously. Moshe would thus not need to repeat the *Aseret ha-Dibrot* to them. *Leimor* must, therefore, indicate God's desire for a response from Bnei Yisrael.

R. Yishmael envisions their response to have been "yea" to each *mitzvat aseh*, and "nay" to each *mitzvat lo-ta'aseh*. R. Akiva's view is that they answered "yea" to each *mitzvah*, *aseh* and *lo-ta'aseh* alike. What philosophical principle underlies their disagreement?

The Rav explained the respective views of these two Tana'im in terms of the Rambam's discussion in Chapter Six of *Shemonah Perakim*, in which he juxtaposes the "view of the philosophers" and the view of Chazal with regard to ultimate virtue. Although the Rav, in the *shiurim* that provide the basis for this chapter, did not review the actual text of the Rambam, let us pause to do so.

<u>אמרו הפילוסופים</u>: שהמושל בנפשו, אף על פי שעושה המעשים הטובים והחשובים...הוא מתאווה אל הפעולות הרעות... ויכבוש את יצרו... ויעשה הטובות והוא מצטער בעשייתן...

אבל החסיד הוא נמשך בפעולותיו אחר מה שתעוררהו תאוותו ותכונתו, ויעשה הטובות והוא מתאווה ונכסף אליהן.

ובהסכמה מן הפילוסופים: שהחסיד יותר חשוב ויותר שלם מן המושל בנפשו... להיותו מתאווה לפעל הרע ואף על פי שאינו עושה אותו, מפני שתשוקתו לרע היא תכונה רעה בנפש.

וכאשר חקרנו <u>דברי חכמים</u> בזה העניין, נמצא להם: שהמתאווה לעבירות ונכסף אליהן הוא יותר חשוב ויותר שלם מאשר לא יתאווה אליהן ולא יצטער בהנחתן... והוא אמרם

---

[40] See, *e.g.*, Rashi on *Shemot* 35:4; *Vayikra* 1:1, 11:1.

[41] See, *e.g.*, Rashi on *Vayikra* 1:1 ("*Davar acher...*"), 10:16; *Bamidbar* 12:13, 27:15; *Devarim* 3:23. In fact, the *Mechilta* on our *pasuk* continues:

ד"א: "לאמר" – צא ואמור אליהם והשיבני את דבריהם. ומנין שהיה משיב דברים לפני הגבורה? שנאמר "וישב משה את דברי העם אל ה'" (שמות יט:ח). ומה היו דברי העם? "כל אשר דבר ה' נעשה ונשמע" (שמות כד:ז).

(ספרא, פ' קדושים), "רבי שמעון בן גמליאל אומר: לא יאמר אדם 'אי אפשי לאכול בשר בחלב, אי אפשי ללבוש שעטנז, אי אפשי לבא על הערוה'; אלא 'אפשי, ומה אעשה ואבי שבשמים גזר עלי'".

ולפי המובן מפשוטי שני המאמרים בתחילת המחשבה, הם סותרים זה את זה. ואין העניין כן; אבל שניהם אמת, ואין מחלוקת ביניהם כלל.

והוא: שהרעות אשר הן אצל הפילוסופים רעות, אשר אמרו שמי שלא יתאווה אליהן יותר חשוב מן המתאווה אליהן ויכבוש את יצרו מהן, הם העניינים המפורסמים אצל כל בני אדם שהם רעים: כשפיכת דמים, כגנבה וגזלה... ולבזות אב ואם וכיוצא באלו; והן המצוות שאמרו עליהן חכמים ז"ל שאילו לא נכתבו ראויות הן להיכתב,⁴² ויקראו אותן קצת חכמינו האחרונים "מצוות השכליות." ואין ספק שהנפש... החשובה לא תתאווה לאחת מאלו הרעות כלל, ולא תצטער בהימנעה מהן.

אבל הדברים שאמרו עליהם החכמים שהכובש את יצרו מהם הוא יותר חשוב, הן ה"תורות השמעיות"... שאלמלא התורה לא היו רעות כלל...ובחון חכמתם, עליהם השלום, במה שהמשילו. שהם לא אמרו "אל יאמר אדם אי אפשי להרוג הנפש, אי אפשי לגנוב, אי אפשי לכזב"; אלא "אפשי, ומה אעשה ואבי שבשמים גזר עלי". אבל הביאו דברים "שמעיים" כולם: בשר בחלב, לבישת שעטנז, עריות. ואלו המצוות וכיוצא בהן הן אשר קראן השם יתברך "חוקים". ואמרו רבנן ז"ל "חוקים שחקקתי לך אין לך רשות להרהר בהם", ועובדי עבודה זרה משיבים עליהם, והשטן מקטרג בהם, כגון פרה אדומה ושעיר המשתלח....

והנה התבאר לך מכל מה שאמרנו איזו מן העבירות יהיה מי שלא ישתוקק אליהן יותר חשוב מן המשתוקק אליהן וכובש יצרו מהן, ואיזו מהן יהיה העניין בהפוך.

וזה חידוש נפלא בהעמדת שני המאמרים. ולשונם מורה על אמתות מה שבארנו.

Against the background of this analysis by the Rambam, the Rav proceeded to interpret the disagreement between R. Yishmael and R. Akiva. The Rambam claimed that everyone, the Greek philosophers as well as Chazal, agreed that a person should identify naturally with the expectations of *mitzvot sichliyot* (whether *aseh* or *lo-ta'aseh*) and should comply obediently, in an act of *kevishat ha-yetzer*, with the demands of *mitzvot shim'iyot* (whether *aseh* or *lo-ta'aseh*). Human psychology, as it is expressed in

---

⁴² <u>יומא סז</u>: תנו רבנן: "את משפטי תעשו": דברים שאלמלא (לא) נכתבו דין הוא שיכתבו; ואלו הן: עבודת כוכבים וגלוי עריות ושפיכות דמים וגזל וברכת השם. "ואת חוקתי תשמרו": דברים שהשטן משיב עליהן; ואלו הן: אכילת חזיר ולבישת שעטנז וחליצת יבמה וטהרת מצורע ושעיר המשתלח. ושמא תאמר "מעשה תוהו הם", תלמוד לומר "אני ה'" — אני ה' חקקתיו ואין לך רשות להרהר בהן.

religious motivation, is thus correlated with these two respective categories of *mitzvot.*

According to the Rav, however, R. Yishmael and R. Akiva maintain the two distinct types of religious motivation, but they do not correlate them with the categories of *sichliyot* and *shim'iyot.* Instead, the two Tana'im operate with the categories of *aseh* and *lo ta'aseh*, each category embracing both *mitzvot sichliyot* as well as *mitzvot shim'iyot.*

Thus, R. Yishmael's view that Bnei Yisrael answered "yea" to each *mitzvat aseh* and "nay" to each *mitzvat lo-ta'aseh* reflects *his* philosophy of religious motivation. One should be drawn to the observance of *mitzvot* because one has an innate drive "to act in harmony with the divine imperative... One does not act under the pressure of the law, but because... one finds self-fulfillment and self-realization" in compliance with the Will of God.

Accordingly, שהיו אומרים על הן "הן" means that they responded enthusiastically to each *mitzvat aseh* with "Yes; we are eager to comply. We shall feel gratified and fulfilled by obeying Your command." Similarly, ועל לאו "לאו" means that they responded to each *mitzvat lo-ta'aseh* with "Of course not. It would never occur to us to do that. It is naturally repugnant."

On the other hand, R. Akiva's philosophy of religious motivation values surrender and submission to the divine Will. על הן "הן", ועל לאו "הן" means that they responded to each *mitzvah*, whether *aseh* or *lo-ta'aseh*, with an expression of resignation. "We shall accept your authority and we shall subordinate our will to Your Will." An alternative formulation of his view would be that *mishpatim* must be accepted on the same basis as *chukkim.*

B.

It is noteworthy that Rashi on our *pasuk* cites only the view of R. Yishmael, that *mitzvah* observance should be autonomously motivated. The Rav expressed his personal preference for R. Akiva's view that all *mitzvot* require surrender to divine authority. He developed here the same concern that he raised when explaining the *Mechilta*'s insistence on the indivisibility of the two segments of the *Aseret ha-Dibrot* (see III, B above),[43] and extended it to the indivisibility of *chukkim* and *mishpatim*, generally:

"A clearly defined distinction between *chukkim* and *mishpatim* is almost non-existent. It is a sheer illusion. Of course, the heartland, the central area, of *mishpatim* is illumined by…human reason. …One's conscience is sensitive to *mishpatim*… However, the peripheral territories are as…alien to reason as the most mysterious *chukkim*…

"There is a law against theft, *lo tignov*… Everyone assents to such a law…every normal person is repelled by the ugliness of the act…No one… will approve of stealing candy from a child, or money from a blind beggar.
"But what about another sort of theft, which was depicted so often in literature, particularly by Victor Hugo in *Les Miserables*? A poor man, just out of prison, with no prospects, steals a loaf of bread from a bakery in order to sustain his life. The proprietor of the bakery … will not suffer. The loss incurred is infinitesimal. Why punish the poor starving man? Is it a crime, or is it not a crime? …If my conscience is the final arbiter…I would set him free…Stealing was forbidden by the Almighty…whether we understand it or not…[44]

"R. Akiva maintained that man must not rely solely on his morals and sensitivities, even pertaining to *mishpatim*… This is the basic reason why secular ethics has failed."

---

[43] The citations there were from Abraham R. Besdin's two volumes. The quotations that follow here are from B.D. Schreiber, pp. 41–46. Although there is some duplication, I have chosen to present the excerpts in order to demonstrate how consistently the Rav employed these categories.

[44] The Rav proceeded to discuss murder (and euthanasia and abortion) using almost the same formulations he did in the *shiurim* represented above (see III, B). The consistency with which the Rav employed these categories is significant.

Chapter 10

The First Two *Dibrot*

Chapter Nine was devoted to the introductory narrative (*Shemot* 19:3–24 and 20:1) that set the stage for the *Aseret ha-Dibrot*. This chapter will deal with the first two *dibrot*. The specific tapes of the Rav's *shiurim* and the printed accounts of those *shiurim* that serve as the basis for this chapter are identified in the introduction to Chapter Nine. Again, we shall quote (from the tapes) the Rav's formulations verbatim [with minor editorial revisions prompted by the differences between an oral and a written presentation] whenever appropriate, indicating these by quotation marks. Supplemental sources or comments that were not part of the Rav's presentations have again been relegated to the footnotes.

I.

The primary sources are:

<u>שמות כ:ב</u>
אנכי ה' אלקיך אשר הוצאתיך מארץ מצרים מבית עבדים.

<u>מכילתא, פרשת "בחדש" – פרשה ה</u>
<u>אנכי ה' אלקיך</u>. מפני מה לא נאמרו עשרת הדברות בתחילת התורה?
משלו משל: למה הדבר דומה? לאחד שנכנס במדינה. אמר להם: אמלוך עליכם. אמרו לו:
כלום עשית לנו שתמלוך עלינו? מה עשה? בנה להם את החומה, הכניס להם את המים,
עשה להם מלחמות. אמר להם: אמלוך עליכם. אמרו לו: הן והן.
כך המקום: הוציא ישראל ממצרים, קרע להם הים, הוריד להם המן, העלה להם הבאר,
הגיז להם השלו, עשה להם מלחמת עמלק. אמר להם: אמלוך עליכם. אמרו לו: הן והן...
<u>אנכי ה' אלקיך</u>. למה נאמר? לפי שנגלה על הים כגבור עושה מלחמות, שנאמר "איש
מלחמה" (שמות טו:ה), נגלה על הר סיני כזקן מלא רחמים, שנאמר "ויראו את אלקי
ישראל [ותחת רגליו כמעשה לבנת הספיר]" (שם כד:י)... שלא יתן פתחון פה לאומות
העולם לומר שתי רשויות הן. אלא "אנכי ה' אלקיך": אני על הים, אני על היבשה; אני
לשעבר, אני לעתיד לבא; אני לעולם הזה, אני לעולם הבא....

מארץ מצרים מבית עבדים. עבדים למלכים היו. אתה אומר עבדים למלכים היו, או אינו אלא עבדים לעבדים? כשאומר "ויפדך מבית עבדים [מיד פרעה מלך מצרים]" (דברים ז:ח) עבדים למלכים היו, ולא עבדים לעבדים.
ד"א מבית העובדים עבודה זרה.

מדרש רבה, שמות – פרשה כט, פסקה א

אנכי ה' אלקיך – הה"ד "השמע עם קול אלקים" (דברים ד:לג) המינים שאלו את ר' שמלאי: אלוהות הרבה יש בעולם? אמר להם: למה? אמרו לו: שהרי כתיב "השמע עם קול אלקים." אמר להם: שמא כתוב "מדברים"? אלא "מדבר"! אמרו לו תלמידיו: רבי, לאלו דחית בקנה רצוץ; לנו מה אתה משיב? חזר ר' לוי ופירשה; אמר להם: "השמע עם קול אלקים" – כיצד? אילו היה כתוב "קול ה' בכחו" לא היה העולם יכול לעמוד; אלא "קול ה' בכח" (תהלים כט:ד), בכח של כל אחד ואחד – הבחורים לפי כחן, והזקנים לפי כחן, והקטנים לפי כחן. אמר הקב"ה לישראל: לא בשביל ששמעתם קולות הרבה תהיו סבורין שמא אלוהות הרבה יש בשמים; אלא תהיו יודעים שאני הוא ה' אלקיך, שנאמר "אנכי ה' אלקיך."

מדרש רבה, שמות – פרשה מג, פסקה ה

אמר ריב"ל בשם רשב"י: פתח של תשובה פתח לו הקב"ה "אנכי ה' אלקיך" בסיני למשה. בשעה שעשו ישראל העגל, היה משה מפייס את האלקים, ולא היה שומע לו. אמר לו: אפשר שלא נעשה בהם מדת הדין על שבטלו את הדיבור?! אמר משה: רבון העולם, כך אמרת בסיני – "אנכי ה' אלקיך"; "אלקיכם" לא נאמר. לא לי אמרת?... אר"ש דסכנין בשם ר' לוי: לפיכך חזר וכתבה בלשון רבים "אני ה' אלקיכם" (ויקרא יט); וכן בכל המצות אומר "אני ה' אלקיכם", ולא אמר עוד "אני ה' אלקיך."[1]

רש"י

אשר הוצאתיך – כדאי היא ההוצאה שתהיו משועבדים לי.
ד"א לפי שנגלה בים כגבור מלחמה, ונגלה כאן כזקן מלא רחמים – שנאמר "ותחת רגליו כמעשה לבנת הספיר" זו היתה לפניו בשעת השעבוד, "וכעצם השמים" משנגאלו. הואיל ואני משתנה במראות, אל תאמרו שתי רשויות הן; אנכי הוא אשר הוצאתיך ממצרים, ועל הים.
ד"א לפי שהיו שומעין קולות הרבה, שנאמר "[וכל העם רואים] את הקולות" (שמות כ:טו), קולות באין מד' רוחות ומן השמים ומן הארץ, אל תאמרו רשויות הרבה הן.

---

[1] השווה מדרש רבה, שמות – פרשה מז, פסקה ט "ד"א אמר משה לפני הקב"ה: למה אתה כועס עליהם – לא שעשו עבודת כוכבים? לא צויתם! אמר לו הקב"ה: בדיבור שני לא אמרתי "לא יהיה לך"? אמר לפניו: לא צוית אותם; לי צוית! שמא אמרת להם "לא יהיה לכם"? לי צוית!"

ולמה אמר לשון יחיד "אלקיך"? ליתן פתחון פה למשה ללמד סניגוריה במעשה העגל. וזהו שאמר "למה ה' יחרה אפך בעמך" (שמות לב:יא), לא להם צוית "לא יהיה לכם אלקים אחרים" אלא לי לבדי.

מבית עבדים – מבית פרעה שהייתם עבדים לו. או אינו אומר אלא מבית עבדים שהיו עבדים לעבדים? ת"ל "ויפדך מבית עבדים מיד פרעה מלך מצרים"; אמור מעתה: עבדים למלך היו, ולא עבדים לעבדים.

A.

The Rav began his analysis with Rashi's opening comment: כדאי היא ההוצאה שתהיו משועבדים לי. "The fact that I took you out is a sufficient basis for you to subjugate yourselves to me." This is Rashi's paraphrase of the *Mechilta*'s first paragraph, the parable in which one who tried to assert his hegemony over the populace had to first earn their gratitude and their loyalty. What question prompted the *Mechilta* and Rashi to advance this perspective?

Apparently, they were responding to the question that R. Yehudah Halevi later asked R. Avraham ibn Ezra.[2] Why didn't God introduce Himself as the creator of heaven and earth? Aren't those credentials more impressive?

The answer that the *Mechilta* and Rashi offer is that God's creation of the cosmos establishes Him as the Master of the universe, the absolute Ruler and Legislator over all mankind. However, in this role He has no relationship with us, His creatures. He is, to be sure, omnipresent in our lives but we perceive only His transcendence. The Creator feels to us very distant and aloof, although His Existence can be inferred by deductive reasoning. It is this God that *Avraham Avinu* discovered:

מדרש רבה, בראשית – פרשה לט, פסקה א

ויאמר ה' אל אברם לך לך מארצך וגו' – ...אמר רבי יצחק: משל לאחד שהיה עובר ממקום למקום וראה בירה אחת דולקת. אמר: "תאמר שהבירה זו בלא מנהיג?" הציץ עליו בעל הבירה, אמר לו: "אני הוא בעל הבירה." כך, לפי שהיה אברהם אבינו אומר: "תאמר שהעולם הזה בלא מנהיג?", הציץ עליו הקב"ה ואמר לו: "אני הוא בעל העולם."[3]

2 עיין אבן עזרא על שמות כ:א (בא"ד) – "שאלני רבי יהודה הלוי, מנוחתו כבוד: למה הזכיר "אנכי ה' אלקיך אשר הוצאתיך מארץ מצרים", ולא אמר "שעשיתי שמים וארץ, ואני עשיתיך"? השווה ספר הכוזרי א:כה.

3 השווה רמב"ם, הלכות עבודת כוכבים א:ג : "כיון שנגמל איתן זה, התחיל לשוטט בדעתו והוא קטן. והתחיל לחשוב ביום ובלילה, והיה תמיה: היאך אפשר שיהיה הגלגל הזה נוהג תמיד ולא יהיה לו

On the other hand, the God Who "took us out of Egypt" has entered into a personal relationship with us. He is not only the ruler and legislator by virtue of being the creator; He is also a "teacher, …friend and counselor." Since God was responsible for *yetzi'at Mitzrayim*, there is "a unique, singular relationship between God and the covenantal community."[4] This is why the *Ribbono shel Olam* presented Himself on *Har Sinai* as the Redeemer, rather than as the Creator. *Yetzi'at Mitzrayim* relates exclusively to Bnei Yisrael and hence establishes a special relationship. "I have singled you out in a singular fellowship, and I demand additional commitments from you."[5]

The Rav cited the following midrashic homily:

פסיקתא רבתי, פרשה כא

"אשר הוצאתיך מארץ מצרים מבית עבדים" – חנניא בן אחי ר' יהושע אומר: "הוצאתיך" כתיב; כביכול אני ואתם יצאנו ממצרים.

"[Although the masoretic vocalization of the word is *hotzeiticha* (an active verb, whose direct object is *otecha*)], its orthography allows it to be pronounced *hutzeiticha* (a passive verb, whose indirect object – introduced by the prepositional "with" – is *itecha*). As it were, you and I left Egypt together."[6]

מנהיג? ומי יסבב אותו? – כי אי אפשר שיסבב את עצמו. ולא היה לו מלמד ולא מודיע דבר, אלא מושקע באור כשדים בין עובדי כוכבים הטפשים; ואביו ואמו וכל העם עובדי כוכבים, והוא עובד עמהם. ולבו משוטט ומבין עד שהשיג דרך האמת והבין קו הצדק מתבונתו הנכונה, וידע שיש שם אלוק אחד והוא מנהיג הגלגל והוא ברא הכל, ואין בכל הנמצא אלוק חוץ ממנו. וידע שכל העולם טועים."

[4] See Schreiber, p. 48.

[5] This, according to the Rav's interpretation, is the answer of the *Mechilta* and Rashi to the question that Halevi later asked Ibn Ezra. The answer they each report (see n. 2) is that the act of creation was not witnessed by anyone, whereas approximately three million Jews witnessed the process of *yetzi'at Mitzrayim*. God, by His overt intervention in human affairs, repudiated the philosophical view of the eternity of the world, or of a Creator Who takes no interest in, and plays no role in, human affairs. See also Rambam, *Hilchot Yesodei ha-Torah* 8: 1–2.

[6] This Midrash underlies the liturgical formulation of the *piyyut* with which we conclude the daily recitation of *Hosha'anot* over the holiday of Sukkot:

"כהושעת אלים בלוד עמך...כהושעת מאמר והוצאתי אתכם, נקוב והוצאתי אתכם."

See also *Megillah* 29a; *Tosafot Sukkah* 45a, *s.v. ani* (the last six lines).

Thus, in His empathy with us, God was enslaved in Egypt. "We both were oppressed. We both were in bondage. We both gained freedom. This singular relationship that binds God with man within one fellowship is a result not of creation, but of *yetzi'at Mitzrayim*."[7]

B.

The Rav now turned to Rashi's second comment on our *pasuk*. This time God's role as "Redeemer from Egypt" is not contrasted to His much earlier role as "Creator of the universe." Rather, His image at *Har Sinai* as a *zakein malei rachamim* is contrasted to His more recent projection at *keri'at yam suf* as a *gibbor milchamah*. These two distinct manifestations of God could potentially create ambiguity and give rise to the possibility of dualism, or *shetei reshuyot*.

In order to address this confusion, *HaKadosh Baruch Hu* began with *Anochi Hashem Elokecha*. The Rav explained that when the emphasis is on the verb, the first-person subject is expressed by the pronoun *ani*. For example, "I am writing a letter" would be formulated as *ani kotev michtav*. The focus is on the activity. However, when the emphasis is on the subject, the pronoun *anochi* is employed. Thus, in answer to the question of "who is writing a letter" the answer would appropriately be *anochi kotev michtav*. Here the focus is on the person rather than on the activity. The Rav further illustrated this by referring to:

"אנכי אנכי הוא מנחמכם..." (ישעיה נא:יב). [8]

Rashi now continues, based on *Shemot Rabbah* 29:1, by suggesting that the confusion regarding the unity of God might have been caused by the fact that they heard *kolot harbeih*, "many voices," coming from all directions. At the same time, however, Bnei Yisrael perceived the presence of God as

---

[7] See n. 4.

[8] Further support is provided by such *pesukim* as:

"אנכה אנכי ה', ואין מבלעדי מושיע." (ישעיה מג:יא)

"אנכי אנכי הוא מוחה פשעחך למעני, וחטאתיך לא אזכור." (ישעיה מג:כה)

"זכרו ראשונות מעולם, כח אנכי קל; ואין עוד אלהים, ואפס כמוני." (ישעיה מו:ט)

"...ואת יריבך אנכי אריב, ואת בניך אנכי אושיע." (ישעיה מט:כה)

concentrated telescopically on *Har Sinai*.[9] How, they must have asked themselves, can the same God be ubiquitous and omnipresent, and yet compressed in one place?

The Rav quoted the following Midrash that expresses this paradox:

<u>מדרש רבה, במדבר – פרשה יב, פסקה ג</u>

בשעה שאמר לו הקב"ה "ועשו לי מקדש ושכנתי בתוכם" (שמות כה:ח) אמר משה: מי יוכל לעשות לו מקדש שישרה בתוכו? "הנה השמים ושמי השמים לא יכלכלוך אף כי הבית הזה אשר בניתי" (מלכים א, ח:כז).... ואומר "השמים כסאי והארץ הדום רגלי; אי זה בית אשר תבנו לי ואי זה מקום מנוחתי" (ישעיה סו:א). אמר הקב"ה: איני מבקש לפי כחי אלא לפי כחן. כשאני מבקש, כל העולם כולו אינו יכול להחזיק כבודי... אלא אני איני מבקש מידך אלא עשרים בדרום ועשרים בצפון ושמונה במערב.[10]

HaKadosh Baruch Hu is thus capable of both "infinite expansion as well as infinitesimal self-contraction." The *mitzvah* of *imitatio Dei*, then, demands of us that we strive to implement both of these *midot* of the *Ribbono shel Olam*.

---

[9] See, *e.g.*, *Shemot* 19:20:

("וירד ה' על הר סיני אל ראש ההר; ויקרא ה' למשה אל ראש ההר ויעל משה").

[10] Chazal returned to this theme repeatedly. See, *e.g.*:

<u>מדרש תנחומא – תרומה, פרק ה</u>

אמר הקב"ה: השמים ושמי השמים לא יכלכלו אותי, ואשרה שכינתי בתוך עורות גדיי עזים.

<u>מדרש תנחומא – כי תשא, פרק י</u>

רבי יהודה בר סימון אמר שלשה דברים שמע משה מפי הגבורה ונבהל ונרתע לאחוריו. בשעה שא"ל "ועשו לי מקדש ושכנתי בתוכם" אמר: רבש"ע, "הנה השמים ושמי השמים לא יכלכלוך." א"ל: משה, לא כשם שאתה סבור; אלא עשרים קרש בצפון ועשרים בדרום ושמונה במערב ושמונה במזרח, ואצמצם שכינה שלי ואשכון ביניהם...

<u>מדרש תנחומא – נשא, פרק יא</u>

ובשעה שאמר ליה "ועשו לי מקדש" אמר משה: "הנה השמים ושמי השמים לא יכלכלוך אף כי הבית הזה אשר בניתי"... ואומר "השמים כסאי והארץ הדום רגלי", ואנו יכולין לעשות לו מקדש? א"ל הקב"ה: איני מבקש לפי כחי אלא לפי כחן, שנאמר "ואת המשכן תעשה עשר יריעות" (שמות כו:א).

<u>פסיקתא רבתי – פרשה ה</u>

כתב "הנה השמים ושמי השמים לא יכלכלוך", וכאן כתב "וכבוד ה' מלא את המשכן" (שמות מ:לד).

<u>פסיקתא דרב כהנא – פסקא ב' אות י</u>

ר' יודה בר סימון בשם ר' יוחנן: שלשה דברים שמע משה מפי הגבורה ונבהל ונרתע לאחוריו. בשעה שאמר לו "ועשו לי מקדש " אמר משה לפני הקב"ה: רבונו של עולם, הנה השמים ושמי השמים לא יכלכלוך" ואתה אמרת "ועשו לי מקדש"? אמר לו הקב"ה: משה, לא כשאתה סבור; אלא עשרים קרש בצפון ועשרים קרש בדרום שמונה במערב ואני יורד ומצמצם שכינתי ביניכם למטן דכתיב "ונועדתי לך שם" (שמות כה:כב)....

"Man's progress and achievement is encouraged by *Yahadus*; this is an expression of the *midah* of *hispashtus*, of expansion. On the other hand, man must limit himself; he must remember that however capable he is, he cannot manage his life without God's moral law.[11]

The Rav suggested two other symbolic interpretations of Rashi's imagery of

קולות באין מד' רוחות ומן השמים ומן הארץ.

The first proceeds from God's perspective. He gave the Torah not only to the *dor ha-midbar*, or to the generation that would enter Eretz Yisrael. "The Torah is not bound to any one spot on the globe, nor to any one generation."

The second proceeds from our perspective. "Some people perceive God in beauty. Some perceive God in the scientific order, in the causal nexus. Some people experience God in loneliness. Some hear God in an hour of triumph. The voice of God comes to man from all directions, at many points in his life and in many different ways."[12]

C.

Rashi's third comment, based on *Shemot Rabbah* 43:5, addresses the use of the singular pronominal suffix, *Elokecha* and *hotzeiticha*, rather than the plural *Elokeichem* and *hotzeitichem*. Rashi's explanation portrays Moshe's later defense of the Jews after they sinned with the *eigel ha-zahav* as based on this grammatical detail. The *Ribbono shel Olam* foresaw the episode of the *eigel*, and He formulated the *Aseret ha-Dibrot* using singular pronouns so that Moshe would later be able to plead that the *dibrot* had been addressed to him only. Bnei Yisrael should thus not be culpable.

---

[11] This theme of man's creativity and assertiveness on the one hand, and his humility and submissiveness to God on the other hand, is one that the Rav emphasized often. See, for example, "Catharsis," *Tradition* 17:2 (Spring, 1978), particularly pp. 43 ff.

[12] This interpretation by the Rav is reminiscent of the Midrashim that comment on *Tehillim* 29:4. E.g.,

מדרש רבה, שמות – פרשה ה, פסקה ט [והשווה כט:א, לד:א; וכן בתנחומא שמות, פרק כה]

בוא וראה היאך הקול יוצא אצל כל ישראל, כל אחד ואחד לפי כחו: הזקנים לפי כחן הבחורים לפי כחן והקטנים לפי כחן והיונקים לפי כחן והנשים לפי כחן. ...וכה"א "קול ה' בכח"; בכחו לא נאמר אלא בכח, בכחו של כל אחד ואחד.

The Rav, in his analysis of this passage, reinterprets Rashi in light of another midrashic tradition. This one offers a different basis for Moshe's defense of Bnei Yisrael:

<u>מדרש רבה, שמות – פרשה מג, פסקה ז</u>

"למה ה' יחרה אפך בעמך אשר הוצאת מארץ מצרים." מה ראה להזכיר כאן יציאת מצרים? אלא אמר משה: רבון העולם, מהיכן הוצאת אותם? ממצרים, שהיו כולם עובדי טלאים. א"ר הונא בשם ר' יוחנן: משל לחכם שפתח לבנו חנות של בשמים בשוק של זונות. המבוי עשה שלו, והאומנות עשתה שלה, והנער כבחור עשה שלו; יצא לתרבות רעה. בא אביו ותפסו עם הזונות; התחיל האב צועק ואומר "הורגך אני.., היה שם אוהבו, אמר לו: אתה איבדת את הנער, ואתה צועק כנגדו? הנחת כל האומניות, ולא למדתו אלא בושם; והנחת כל המובאות, ולא פתחת לו חנות אלא בשוק של זונות. כך אמר משה: רבון העולם, הנחת כל העולם ולא שעבדת בניך אלא במצרים שהיו עובדים טלאים. ולמדו מהם בניך, ואף הם עשו העגל. לפיכך אמר "אשר הוצאת מארץ מצרים" – דע מהיכן הוצאת אותם.

<u>מדרש רבה, שמות – פרשה מג, פסקה ט</u>

ד"א "אשר הוצאת מארץ מצרים." מה ראה להזכיר כאן יציאת מצרים? א"ר אבין בשם ר' שמעון בן יהוצדק: משל למה"ד? למלך שהיה לו שדה בור. אמר לאריס: לך פרנסה, ועשה אותה כרם. הלך האריס ופרנס אותה שדה, ונטעה כרם. הגדיל הכרם ועשה יין והחמיץ. כיון שראה המלך שהחמיץ היין, אמר לאריס: לך וקוץ אותה; מה אני מבקש מן הכרם עושה חומץ? אמר האריס: אדוני המלך, כמה יציאות הוצאת על הכרם עד שלא עמד, ועכשיו אתה מבקש לקצצו? וא"ת בשביל שהחמיץ יינו – בשביל שהוא נער לכך החמיץ, ואינו עושה יין יפה. כך כשעשו ישראל אותו מעשה, בקש הקב"ה לכלותם. אמר משה: רבון העולם, לא ממצרים הוצאתם? ממקום עובדי עבודת כוכבים! ועכשיו נערים הם שנאמר "כי נער ישראל ואוהבהו, וממצרים קראתי לבני" (הושע יא:א). המתן מעט להם, ולך עמהם, ועושין לפניך מעשים טובים.

Accordingly, Moshe argued that "You took them out of Egypt, where You had settled them initially, whose culture was polytheistic, magical and idolatrous…So when Rashi says *lo lahem tzivita* he means that I, Moshe, was ready [spiritually] to accept the first two *dibrot*. The people were not. That is why they could not bear listening to the *dibrot*, and they asked Moshe to take over."

The Rav continued: "This is Rashi's answer. I think the real answer [to the question of why it was formulated in the singular] is that it was necessary to formulate the Decalogue in both *leshon yachid* and *leshon rabbim*.[13] If your obligation derives from the fact that you are a member of a community, then if the *kahal* disbands or if it decides to violate the law I, as an individual, am no longer bound by the law. [On the other hand,] why was it necessary to formulate the Decalogue in the plural? Because *kol Yisrael areivim zeh ba-zeh*.[14] I am responsible not only for my children, but for the children of my neighbor as well."

D.

Rashi's closing comment on our *pasuk*, based on the *Mechilta*, characterizes the Jews in Egypt as "slaves to Pharaoh," and not "slaves to [Pharaoh's] slaves." "So what?" asked the Rav. "There was a hierarchy of slaves in Egypt, and the Jews were subordinated directly to *Par'oh*. Was that any less abject and despicable?

"In my opinion Rashi means that some slaves are owned by real individuals; some slaves are owned by the state, that is, by a juridical person, by a corporation. It is better to have a real person as a master; at least he has a heart. Yosef, for example became the *major domo* of Potiphar.

"A juridical person has no soul and no heart. That is why the Torah calls all Pharaohs by the name Pharaoh and not by their personal name. [The relationship] was depersonalized and dehumanized. The Jews were enslaved to a soulless machine."

This, emphasized the Rav, was the significance of

"ויפדך מבית עבדים מיד פרעה מלך מצרים."

"God liberated you from the house of bondage in which you had been particularly dehumanized by being slaves directly to Pharoh."[15]

---

[13] The two accounts in *Yitro* and *Va-Etchanan* are in the singular. It is the encapsulated version in *Parshat Kedoshim* that is in the plural. See:

מדרש רבה, ויקרא – פרשה כד, פסקה ה

תני ר' חייא: פרשה זו נאמרה בהקהל מפני שרוב גופי תורה תלויין בה. ר' לוי אמר: מפני שעשרת הדברות כלולין בתוכה....

Rashi (*Vayikra* 19:2) quotes R. Chiya's view. Ibn Ezra (19:2) and Ramban (19:2,4) quote R. Levi's opinion.

[14] See *Shevuot* 39a.

[15] See B. David Schreiber, *Nor'ot HaRav*, Vol. 4 (New York, 1997), 166–69.

II.

We proceed now to the second *dibrah*. The reconstruction that follows is based primarily on the tape of a *shiur* that the Rav delivered in Boston on *Motza'ei Shabbat Parshat Naso*, June 9, 1973. I also drew on my extensive notes from the three *shiurim* of June 1970.[16]

For the most part, we shall quote the Rav's own words (from the tape) verbatim, indicating these by quotation marks. My interpolations, which are most often abridged versions of the Rav's more elaborate formulations, are within brackets. Notwithstanding minor editorial revisions, prompted by the differences between an oral and a written presentation, the tone of the original delivery has been retained. The extensive, continuous, quotations of the Rav's own words will offer the reader an opportunity to experience the enthralling, indeed electrifying, cadences of the Rav's oral delivery. *Chaval al d'avdin, ve-la mishtakchin.*[17]

The relevant primary sources are:

שמות – פרק כ

(ג) לא יהיה לך אלהים אחרים על פני.

(ד) לא תעשה לך פסל וכל תמונה אשר בשמים ממעל ואשר בארץ מתחת ואשר במים מתחת לארץ.

(ה) לא תשתחוה להם ולא תעבדם; כי אנכי ה' אלקיך קל קנא, פקד עוון אבות על בנים על שלשים ועל רבעים לשנאי.

(ו) ועושה חסד לאלפים לאוהבי ולשומרי מצוותי.

מכילתא, פרשת בחדש – פרשה ו

לא יהיה לך אלהים אחרים. למה נאמר? לפי שנאמר "לא תעשה לך פסל וכל תמונה" – אין לי אלא שלא תעשו; העשוי כבר מנין שלא יקיים? תלמוד לומר "לא יהיה לך."

אלהים אחרים. וכי אלוהות הן? והלא כבר נאמר "ונתן את אלהיהם באש כי לא אלהים המה" (ישעיה לז:יט) ומה תלמוד לומר "אלהים אחרים"? אלא שאחרים קוראין אותם אלוהות...

דבר אחר: "אלהים אחרים" שהם אחרים לעובדיהם. וכן הוא אומר "אף יצעק אליו ולא יענה, מצרתו לא יושיענו" (שם מו:ז)...

---

[16] See Chapter Nine, n. 1. Only pp. 117–18 in *Shiurei HaRav* are relevant.

[17] See *Sanhedrin* 111a.

<u>לא תשתחוה להם ולא תעבדם</u>. למה נאמר לפי שהוא אומר דברים י"ז וילך ויעבוד אלהים אחרים לחייב על העבודה בפני עצמה ועל השתחואה בפני עצמה. אתה אומר כן או אינו חייב עד שיעבוד וישתחוה ת"ל לא תשתחוה להם ולא תעבדם לחייב כל אחד בפני עצמו....

<u>כי אנכי ה' אלקיך קל קנא</u>... דבר אחר: אני ה': אלקיך קל קנא – בקנאה אני נפרע מן עבודה זרה, אבל רחום וחנון אני בדברים אחרים...

רש"י על שמות פרק כ

(ג) <u>לא יהיה לך</u> – למה נאמר? לפי שנאמר "לא תעשה לך", אין לי אלא שלא יעשה; העשוי כבר מנין שלא יקיים? ת"ל "לא יהיה לך" (מכילתא).

<u>אלהים אחרים</u> –...דבר אחר: אלהים אחרים – שהם אחרים לעובדיהם; צועקים אליהם ואינן עונין אותם, ודומה כאילו הוא אחר, שאינו מכירו מעולם.

(ה) <u>קל קנא</u> – (מכילתא) מקנא להפרע ואינו עובר על מדתו למחול על עון ע"א....

<u>לשנאי</u> – כתרגומו; כשאוחזין מעשה אבותיהם בידיהם (סנהדרין כז).

רמב"ן

"לא יהיה לך אלהים אחרים על פני" – כתב רש"י: "לא יהיה לך למה נאמר? לפי שנאמר לא תעשה לך, אין לי אלא שלא יעשה, העשוי כבר מנין שלא יקיים? ת"ל לא יהיה לך." וזו באמת ברייתא היא שנוייה במכילתא... ולפי דעתי שאין הלכה כדברי זאת הברייתא, וכדברי יחיד היא שנויה. שכך שנינו בספרא: "ואלהי מסכה לא תעשו לכם (ויקרא יט:ד)... מכאן אמרו העושה ע"ג לעצמו עובר משום שתי אזהרות – משום לא תעשו ומשום לא לכם; רבי יוסי אומר משום שלש – משום לא תעשו ומשום לא לכם ומשום לא יהיה." הרי שר' יוסי יחיד במקום רבים הוא, האומר כי לא יהיה לך אזהרה למקיים ע"ג, ולדברי תנא קמא אינו כן.

A.

The first *pasuk* of the second *dibrah* is:

לא יהיה לך אלהים אחרים על פני.

The nature of this prohibition is the subject of controversy between Rashi on the one hand, and the Rambam and Ramban on the other hand. Rashi clearly defines the *issur* in terms of ownership, possession. "Do not own any idols, even if you did not manufacture them yourself."

According to the Rambam and the Ramban, however, the Torah does not address in this *pasuk* the physical possession of idols. Rather, the Torah here prohibits the acknowledge-ment of any deity other than *Hakadosh*

Baruch Hu. This *pasuk* refers to the mere assignment of value to another deity, "the absolutizing of some finite creature," even without actually worshipping it. The worship, *per se*, is addressed in the subsequent *pasuk*: לא תשתחוה להם ולא תעבדם.

There are three levels of *avodah zarah*. The first is what the Gemara calls *kabbalah be-eloha*, the acceptance of something as a god. If one should say to an idol "*eili atah*," "Thou art my god," this would itself constitute *avodah zarah*. No physical act, no cultic performance, is required in order to violate this first level.[18]

The second level is: "*lo tishtachaveh lahem*," "Do not prostrate yourself before other objects of worship." Even if one does not employ the specific mode of worship that is characteristic for that deity, the mere prostration before it is prohibited. Actually, not only full prostration – what the *halachah* calls "*pishut yadayim ve-raglayim*" – is forbidden; even bowing before it – "*mi-she-kavash panav be-karka* – is prohibited.[19]

The third level is: "*lo ta'avdeim*." This refers to the cultic performances that are specific to each deity. For example, those who used to worship the idol *markulis* would throw stones at it.[20] Similarly, the idol *pe'or* had its unique mode of worship.[21]

B.

"These three concepts of *avodah zarah* [are true] not only halachically, but also psychologically and historically. Idolatry does not mean only an idol in the way that the primitive pagans thought about it in antiquity...If someone singles out a certain principle besides God as the source of being, or [as] the final objective of being, [that, too, is idolatry].

"I'll give you an example...We live in a scientific age. The universe is self-sufficient scientifically. It is a closed unit. We do not understand the universe scientifically from the outside. We don't know how the universe came into being, nor why...But we understand it very well scientifically,

---

[18] See *Sanhedrin* 60b, 63a; *Hilchot Akum* 3:4.

[19] See *Hilchot Akum* 6:8.

[20] See *Avodah Zarah* 49b ff.; *Hilchot Akum* 3:2, 3, 5; 7:16; 8:12.

[21] See Rashi, *Bamidbar* 25:3; Rambam, *Hilchot Akum* 3:2, 3, 5.

mathematically, within the closed system – by mathematical equations and by the establishment of a causal nexus between phenomena.

"Scientifically one cannot ask what sustains the universe. It's ridiculous to ask the question. The universe is sustained by itself. There is no explanation from without. Our explanation of the cosmic drama is from within.

"If a Jew should accept [the internal explanation as the ultimate one], he would be an *oveid avodah zarah*. He would have substituted something besides God as absolute and self-sufficient.

"We do not deny the importance of the mathematical formula or of the causal nexus. On the contrary. Yahadut has spoken so many times about *tiv'o shel olam*. What does *tiv'o shel olam* mean? What is nature? It is the cosmic drama as determined by the law of causality. However, we insist that everything in the universe reflects something or somebody who is both within the universe and outside the universe, and this is God.

"The mathematical law, or the law of gravitation, expresses the Will of God. His primordial Will – according to the Rambam, the *ratzon ha-kadmon* – the creating Will, the Will of *yehi ohr*, is built in to organic and inorganic matter. But God is not only within the universe; He is also transcendent, outside of the universe.

"[Thus] the Rambam says:

<u>הל' יסודי התורה א:ו</u>

וכל המעלה על דעתו שיש שם אלוה אחר חוץ מזה – עובר בלא תעשה שנאמר "לא יהיה לך אלהים אחרים על פני"; וכופר בעיקר, שזהו העיקר הגדול שהכל תלוי בו.

"The Rambam lived in an age where there were no idols...He had never [even] been in a Christian society. The Moslems are not pagan [idolators]...The Rambam's understanding of *"lo yihiyeh lecha elohim acheirim"* is a philosophical one. [It relates to] a theoretical attitude. A philosophy that explains the finite universe in terms of itself, without recourse to infinity – to the *Ein Sof* – is *avodah zarah*.

"The Ramban[22] goes a step further. He says that "*lo yihiyeh lecha elohim acheirim*" implies not only entertaining theoretically a certain philosophy, but committing oneself to it…One can entertain a certain philosophy but not be committed to it, not fight for it, not submit to it…Who wrote as much about ethics as the German philosophers? [But] they acted just the opposite.

"This is why the Rambam wrote, "*kol ha-ma'aleh al da'ato*" rather than "*kol ha-chosheiv*." [The former means] one who entertains the idea, entertains the possibility. [The latter would mean] one who accepts it as certitude. An atheist would be [characterized as] "*kol ha-chosheiv*." He believes in his philosophy with so much zeal that he is ready to fight for it. One who is [merely] "*ma'aleh al da'ato*" does not accept it as certitude. He questions the necessity of accepting that God is the master of the world, and the One Who sustains the world. Perhaps, he thinks, it is possible to explain the world in categories of finitude. This in itself is already [a breach of] "*lo yihiyeh lecha elohim acheirim al panai.*"

C.

"I'll give you another example. Marxism believes that man is self-sufficient basically…The Marxists are great optimists as far as man is concerned…They believe that man, if he is left alone, if he is not bothered by religion, if he throws off his colonial masters and ruling circles – you know that they have their jargon – will achieve great heights. [This is so] not only technologically, but ethically. Man will become perfect. He will do only good, and not be involved in evil.

"This is the basis of Marxism. It is not, as many think, an economic theory [fundamentally], but an ethical theory… Man is self-sufficient morally. There is no need for man to follow laws formulated by God, like '*lo tirtzach*' and '*lo tignov.*' He will himself formulate appropriate laws. This is *avodah zarah.*

"We [on the other hand] believe that man can accomplish a great deal, but that he will never be self-sufficient morally. He will need the law formulated by God. And if he himself should formulate the law of "*lo*

---

[22] On *Shemot* 20:3.

tirtzach," he will violate the law five times a day. The best example is Stalin....

"We also think that man is not self-sufficient as far as happiness is concerned. He can never make himself happy. No matter how far he'll reach – to Mars or to Venus – he will not be self-sufficient. He'll be the same unhappy being on the moon as he is on the earth. Happiness, serenity, joy is only possible through self-fulfillment, self-realization. God intervenes in human destiny, so without God there can be no happiness. Whoever thinks that man can realize his own destiny and achieve perfection is, in the Rambam's words,

מעלה על דעתו שיש שם אלוה אחר.

"Such a person is not just '*oveir be-lo ta'aseh*,' but is thereby '*kofer be-ikkar*.' He denies the foundation of Yahadut, for as the Rambam states:

זהו העיקר הגדול שהכל תלוי בו.

"This is the very foundation of Yahadut, upon which everything rests...[23]

"So *avodah zarah* is a gradual process. A man does not start worshipping idols immediately. It starts out with entertaining [alternative] thoughts. I was in Germany during the time of the ascendancy of the Nazis. I don't believe that all Germans were Nazis, were animals. There were Germans who were cultured people just as in any other nation. What happened in Germany can happen anywhere. It's because the human being is not to be trusted. The human being can be as noble as an angel, but at the same time he can turn into a predatory animal.

"I know that many of my [German non-Jewish acquaintances] did not commit themselves to Nazism immediately. It was a long process. Don't forget that Hitler started out in 1918, right after the German defeat. In 1924 he attempted a putsch in Munich. It was a failure and they put him in jail. Had they kept him for fifteen or twenty years, the world would have been safe. But the socialist government pardoned him and let him out. That was 1924. He then became powerful in 1931, and by 1933 he was appointed chancellor by Hindenburg.

---

[23] *Hilchot Yesodei HaTorah* 1:6. See *Hilchot Keri'at Shema* 1:2.

"All Germans did not subscribe to Nazism immediately. They [merely] began to think that *perhaps* there is some justice to what he said... Don't forget, in 1924 Germany was in the midst of a terrible inflation. The Germans had savings, and all savings suddenly became devalued. A man [might have] had fifty thousand marks in the bank. He arose one morning and, by an edict of [Friedrich] Ebert – the president of the German Republic, who happened to be a social democrat – he lost every penny. He could not go out and buy a bottle of milk the next day.

"So you begin to think when you are hungry and thirsty. Ebert was not a Jew, the government was not Jewish, but the Jews were behind the scenes. At this point, it is still only a remote possibility. Little by little, however, you reach the second stage, that of *eili atah*. You begin to acknowledge that the Nazi theory is right.

"But you are still not ready to kill Jews, or [even] to join the S.S. Then comes [the second stage, that of] *hishtachavayah*. You stand in awe, you admire, you surrender...It's not yet '*lo ta'avdeim*.' It's not yet worshipping, taking orders and implementing orders. But you stand in awe before the movement.

"Hitler, because of the weakness and the spinelessness of the so-called Western powers, occupied the Rhineland, and then he occupied Austria. Many Germans stood in awe. After all, he recovered and united so much territory.

"And if you stand in awe for a while, and you begin to admire the accomplishments, you finally arrive at '*lo ta'avdeim*'; you begin to worship. And you know what idolatrous worship means; it means human sacrifice. You can now take children, babies, and smash their heads against the brick wall of the Warsaw Ghetto.

"*Avodah zarah* is [thus] a piecemeal process. At first, one is '*ma'aleh al da'ato*,' he entertains the idea. Then he begins to think so, to acknowledge it. Later he begins to admire it; this is the stage of '*lo tishtachaveh lahem*.' Finally, he reaches the stage of '*lo ta'avdeim*'... He is now one of the group, one of the crowd.

D.

"Let's continue. '*Ki Anochi Hashem Elokecha, Keil Kana.*' What does *kana* mean? The standard translation in all languages is in the sense of jealousy, a jealous God. What does Rashi say? '*Mikanei le-hipara*' – He is jealous to exact punishment, or in the exacting of punishment. '*Ve-eino oveir al midato limchol al avon avodat elilim.*' He does not pass up [forego] His method [of exacting punishment, in order] to pardon the sin of *avodat elilim*, or *avodah zarah*.

"The Torah hated *avodah zarah*. It is not just an idol; it is a way of life. It represents a certain kind of morality.

"What does jealousy mean? In many languages, there are two different terms to express the two emotions, or attitudes, of jealousy and envy. In Hebrew, however, they share the same root. Rachel was envious of her sister – "*Va-tekanei Rachel ba-achotah*" (*Bereishit* 30:1) – when Leah gave birth to several sons while Rachel was a barren woman.

Eliyahu, on the other hand, was jealous.

<u>מלכים א – פרק יט</u>

(ט) ויבא שם אל המערה וילן שם; והנה דבר ה' אליו, ויאמר לו: מה לך פה אליהו?

(י) ויאמר: קנא קנאתי לה' אלקי צבקות כי עזבו בריתך בני ישראל; את מזבחותיך הרסו, ואת נביאיך הרגו בחרב, ואותר אני לבדי ויבקשו את נפשי לקחתה...

(יג) ... והנה אליו קול, ויאמר: מה לך פה אליהו?

(יד) ויאמר... ואותר אני לבדי ויבקשו את נפשי לקחתה.

"In response to God's question, 'Why did you come to *Har Choreiv*,' Eliyahu answered: 'I was jealous, and ready to exact punishment, on Your behalf; for they have destroyed Your altars and killed Your prophets. I am [now] the only prophet left, so I feel responsible.'

"So the three-letter root is the same; the difference is only one of case. When *kin'ah* is expressed in order to portray envy, it is [in] the ablative. [Thus]:

"ותרא רחל כי לא ילדה ליעקב, <u>ותקנא</u> רחל <u>באחתה</u>..." (בראשית ל:א).

"כי <u>קנאתי בהוללים</u>, שלום רשעים אראה" (תהלים עג:ג).

"אל תקנא באנשי רעה ואל תתאיו להיות אתם" (משלי כד:א).[24]

"If [on the other hand] you speak in the sense of jealousy, zealous to exact or to dispense punishment…then you use the dative *lamed.* [Thus *Eliyahu* said]: "קנא קנאתי לה'..."[25]

"The grammatical cases change, but the verb is the same. What is envy, and what is jealousy?…

"In Tanach we have both senses of resentment. We find *kin'ah* in the sense of imagined rivalry, of being overly suspicious of someone who wants to take away what I have…. In *Parshat Sotah* [the Torah depicts]:

"ועבר עליו רוח קנאה וקנא את אשתו..." (במדבר ה:יד)

'There will come upon the husband a spirit of jealousy, and he will warn his wife.' Rashi explains the nature of this warning:

פירשו רבותינו: לשון התראה; שמתרה בה: אל תסתרי עם איש פלוני.

"He warns her not to stay with [a particular man] alone. [The husband is thus feeling] unjustified, unwarranted, suspicion.

"But when [the *pasuk*] says '*Keil kana*,' or when Eliyahu said '*kano kineiti la-Sheim*,' or when God said about Pinchas '*b'kan'o et kin'ati*,'[26] it refers to real, actual, rivalry. God resents the rivalry of someone else who wants to share man with Him.

"*Kin'ah* as 'envy' is used in Tanach in a variety of contexts. But *kin'ah* as 'jealousy' appears in the Torah only in two situations: in the relationship between God and man, and in the relationship between husband and wife. Idolatry [begets] *kin'ah*, and adultery [begets] *kin'ah*….

"God resents the attempt on the part of any finite being to share man with Him. He wants the whole of man. He does not want any partner to

---

[24] עיין עוד:

לדוד: אל תתחר במרעים, אל תקנא בעשי עולה (תהלים לז:א).

אל תקנא באיש חמס ואל תבחר בכל דרכיו (משלי ג:לא).

אל תתחר במרעים אל תקנא ברשעים (משלי כד:יט).

[25] עיין עוד:

...כה אמר ה' צבקות: קנאתי לירושלים ולציון קנאה גדולה... (זכריה א:יד).

כה אמר ה' צבקות: קנאתי לציון קנאה גדולה, וחמה גדולה קנאתי לה (זכריה ח:ב).

[26] *Bamidbar* 25:11.

share with Him. [Similarly] *kin'ah* is applied to the marital relationship between husband and wife....

"When is jealousy, the resentment of rivalry, justified? Sometimes this attitude is very selfish. When is this spirit of possessiveness, of domineering possessiveness, justified? On the whole, people don't like jealous persons. A person can be very jealous of his property[, for example]. No one can enter his home, because he might leave a stain on the rug. ...This mania for cleanliness is [a form of] possessiveness. Such a person sees his possessions as a part of him.

"There are mothers – usually it is mothers more than fathers – who are very possessive of their children. Sometimes they drive their children or themselves to insanity. This is so particularly when they have one child only. They want the child to cling to their apron strings forever.

"This is a spirit of possessiveness, of jealousy, of unwillingness to share. The proverbial enmity between a mother-in-law and daughter-in-law [is an example of this]. Even the *Halachah* recognizes it. That's why the '*chamesh nashim*,' 'the five women,' cannot testify in court – because you suspect them of perjury.[27] The mother-in-law and daughter-in-law are fighting over the son. Neither is ready to share him [with the other]....

"When is exclusive possessiveness, intolerance for any interference or competition, for sharing with someone else, justified? [Most commitments]

---

[27] The Rav did not elaborate, but he was referring to the *halachah* regarding situations where the testimony of *eid echad*, one witness, or of a woman is acceptable in court. This is the case in order to verify that a woman's husband has definitely died (so that she may then remarry), or to confirm that a *sotah* has "closeted herself" with another man. Amongst the principal sources are:

<u>תוספתא גיטין ב:ח</u>

הכל כשרין לקבל [לה] גיטה חוץ מחרש שוטה וקטן. הכל נאמנים להביא לה גיטה אפילו בנה אפילו בתה. [ואף] חמש נשים שאין נאמנות לומר "מת בעלה" נאמנות להביא גיטה: חמותה ובת חמותה וצרתה ויבמתה ובת בעלה.

<u>שו"ע אבן העזר קנח:ד</u>

חמש נשים שאינם מעידות זו לזו שמת בעלה, כך אינם מעידות שמת יבמה.

<u>שו"ע אבן העזר – קעח:טו</u>

חמש נשים ששונאות אותה נאמנות עליה לומר שנטמאת אחר הקינוי לאוסרה על בעלה אבל לא להפסידה כתובתה.

are not absolute; they are relative. [Even when there is] a strong, almost insoluble bond, it is still just relative. It is not absolute; it is not ultimate.

"According to *Yahadus* [no] human commitments are absolute…You know very well that the family unit is the foundation of our people. The commitment between parents and children is, in *Yahadus*, an exalted one…After all, this commitment was included amongst the Ten Commandments: *'kabeid et avicha ve-et imecha.'* But it is not an absolute, permanent, commitment. It is a transient one. The commitment seems to be absolute as long as the child is young…The child cannot understand how he will [ever] separate from his parents.

"I remember that when I studied Chumash as a child – I was probably five or six years old – I learned the *pasuk*: *'al kein ya'azov ish et aviv ve-et imo.'* I started to cry. What do you mean that I'll leave my father and mother? It seemed [to be] an impossibility. I couldn't understand it.

"But the older a person [becomes], the weaker the bond between the child and the parents. There is [to be sure] a commitment on the part of the child, but it is not an ultimate one. It remains a sacred commitment; the Torah has hallowed it by including it amongst the Ten Commandments. But it is not ultimate… [That is why] the death of a father or mother, no matter how tragic, does not leave a permanent scar in the heart of the child…

"On the other hand, the death of a child leaves a permanent scar on the mother and father. There is, on the part of the parents, an ultimate commitment….

"We know this from Yaakov and Yosef. Yosef did not mourn for his father. He knew that his father was in misery, [but] he didn't even care to write a letter to him…The Ramban [noted this].[28] Yaakov, however, mourned and grieved. [He refused all attempts to console him].[29]

"[Similarly] the commitment between a husband and wife, although *Yahadus* regards it as a very strong one, is also not an ultimate commitment. The best proof is divorce. Had *Yahadus* considered it a sacramental commitment rooted in infinity, rather than a finite commitment, it would

---

[28] See Ramban on *Bereishit* 42:9.

[29] See *Bereishit* 37:35.

have never recognized divorce as an instrument of separation, of elimination of that commitment...

"Whenever there is a finite commitment, jealousy is unjustified. That's why Chazal say about [the case of] *Sotah* that the husband is unjustifiably jealous; that's why...[they] looked askance at the jealous husband.

"There is only one commitment that is absolute, ultimate and infinite, and that is [the commitment] between man and God. That commitment is unconditional and unqualified. No matter what happens to man – whether his destiny be one of joy, accomplishment, success and victory; or one of failure ...and tragedy – the commitment remains unaffected...

"Within that commitment, jealousy is justified. You cannot share an absolute commitment with a finite being. A finite being can never enter into an infinite relationship.

"As a matter of fact, who said that all human commitments, all human love, is just transient and ephemeral? [Who said that] there is only one love, one commitment, that is absolute, eternal and everlasting? *David HaMelech.*

"כי אבי ואמי עזבוני וה' יאספני" (תהלים כז:י).

'My father and mother have abandoned me; only God will gather me in.' ...Have you ever seen a mother and father abandon a child? I've never come across it. I *have* seen children abandoning parents; the ingratitude is painful [even] to an outsider. But I have never seen [the opposite].

"So why does [*David HaMelech*] say '*ki avi ve-imi azavuni?*' For many years I could not understand it. I had a father who was devoted to me to such an extent that a more intense devotion is almost unimaginable. The same was true of my mother. And yet, '*ki avi ve-imi azavuni.*'

"I'll tell you what *David HaMelech* means. He doesn't mean 'abandoned me willfully.' There are certain situations, however, in which the child is abandoned by a father and mother, because [they] are helpless. If a child is very sick, if he's afflicted with a fatal disease, what can the father and mother do? So what happens in such a case? Little by little they suffer, they despair, and finally they reach the brink of resignation. They give up. Isn't that '*ki avi ve-imi azavuni?*'

"At that point '*va-Hashem ya'asfeini,*' only God can take me in. When I was critically ill, when my mother came to me the night before the operation and she walked out, I understood the *pasuk*: '*ki avi ve-imi azavuni, va-Hashem ya'asfeini.'* What could she do for me? Nothing. Only God remains with the person.

"Whoever was seriously ill knows that… a partition rises between [even] his closest friends and relatives and himself. No matter how much sympathy they give him, no matter how much friendship they are capable of giving, no matter how deep their suffering is, he is lonely. They cannot participate in, or share in, his loneliness.[30]

"So all commitments are transient; there is a point of termination. Whether the termination is willful or imposed is irrelevant in this context. There is a point of termination at which the relationship comes to an end. In an absolute commitment a separate existence [would be] impossible metaphysically. [The reality is, however, that] people *do* survive, people live and carry on, because the commitment is not absolute.

"There is only one commitment that is infinite, absolute and permanent. [It is the one] between man and God, because man cannot exist without God. That's why there is jealousy. That's why [this commitment] cannot be shared with anybody. That's why jealousy is justified. That's why it says '*Keil kana*'; I, God, am intolerant of sharing. I want man for Myself; and not just a part of man, but the whole of man…That's why [He] resents *avodah zarah* so much.

E.

"Rashi says that [God] not only resents, is intolerant of, *avodah zarah*, but that He exacts punishment. '*Mikanei le-hipara ve-eino oveir al midato limchol al avon avodat elilim.*' He is jealous in the sense that He exacts punishment and never pardons.

"How could Rashi say that God never forgives, never pardons? *Teshuvah* is, after all, effective even in cases of *avodah zarah*. So what does it mean to say that there is always retribution?

"You know what the most severe punishment for *avodah zarah* is? That *avodah zarah* itself disappoints and betrays man…God doesn't have to exact punishment in the sense of physical suffering, or disease, or famine or death. You serve *avodah zarah* expecting something. What do you expect?

---

[30] See Rabbi Joseph B. Soloveitchik, *Out of the Whirlwind* (New York, 2003), 132–34.

[That the *avodah zarah*] will help you, of course. Otherwise, why worship idols?…

"And you know how I interpret idols. It doesn't mean only physical idols, graven images. Any idea that you worship – you expect help, assistance, from that idea. What happens[, however,] is not only that the *avodah zarah* will never render assistance, but [as Rashi says, paraphrasing the *Mechilta*]:

"דבר אחר: אלהים אחרים – שהם אחרים לעובדיהם; צועקים אליהם ואינן עונין אותם, ודומה כאילו הוא אחר, שאינו מכירו מעולם."[31]

"*Avodah zarah* is [not only] indifferent to the suffering of man, it will betray its worshipper. Instead of helping him, it will inflict harm on him…. This is our historical experience…. We have so many cases of that. I'll give you an example.

"The *nevi'im* speak about the treaties which were reached between *malchut Yehudah* and either Assyria or Egypt. Babylonia was a great, powerful empire, and it threatened all the small principalities. Eretz Yisrael was, after all, [merely] a small principality… The shadow of Babylonia was long and ominous. *Mitzrayim* was also afraid of Babylonia, but because it [, too,] was an empire, there was a tendency on the part of many of the statesmen of *Yehudah* to reach a defense treaty with *Mitzrayim*. Many treaties were reached, and *Mitzrayim* never fulfilled any terms of these treaties. [Thus, Yishayahu says:]

"הוי היורדים מצרים לעזרה, על סוסים ישענו; ויבטחו על רכב כי רב, ועל פרשים כי עצמו מאד; ולא שעו על קדוש ישראל, ואת ה' לא דרשו" (לא:א).

"[Similarly,] the *navi* [warns against the futility of relying on] Assyria:

<u>הושע פרק יד</u>

ב) שובה ישראל עד ה' אלקיך; כי כשלת בעוונך.

ג) קחו עמכם דברים ושובו אל ה'; אמרו אליו כל תשא עוון וקח טוב, ונשלמה פרים שפתינו.

ד) אשור לא יושיענו, על סוס לא נרכב, ולא נאמר עוד אלהינו למעשה ידינו; אשר בך ירחם יתום.

---

[31] לשון המכילתא הוא: דבר אחר: "אלהים אחרים" שהם אחרים לעובדיהם. וכן הוא אומר "אף יצעק אליו ולא יענה, מצרתו לא יושיענו" (ישעיהו מו:ז).

"Later, when Yirmiyahu struggled with the ruling party in the reign of Tzidkiyahu, he again warned that they should not rely on *Mitzrayim*. [This continued reliance on *Mitzrayim*] was not *avodah zarah* in the literal sense of an idol. But it is *avodah zarah* when you rely on a person or a great power too much. So what happened [ultimately]? Because of [their dependence on] *Mitzrayim* the Jews lost the war with Babylonia, and [their kingdom] was destroyed.

"The same is true later, when the Jews – particularly Herod, *Hordus* – thought that Rome will protect Israel. They began to invite Rome in, and to cultivate goodwill between Rome and Israel. What happened? Rome swallowed them up.

"What happened in modern times? '*Keil kana; pokeid avon avot al banim*' came true. If there was a movement, or a philosophy, in the world that we Jews – particularly Jewish youth – believed would offer the final solution to, would simply wipe out, anti-Semitism, it was Marxism, it was socialism. "The history of the Marxist movement in Russia, in Lithuania and in Poland at the turn of the century [is well documented]. The Bund, the powerful socialist movement, opposed Zionism. [They insisted that] the Jewish problem cannot be resolved by establishing a state, by crossing the ocean, but that it must be resolved locally.

"[How so?] There is one thing that is responsible for anti-Semitism: capitalism, with all of its inequities and injustices. When socialism will be introduced, there will be paradise on earth.

"In 1917 socialism was introduced to Russia. Russia was [at long last] a Marxist government... Socialism was actually an *avodah zarah* for Russian Jews; *avodah zarah mamash*! They considered Marxism to be the ultimate, absolute historical and ethical principle that will guide us toward the millennium.

"And, of course, *Keil kana*. What is *Keil kana*? The very socialists have now[32] become the preachers, the leaders, of the international anti-Semitic movement. As a matter of fact, almost all socialist countries are identified with anti-Israelism, which is just a disguise for anti-Semitism.

---

[32] The Rav was speaking in 1973.

"Recently, someone sent me a book in Russian about the State of Israel that was printed under the imprimatur of the Russian Academy of Science. The Russian Academy of Science is not a small institution; it's not a private *shtiebel*. This is the government of Russia; this is the Russian people.

"I'll tell you frankly: it's not a question of their lies about Israel. It's not only anti-Israelism that comes to expression. It is a rabid anti-Semitism, a hatred of the Jewish people, of the existence of the Jew as a separate spiritual identity...Streicher and Goebbels, and that entire school, would have been proud of it; and I have a good knowledge of the type of literature they published.

"Isn't this *Keil kana?* There is no pardon. You worshipped a movement, you sacrificed the flower of your youth, your best sons and daughters, to socialism, and now [you must live with the consequences].

"And the same is true in America. In America there was a president by the name F.D.R. He was a great liberal, no doubt about it; but as far as the Jewish problem is concerned, there were many shortcomings. He did not act like a great friend of the Jewish people.

"During the Roosevelt era, the Jews made an *avodah zarah* of him. An *avodah zarah mamash!* People took a finite being and put him on a pedastal; they idealized and idolized him. They absolutized him; they made a god of him. One could not say a word of criticism [about him] in the presence of a Jew....

"And when the rabbis demonstrated in Washington on the day before Erev Yom Kippur in 1943 they wanted just to give him a petition asking that he do something to save the remnants in the extermination camps. He did not receive them. He sent out Wallace, who took the petition and put it in his pocket.[33]

"*Avodah zarah* must disappoint. This is [the full significance of] *Keil kana.* The same is true as far as individuals are concerned, [as when] someone lives just in order to make money. What difference does it make? It doesn't matter what value he singles out to absolutize, to worship. He will finally be disappointed.

---

[33] For a similar assessment by the Rav of F.D.R.'s relationship to the Jewish community, see Abraham R. Besdin, *Reflections of the Rav* (New York, 1979; New Jersey, 1993), 67–69.

"This is what Rashi means when he writes:

קל קנא – מקנא להפרע, ואינו עובר על מדתו למחול על עון ע"א.

"The worshipper of *avodah zarah* will never get what he expected the *avodah zarah* to give him. *Hakadosh Baruch Hu* will forgive him, of course, if he repents. He'll forgive the sin. But the *avodah zarah* will [inevitably] disappoint. The person or the group, or whatever it is he worshipped, to which he gave the best of his life, will never reciprocate. There is no reciprocity as far as *avodah zarah* is concerned. *Avodah zarah* takes, but it never gives back anything.

"You must understand this. We've had a lot of trouble [throughout history] because of this expression, *Keil kana*. Much of Christian so-called theological literature, their anti-Semitic literature, contrasts *Keil kana* with the god of Christianity who is pure love. Of course, the proof lies in the Crusades, the Inquisition, the Chmielnicki massacres, and the six million Jews who perished now. But they [continue to] contrast....

"You must understand that *Keil kana* means a God Who never accepts *avodah zarah* as a partner, and Who resents sharing man with [any] *avodah zarah*. [Any] *avodah zarah* will [on its own] disappoint man. He will [inevitably] feel frustrated after he has sacrificed to *avodah zarah* the best he possessed.

F.

"פוקד עוון אבות על בנים על שלשים ועל רבעים לשנאי."

"He visits the iniquities of the fathers, of the ancestors, upon the children – upon the third generation, upon the fourth generation – *le-son'ai*. What does *le-son'ai* mean? [It means:] those who hate me; those who are my enemies.

"Here is the problem. It is a problem that has come up in America now. The argument is advanced as follows: if the Jews laid claim to reparations on the part of the Germans – and they have received a lot of money[34] –

[34] The Rav here paused to editorialize: "That the Jews accepted money from Germany was a terrible mistake. From a historical viewpoint, it was an unpardonable mistake. I was opposed to them, but they didn't listen"

why are not the Negroes[35] entitled to reparations from the American white community?

"Is [this argument] wrong or is it right? It's very hard to say that the Negroes got wonderful treatment in the United States, that they got humane treatment. [To be sure,] there was exploitation, there was torture, there was murder. Of course, not murder the way the Nazis exterminated… every Jewish child and adult. The Jews would have accepted slavery. It would have been considered salvation had the Germans accepted all Jews – not only the able-bodied ones – as slaves. You cannot compare the [plight of the Negroes to that of the Jews].

"However, what the Negroes [experienced] in America is also enough to justify compensation. So what is the problem here? There are two problems.

"The first problem is that the Jews did not compel the Germans to pay reparations. It was a negotiated agreement. The [Negroes] are now trying to coerce [through legislation] the American community to pay. The Jews could not force Germany; Adenauer simply agreed. Perhaps he had a guilty conscience, but he agreed.

"Secondly, organizations did not pay. The German government – the representative of Germany – paid. The Jewish people did not demand reparations from communities, from trade unions, from churches, from groups, or from some German conglomerates. They demanded reparations from the people, from the nation as such. Similarly, they should now demand reparations not from churches or synagogues, but from the United States Government. Let them come to Washington and introduce a bill that the government assign half-a-billion dollars just for the rehabilitation of Negroes.

"These are two problems; but there is a [more fundamental] problem. There is a main ethical problem. We demanded reparations from the generation of murderers; the very people who murdered us paid reparations through their government. Germans stopped murdering Jews when Germany was defeated in 1945. When was the reparation treaty signed? In 1950–51. [Those who signed the treaty] were guilty of bloodshed. Their

---

[35] See n. 32.

[own] hands were stained with blood. Now, however, they are demanding reparations from a generation which is not guilty of slavery. This is the main problem.

"Here we touch upon the old question of historical justice. Is there historical retribution or not? Are the descendants responsible for the sins of their fathers, of their ancestors? This is the verse in Yechezke'el:

"מה לכם אתם משלים את המשל הזה על אדמת ישראל לאמר: אבות יאכלו בסר, ושיני הבנים תקהינה?" (יח:ב).

'When the fathers have eaten unripe fruit, should the children's teeth become spoiled?'

"Of course, we have been saying:

"פוקד עוון אבות על בנים על שלשים ועל רבעים."

"We are actually the fourth generation in America. It's a hundred years since slavery was abolished. [Are we responsible for our ancestors or not?] The *pasuk* emphasizes: *le-son'ai* [i.e., those who continue to hate me, who continue to act contrary to my directives].

"There is another *pasuk*:

"לא יומתו אבות על בנים, ובנים לא יומתו על אבות; איש בחטאו יומתו" (דברים כד:טז).

'The sons are not responsible for the iniquities of the fathers, and the fathers are not responsible for the injustice which the sons have committed; each individual is responsible for his own sins.'

"So we have the *pesukim* in *Devarim* and *Yechezke'el* [on the one hand,] and we have our *pasuk* that insists:

"פוקד עוון אבות על בנים על שלשים ועל רבעים."

"The Gemara answers the way Onkelos, as quoted by Rashi, had translated:

לשונאי – כתרגומו, כשאוחזין מעשה אבותיהם בידיהם (סנהדרין כז:).[36]

---

[36] סנהדרין כז:

... דתנו רבנן: "לא יומתו אבות על בנים" – מה תלמוד לומר? אם ללמד שלא ימותו אבות בעוון בנים, ובנים בעוון אבות, הרי כבר נאמר "איש בחטאו יומתו." אלא "לא יומתו אבות על בנים" – בעדות בנים, "ובנים לא יומתו על אבות" – בעדות אבות. ובנים בעון אבות לא? והכתיב: "פוקד עון אבות על בנים"? התם כשאוחזין מעשה אבותיהן בידיהן. כדתניא: "ואף בעונות אבותם אתם ימקו" (ויקרא כו:לט) – כשאוחזין מעשה אבותיהם בידיהם; אתה אומר כשאוחזין או אינו אלא כשאין אוחזין? כשהוא אומר "איש בחטאו יומתו" הרי כשאוחזין מעשה אבותיהן בידיהן.

"Let's take a look at Onkelos:

"...מסער חוסי אבהן על בנין מרדין, על דר תליתי ועל דר רביעי, לשנאי – כד משלמין בניא למחטי בתר אבהתהון."

"...when the children, or the descendants, continue to sin; when they continue the same way of life that their ancestors had. Historical justice is valid according to Yahadut if the descendants – the second, third or fourth generation – continue the same iniquitous way of life of their ancestors...If there is no break, if there is no great change, if the children are also guilty on their own of the same crimes, then they have to pay not only for themselves but for their fathers too...Responsibility for ancestors is binding only when the child is in his own right a sinner. Then, he is responsible not only for himself, but there is historical responsibility.

"But if the son has changed his way of life, if there is no continuation of the evildoings of the ancestors, then he is not responsible for the sins of the ancestors.

"So what does '*le-son'ai*' mean? If the fourth generation still hates Me, hates what I stand for. If the [fourth generation continues to be] immoral then the responsibility extends retroactively, and they pay also for the evil that was perpetrated by their ancestors.

"This is basically the Jewish viewpoint, and it makes a great deal of sense. If I am still representative of the same philosophy... then I carry the burden of history. The whole load of history is on my shoulders, because I am [still] a representative of that history.

"Now [let us apply this to] the United States... If you accept the viewpoint that the white community is still guilty of racism, of discrimination, of exploiting the Negro, of still trying to deny the Negro opportunities, then we are responsible for the sins of our forefathers, of the previous generations. But if you say that the white community is now decent to the Negro, is fair to the Negro, then there is no responsibility for the sins of the forefathers.

"This is the [contemporary] problem analyzed in light of the *Aseret ha-Dibrot.*"

Chapter 11

The Second, Third and Fourth *Dibrot*

The second half of Chapter Ten presented the Rav's analysis of those dimensions of the second *dibrah* discussed in his *shiur* on June 9, 1973. In order to retain the integrity and coherence of the Rav's own language in that *shiur*, which we are privileged to have on tape, I did not augment that chapter with material from other sources.

For the substance of this chapter, however, we do not have the benefit of a tape. We shall draw exclusively on my notes of three Boston *shiurim* in June 1970[1] and on pp. 117–19 in Joseph Epstein's *Shiurei HaRav*.[2] We shall first address dimensions of the second *dibrah* that the Rav did not treat in the June 1973 *shiur*, and then proceed to the third and fourth *dibrot*.

As in previous chapters, supplemental sources or comments that were not part of the Rav's presentation have been relegated to the footnotes. In the few places where we are in a position to reproduce the Rav's own language, we have indicated this by quotation marks. My interpolations are in brackets.

I.

The relevant primary sources for the second *dibrah* are:

<u>שמות כ:ג</u>
לא יהיה לך אלהים אחרים על פני.

<u>תרגום אונקלוס</u>
לא יהי לך אלהא אוחרן בר מני.

---

[1] See Chapter Nine, n. 1.

[2] *Ibid.*

מכילתא, פרשת בחדש – פרשה ו

אלהים אחרים. וכי אלוהות הן? והלא כבר נאמר "ונתן את אלהיהם באש כי לא אלהים המה" (ישעיה לז:יט) ומה תלמוד לומר "אלהים אחרים"? אלא שאחרים קוראין אותם אלוהות...

על פני. למה נאמר? שלא ליתן פתחון פה לישראל לומר לא נצטווה על עבודה זרה אלא מי שיצא למצרים, לכך נאמר על פני לומר מה אני חי וקיים לעולם ולעולמי עולמים אף אתה ובנך ובן בנך לא תעבוד עבודה זרה עד סוף כל הדורות.

רש"י

אלהים אחרים – שאינן אלהות אלא אחרים עשאום אלהים עליהם. ולא יתכן לפרש אלהים אחרים זולתי שגנאי הוא כלפי מעלה לקרותם אלהות אצלו...

על פני – כל זמן שאני קיים שלא תאמר לא נצטוו על ע"א אלא אותו הדור.

רמב"ן

"לא יהיה לך אלהים אחרים על פני" – ...והנכון גם לפי הפשט שהוא מלשון והיה ה' לי לאלהים (בראשית כח כא), להיות לכם לאלהים (ויקרא יא מה) יאמר, שלא יהיה לנו בלתי השם אלהים אחרים מכל מלאכי מעלה ומכל צבא השמים הנקראים אלהים, כענין שנאמר (להלן כב יט) זובח לאלהים יחרם בלתי לה' לבדו, והיא מניעה שלא יאמין באחד מהם ולא יקבלהו עליו באלוה ולא יאמר לו "אלי אתה"; וכן דעת אונקלוס שאמר "אלהא אחרן בר מיני."

... וטעם על פני – כמו "אם לא על פניך יברכך" (איוב א:יא), "ועתה הואילו פנו בי ועל פניכם אם אכזב" (שם ו:כח). יזהיר לא תעשה לך אלהים אחרים, כי על פני הם – שאני מסתכל ומביט בכל עת ובכל מקום בעושים כן. הדבר העשוי בפניו של אדם והוא עומד עליו יקרא "על פניו". וכן "ותעבור המנחה על פניו" (בראשית לב:כב). וכן "וימת נדב ואביהוא... ויכהן אלעזר ואיתמר על פני אהרן אביהם", שהיה אהרן אביהם רואה ועומד שם; ובדברי הימים (א, כד:ב) "וימת נדב ואביהוא לפני אביהם." והנה אמר לא תעשה לך אלהים אחרים, שאני נמצא עמך תמיד ורואה אותך בסתר ובגלוי....

A.

"According to Rashi, *acheirim* is, grammatically, in the genitive case. It is *semichut*, and should be understood as אלהים של אחרים . This has great historic significance. The Jews have never worshipped an idol of their own making. It was always an idol adopted from their cultural environment. The indigenous Jewish discovery was monotheism. The Jew can imitate, but he doesn't have it in him to create *avodah zarah*."

B.

There are three interpretations of *al panai*:
(1) Onkelos translates it as "instead of Me"; hence: "to supplement Me" or "to supersede Me."
(2) Rashi understands it as "throughout the duration of My existence." An analogy is offered by the *pasuk*:

וימת הרן על פני תרח אביו בארץ מולדתו באור כשדים (בראשית יא:כח).[3]

(3) Ramban interprets the phrase as "in My presence," בנוכחותי.

The Ramban, Rashi and Onkelos can be understood, respectively, as follows:

According to the Ramban, *avodah zarah* is abominable and culpable precisely because it is in the presence of *HaKadosh Baruch Hu*. The sin of *avodah zarah* is often identified with adultery because the relationship of God and Bnei Yisrael is like that of a husband and wife. Thus the phrase *asher atem zonim achareihem*,[4] because it constitutes *z'nus*. Similarly:

"...כי על כל גבעה גבהה ותחת כל עץ רענן את צועה זונה" (ירמיה ב:כ).

"Upon every lofty hill and under every leafy tree you wander like a harlot."
There are two aspects to adultery:
(1) The desecration of a commitment, the breach of a contract, the betrayal of a partner;
(2) The humiliation of the partner who is betrayed.

With regard to the first aspect, it does not matter whether the partner knows or not. With regard to the second, however, it is only humiliating if

---

[3] רש"י: על פני תרח אביו – בחיי אביו.

אבן עזרא: וטעם על פני – לפני אביו; שמת ואביו רואה. וכמוהו "על פני אהרן אביהם."

["וימת נדב ואביהוא לפני ה' בהקרבם אש זרה... ויכהן אלעזר ואיתמר על פני אהרן אביהם" (במדבר ג:ד). רש"י: "על פני אהרן – בחייו."]

[4] This phrase is from *Bamidbar* 15:39, which is translated "after which you stray." The Hebrew term, however, clearly evokes the image of sexual immorality.

it occurs "in the presence of" the cheated partner. So, according to the Ramban, God asks us to treat Him as we would a human being and to avoid causing Him humiliation, as it were.

There is a further implication of the Ramban's interpretation of *al panai*, one that is very important for our entire outlook on life. For the Ramban presupposes the omnipresence of God. This notion of God's omnipresence has two dimensions:

(1) A metaphysical principle. This is the theological postulate that "מלא כל הארץ כבודו", "the whole world is filled with His glory" (Yishayahu 6:3).

(2) A moral principle. A Jew does not live in two worlds; he lives in one world. We do not recognize a dichotomy between ecclesiastical and secular areas of life. Every aspect of our lives is "in God's presence."

This, the Rav asserted, characterizes *Yahadus*. Every theological postulate becomes a moral principle. The Torah does not only exhort us not to erect an idol in the temple; it also insists that we not erect an idol in the business office. *Halachah* tells man how to pray and how to celebrate Shabbat, but also how to conduct his family life and his relations with his employees. "Modern man, on the other hand, is schizophrenic. He is not a hypocrite; he is sincere about living in two worlds, and sees no contradiction in his actions. He is simply schizophrenic."[5]

Rashi, by contrast, stresses the eternity of God's existence. Why, however, would one think that the *issur avodah zarah* would be limited to the *dor ha-midbar*? After all, Rashi does not say this about *lo tirtzach* or *lo tignov*. Why, then, might one have assumed that the prohibition of idolatry would expire after that first generation?

The answer is that those people whom Moshe led out of Egypt had been reared in an idolatrous society. *They* were in danger of relapsing; *they* needed the injunction. We would have thought, therefore, that the *next* generation would not be subject to the temptation of idolatry and would thus not require a formal prohibition. This is why the Torah, according to Rashi's approach, emphasized that all subsequent generations need to be bound by the same restriction against any form of idolatry.

---

[5] The Rav used the clinical term in its popular sense. Psychiatrists designate this condition as "multiple personality disorder."

"How can we understand this gravitational pull, this inescapable attraction, of *avodah zarah*? The Torah apparently felt that even the most civilized man will be tempted by various sophisticated forms of idolatry.

"Chazal describe Yeravam ben Nevat as a great scholar, as an intellectual giant.[6] Why? To show us that intellectual heights and idolatry are not incompatible. Why is this so?"

The Rav, in answer to this question, developed the notion that even a leader, however great, needs a higher authority to endorse his actions. All men experience feelings of loneliness and helplessness, and need to have faith in someone superior to them. A person who does not believe in God will construct his own idol, and there are many idols: the corporate state, a utopian social order, science, and so on.

It is noteworthy that the injunction is against idolatry, not against atheism. Why? Because there is really no atheism; one either relies on *Hakadosh Baruch Hu* or on some form of idolatry. "No one remains a skeptic for long." Everybody needs some belief, some ideal, some value-system, to serve as an anchor in life. This, again, is why the prohibition was not limited to that generation alone.

This same idea is also reflected in the opinion of Onkelos. "Atheism, as such, will never replace, supplant or supersede religion. Rather, a godless religion will supplant a religion [that is theo-centric]. Modern man has not rejected religion; he has rejected God [as the focal point of his religion]."

II.

The sources for the Rav's discussion of the third *dibrah* are:

שמות כ:ז

לא תשא את שם ה' אלקיך לשוא, כי לא ינקה ה' את אשר ישא את שמו לשוא.

---

[6] סנהדרין קב.

"ויהי בעת ההיא וירבעם יצא מירושלם וימצא אותו אחיה השילוני הנביא בדרך והוא מתכסה בשלמה חדשה [ושניהם לבדם בשדה]" (מלכים א, יא:כט)... מאי בשלמה חדשה? אמר רב נחמן כשלמה חדשה: מה שלמה חדשה אין בה שום דופי אף תורתו של ירבעם לא היה בה שום דופי ד"א שלמה חדשה שחידשו דברים שלא שמעה אזן מעולם. מאי ושניהם לבדם בשדה? אמר רב יהודה אמר רב: שכל תלמידי חכמים דומין לפניהם כעשבי השדה; ואיכא דאמר: שכל טעמי תורה מגולין להם כשדה... מאי חבר הוא לאיש משחית? חבר הוא לירבעם בן נבט שהשחית ישראל לאביהם שבשמים וידח ירבעם (בן נבט) את ישראל מאחרי ה' והחטיאם חטאה גדולה.

תרגום אונקלוס

לא תימי בשמא דה' אלקך למגנא, ארי לא יזכי ה' ית די יימי בשמיה לשיקרא.

רש"י

לשוא – אי זהו שבועת שוא? נשבע לשנות את הידוע: על עמוד של אבן שהוא של זהב, זה הנשבע לחנם; ולהבל: על של עץ עץ ועל אבן אבן.

The term *la-shav* appears twice in our *pasuk*. Onkelos translates the first as "in vain" and the second as "falsely." According to Rashi, they both refer to an oath "in vain." There is a profound difference between *sheker*, on the one hand, and *chinam* or *hevel*, on the other hand.

Sheker is a lie that can mislead people. It asserts something, the opposite of which is also logical and/or feasible. For example, "I fasted today" could be either true or false.[7]

Shav is an assertion that is "in vain," that is purposeless. It can take one of two forms:

(1) A statement that is patently false and that is, thus, incapable of misleading someone. An example would be: "This tree is a rock."[8]

(2) A statement that is obviously true, and that is, therefore, superfluous. An example would be: "This tree is a tree."[9]

We can readily understand why *sheker* is prohibited. *Sheker* is deceit, and deceit is immoral. One uses *sheker* for self-aggrandizement, to achieve vainglory or material benefit.

---

[7] רמב"ם, הלכות שבועות, א:ג

...כגון שנשבע שלא יאכל ואכל, או שיאכל ולא אכל, או שאכלתי והוא לא אכל, שלא אכלתי ואכל – הרי זו שבועת שקר; ועל זה וכיוצא בו נאמר "לא תשבעו בשמי לשקר" (ויקרא יט:יב).

[8] שם א:ד

...שנשבע על דבר הידוע שאין כן. כיצד? כגון שנשבע על האיש שהוא אשה, ועל האשה שהוא איש, ועל עמוד של שיש שהוא של זהב, וכן כל כיוצא בזה.

[9] שם א:ה

...שנשבע על דבר ידוע, שאין בו ספק לאדם, שהוא כן; כגון שנשבע על השמים שהוא שמים, ועל האבן זו שהיא אבן, ועל השנים שהם שנים, וכן כל כיוצא בזה. שזה הדבר אין בו ספק לאדם שלם כדי לצדק הדבר בשבועה.

Why, however, is *shav* forbidden? After all, one does not benefit from asserting that a tree is a rock. It is not immoral.

Moreover, most Rishonim[10] do not even require the use of God's name in order for *shav* to be culpable. Why is telling an untruth *per se* forbidden? "Apparently, to be absurd is just as prohibited as to deceive. Both are desecrations of the human personality. *Sheker* is a social sin, against my fellow man. *Shav* is a sin against myself. A man's reputation is not his own property. The concept of *tzelem Elokim* means that man does not own himself; he belongs to *Hakadosh Baruch Hu*. He, therefore, has no right to arouse feelings of resentment, contempt or disdain [against himself by expressing a statement that is *shav*].

"Why, then, is the third category forbidden? I state the truth, but unnecessarily. I don't impart any knowledge that was not previously known. Why is this also prohibited? Because man should not assert anything unless it is new. He should not engage in trite words, in clichés. This, too, debases the human personality."

III.

The sources for the Rav's discussion of the fourth *dibrah* are:

שמות – פרק כ

ח) זכור את יום השבת לקדשו.

ט) ששת ימים תעבוד ועשית כל מלאכתך.

י) ויום השביעי שבת לה' אלקיך לא תעשה כל מלאכה אתה ובנך ובתך עבדך ואמתך ובהמתך וגרך אשר בשעריך.

יא) כי ששת ימים עשה ה' את השמים ואת הארץ את הים ואת כל אשר בם וינח ביום השביעי; על כן ברך ה' את יום השבת ויקדשהו.

דברים – פרק ה

יב) שמור את יום השבת לקדשו כאשר צוך ה' אלקיך.

מכילתא פרשת בחדש פרשה ז

זכור ושמור שניהם נאמרו בדיבור אחד... מה שאי אפשר לאדם לומר כן שנאמר "אחת דבר אלקים שתים זו שמעתי" (תהלים סב:יב), "הלא כה דברי כאש נאם ה' [וכפטיש

---

[10] The Rav mentioned the Ra'avad, the Ramban and the Ran as examples. He added that the Rambam is a lone exception.

יפוצץ סלע]" (ירמיה כג:כט). זכור ושמור: זכור מלפניו ושמור מלאחריו, מכאן אמרו מוסיפין מחול על הקדש; משל לזאב שהוא טורף מלפניו ומלאחריו. אלעזר בן חנניה בן חזקיה בן חנניה בן גרון אומר: זכור את יום השבת לקדשו תהא זוכרו מאחד בשבת שאם יתמנה לך מנה יפה תהא מתקנו לשם שבת. רבי יצחק אומר לא תהא מונה כדרך שאחרים מונין אלא תהא מונה לשם שבת...
ששת ימים תעבוד. וכי איפשר לו לאדם לעשות מלאכתו בששת ימים? אלא שבות כאלו מלאכתך עשויה. דבר אחר: שבות ממחשבת עבודה; ואומר "אם תשיב משבת רגליך" (ישעיה נח:יג), ואומר "אז תתענג על ה'... " (שם נח:יד).

ראש השנה כ., שבועות כ:

והתניא: זכור ושמור בדיבור אחד נאמרו – מה שאין הפה יכולה לדבר ואין האוזן יכולה לשמוע.

רש"י על שמות כ:ח

זכור – לשון פעול הוא כמו "אכול ושתו" (ישעיהו כב:יג), "הלוך ובכה" (שמואל ב, ג:טז); וכן פתרונו: תנו לב לזכור תמיד את יום השבת שאם נזדמן לך חפץ יפה תהא מזמינו לשבת.

אבן עזרא על שמות כ:ח

זכור – ...כי השם קדש זה היום וזימנו לקבל הנפשות תוספת חכמה יותר מכל הימים... וכבר פירשתי זה ב"מזמור שיר ליום השבת."[11] ראינו כי שנת השמטה דומה לשבת כי גם

---

[11] תהלים צב:ה

כי שמחתני ה' בפעלך במעשי ידיך ארנן.

אבן עזרא

כי – בעבור היות נשמת המשכיל בששת ימי המעשים מתבודדת בעסקי העולם, על כן היא מתבודדת בשבת להבין מעשה השם ונפלאותיו; על כן:

כי שמחתני ה' בפעלך – על דרך שנות השמטה, שישמעו כל התורה "למען ילמדו ויראו" (דברים לא:יב). והטעם: כי שמחתני בדעתי כל מעשיך שהם ישרים.

[Ibn Ezra is here consistent with his view that the *mitzvah* of *Hakhel* was performed at the beginning of the *shemittah* year. Thus:

דברים- פרק לא

י) ויצו משה אותם לאמר: מקץ שבע שנים במועד שנת השמטה בחג הסכות...

יב) הקהל את העם... ולמען ילמדו ויראו....

אבן עזרא

מקץ שבע שנים – תחלת השנה.

היא שביעית בשנים. וצוה השם שיקראו התורה בתחילת השנה נגד האנשים והנשים והטף ואמר הטעם: "למען ישמעו ולמען ילמדו... ושמרו..." והנה השבת נתנה להבין מעשה השם ולהגות בתורתו. וככה כתוב: "כי שמחתני ה' בפעליך." כל ימי השבוע אדם מתעסק בצרכיו; והנה זה היום ראוי להתבודד ולשבות בעבור כבוד השם, ולא יתעסק לשוח אפילו בצרכיו שעברו, או מה יועץ לעשות. וככה אמר הנביא: "ממצוא חפצך ודבר דבר" (ישעיה נח:יג). ומנהג ישראל היה ללכת סמוך לשבת אצל הנביאים, כמו: "מדוע את הולכת אליו היום – לא חדש ולא שבת (מלכים ב, ד:כג).

Chazal teach us that זכור ושמור בדיבור אחד נאמרו. This means that they are inseparable. How is this indivisibility of "remember" and "observe" to be understood?

Let us first define the terms. *Shamor* refers to the technical observance of Shabbat, to the prohibition of the thirty-nine *melachot*. *Zachor* refers to one's experience of Shabbat. The term *zachor* appears in the verse:

הבן יקיר לי אפרים אם ילד שעשועים כי מדי דברי בו זכור אזכרנו עוד על כן המו מעי לו רחם ארחמנו נאום ה' (ירמיה לא:יט).[12]

"Is Ephraim my favorite son or a delightful child, that whenever I speak of him I remember him more and more? Therefore, My inner self yearns for him; I will surely take pity upon him – the word of Hashem."

Zachor thus has the connotation of "I love him," or "I feel for him." It does not mean simply to remember. What, then, is this emotional experience of Shabbat to which the term *zachor* refers?

למען ילמדו – כל השנה, ג"כ השבת.

His view is not normative, however. See:

משנה סוטה ז:ח (מט.) – פרשת המלך כיצד? מוצאי יום טוב הראשון של חג, בשמיני, במוצאי שביעית...

רש"י על דברים לא:י – מקץ שבע שנים: בשנה ראשונה של שמטה שהיא השנה השמינית. ולמה קורא אותה שנת השמטה שעדיין שביעית נוהגת בה בקציר של שביעית היוצא למוצאי שביעית.

רמב"ם, הלכות חגיגה ג:ג – אימתי היו קורין? במוצאי יום טוב הראשון של חג הסכות שהוא תחילת ימי חולו של מועד של שנה שמינית.]

[12] מצודות דוד

...אזכרנו עוד זמן רב, כדרך האב המדבר בבנו החביב לו שלא יפסוק מלזכרו עד זמן רב כי יתענג בזכרון שמו. על כן, הואיל ואני זוכר בו זמן מרובה, לכן המו מעי לו וארחם עליו.

The Ibn Ezra emphasizes the value of Torah study on Shabbat. *Tefillah* also plays a prominent role in our experience of Shabbat. But these two modalities are means to something beyond them. What is that something?

Zachor is an infinitive, a participle. It means: be always in a state of remembrance vis-à-vis Shabbat, be always remembering Shabbat. How so?

שאם נזדמן לך חפץ יפה תהא מזמינו לשבת.

"If you come upon an attractive object,[13] designate it for Shabbat."[14]

---

[13] This refers to a "culinary delight."

ועיין רמב"ן על שמות כ:ח

וז"ל: וכתב רש"י בפירוש זכור תנו לב לזכור תמיד את יום השבת שאם נזדמן לו חלק יפה יהא מזמינו לשבת, וזו ברייתא היא ששנויה במכילתא כך: "רבי אלעזר בן חנניה בן חזקיה בן גרון אומר זכור את יום השבת לקדשו, תהא זוכרו מאחד בשבת שאם נזדמן לך חפץ יפה תהא מתקינו לשבת", אבל בלשון יחיד שנויה ואינה כהלכה, שהרי בגמרא (ביצה טז.) אמרו: "תניא אמרו עליו על שמאי הזקן כל ימיו היה אוכל לכבוד שבת. כיצד? מצא בהמה נאה אומר תהא זו לכבוד שבת, למחר מצא אחרת נאה הימנה מניח השניה ואוכל את הראשונה. אבל הלל הזקן מדה אחרת היתה בו: כל מעשיו היו לשם שמים, שנאמר 'ברוך ה' יום יום יעמס לנו' (תהלים סח:כ). תניא נמי הכי: בית שמאי אומרים בחד בשביך לשבתיך, וב"ה אומרים 'ברוך ה' יום יום יעמס לנו.'"

ובמכילתא אחרת (מכילתא דרשב"י): "שמאי הזקן אומר זכירה עד שלא תבא, שמירה משתבא. ומעשה בשמאי הזקן שלא היה זכרון שבת זז מפיו; לקח חפץ טוב אומר זה לשבת, כלי חדש אומר זה לשבת. אבל הלל הזקן מדה אחרת היתה בו: שהיה אומר 'כל מעשיך יהיו לשם שמים'"- והלכה היא כדברי ב"ה.

ועל דרך הפשט אמרו (במכילתא) שהיא מצוה שנזכור תמיד בכל יום את השבת שלא נשכחהו ולא יתחלף לנו בשאר הימים, כי בזכרנו אותו תמיד יזכור מעשה בראשית בכל עת, ונודה בכל עת שיש לעולם בורא, והוא צוה אותנו באות הזה כמו שאמר "כי אות היא ביני וביניכם" (שמות לא:יג) וזה עיקר גדול באמונת הקל.

[14] The second illustration in the *Mechilta* is: to count the days of the week by designating each one as "such and such a day in the count toward Shabbat."

ועיין רמב"ן שם

ובמכילתא: "רבי יצחק אומר: לא תהא מונה כדרך שהאחרים מונים, אלא תהא מונה לשם שבת." ופירושה: שהגוים מונין ימי השבוע לשם הימים עצמן – יקראו לכל יום שם בפני עצמו; או על שמות המשרתים, כנוצרים; או שמות אחרים שיקראו להם. וישראל מונים כל הימים לשם שבת: אחד בשבת, שני בשבת, כי זו מן המצוה שנצטוינו בו לזכרו תמיד בכל יום. וזה פשוטו של מקרא, וכך פירש ר"א. ואומר אני שזהו מדרשו של שמאי הזקן (במכילתא דרשב"י) שפירש מצות זכור עד שלא תבא, כלומר שלא נשכחהו בשום פנים, אבל הזכירו בברייתא (בביצה טז.) עוד מדת חסידותו שהיה הוא מזכירו גם במאכליו ואוכל לכבוד שבת כל ימי חייו. והלל עצמו מודה במדרשו של שמאי, אבל היתה בו מדה אחרת במאכלים מפני שכל מעשיו היו לשם שמים, והיה בוטח בה' שיזמין לו לשבת מנה יפה מכל הימים.

What philosophical idea lies behind this *halachah*? It expresses the Jewish longing for *kedushah*. The Jew finds himself daily in a mundane world, and he constantly yearns for *kedushah*.

Similarly, the *halachah* of *tosefet Shabbat*, of extending Shabbat a few minutes before it and after it,[15] expresses our eagerness to embrace it[16] and our reluctance to part with it.

This emotional relationship to Shabbat is also reflected in the use of *besamim* during the recitation of *havdalah*.[17] Rishonim explain its function in pragmatic terms: the departure of our *neshamah yeteirah* creates a sensation of weakness, even faintness, in each Jew.[18] The *besamim* act as a stimulant to revive the Jew.[19]

So *zachor* is expressed throughout the week by longing for Shabbat both prospectively (as illustrated by the Mechilta's two examples, and by *tosefet Shabbat* beforehand) and retrospectively (hence: *tosefet Shabbat* afterward, and *besamim*). How does one implement *zachor* on the day of Shabbat itself? Both Shabbat and *shemittah* are characterized by the Torah as "Shabbat."[20] What is the common denominator? The answer is: withdrawal. We own nothing, neither our material acquisitions nor our creative talents. We

---

15 עיין ר"ה ט:, יומא פא:, כסף משנה על הל' שבת ה:ג, מגיד משנה על הל' שביתת עשור א:ו ,טור ושו"ע או"ח סי' רסא .

16 See the Rav's poetic reference to "Erev Shabbat Jews who…greet the Sabbath with beating hearts and pulsating souls" in P. Peli, *Al ha-Teshuvah* (Jerusalem, 1974), 57–58 [in the note (indicated by an asterisk)]. For the English translation see *idem*, *On Repentance* (New York, 1984), 88.

17 עיין משנה ברכות ח:א (נא:); טור ושו"ע או"ח סי' רצז.

18 ביצה טז.

דאמר רבי שמעון בן לקיש: נשמה יתירה נותן הקדוש ברוך הוא באדם ערב שבת, ולמוצאי שבת נוטלין אותה הימנו; שנאמר "שבת וינפש" (שמות לא:יז) – כיון ששבת, ווי אבדה נפש.

רש"י

נשמה יתירה – רוחב לב למנוחה ולשמחה, ולהיות פתוח לרוחה, ויאכל וישתה ואין נפשו קצה עליו.

וינפש – דרשינן ליה: אוי על הנפש שהלכה לה.

19 עיין תוספות פסחים קב: ד"ה רב; תוס' ביצה לג: ד"ה כי הוינן; ב"ח או"ח סי' רצז; ערוה"ש שם, סעיף א.

20 "ובשנה השביעת שבת שבתון יהיה לארץ שבת לה', שדך לא תזרע וכרמך לא תזמור" (ויקרא כה:ד).

demonstrate our awareness of this fact by surrendering everything to *Hakadosh Baruch Hu.* Thus:

ששת ימים תעבד ועשית כל מלאכתך.²¹

"Six days shall you labor, and accomplish all of *your* work." Whatever you accomplish during the six days is *yours*. However:

ויום השביעי שבת לה' אלהיך לא תעשה כל מלאכה...²²

"The seventh day is Shabbat unto Hashem your God; you shall not engage in any work."²³

You must refrain from work, and surrender everything to God. The *pasuk* does not say "לא תעשה מלאכתך," "you shall not do *your* work." Why? Because if you *do* engage in work, the results are not yours; you have no right to them. This is why one who produces something on Shabbat through one of the thirty-nine prohibited *melachot* is not permitted to derive any benefit from it. It is *assur be-hana'ah.*²⁴

This, then, is the positive dimension of *zachor* that we implement on Shabbat itself. By withdrawal from *melachah* we surrender our very selves to God and thereby attain *kedushah*; this constitutes the positive experience of Shabbat. *Tefillah* and *talmud Torah* are two media that help us achieve this positive experience,²⁵ generated by withdrawal from *melachah*, of *zachor* on

---

²¹ שמות כ:ט, דברים ה:יג.

²² שמות כ:י, דברים ה:יד.

²³ This finds its parallel in:

ויקרא – פרק כה

ג) שש שנים תזרע שדך ושש שנים תזמר כרמך ואספת את תבואתה.

ד) ובשנה השביעת שבת שבתון יהיה לארץ שבת לה'....

²⁴ עיין למשל: רמב"ם, הלכות שבת ו:כג (" ישראל שעשה מלאכה בשבת – אם עבר ועשה בזדון אסור לו ליהנות באותה מלאכה לעולם...") ובמגיד משנה שם.

²⁵ For the relationship of *tefillah* and *talmud Torah* as two equally effective means of religious worship, of expressing "man's longing for companionship with God," see *Shiurim le-Zecher Abba Mari*, Vol. 2 (Jerusalem, 1985), 7–9; S. Carmy, ed., *Worship of the Heart* (Jersey City, 2003), 5, 26.

the day of Shabbat *per se*. This is what Chazal meant by the inseparability, or indivisibility, of *zachor* and *shamor*.[26]

[26] We can readily understand why the Rav did not refer in this *shiur* (on June 20, 1970) to the halachic application of *zachor* – the recitation of *kiddush* (see *Mechilta*, *a.l.*; Pesachim 106a; Rambam, *Hilchot Shabbat* 29:1; *Orach Chayyim* 271:2) – since this dimension of *zachor* is not organically tied to the prohibition of *melachah*. If only we could ask the Rav why he did not cite the Ramban's explanation (on *Vayikra* 19:2 and 23:24) of *tishbot* and *shabbaton*, which seems relevant to the concept that he developed! The Ramban's graphic and picturesque language (*Vayikra* 23:24) is:

...שנצטוינו מן התורה להיות לנו מנוחה בי"ט אפילו מדברים שאינן מלאכה; לא שיטרח כל היום למדוד התבואות ולשקול הפירות והמתנות ולמלא החביות יין, ולפנות הכלים וגם האבנים מבית לבית וממקום למקום, ואם היתה עיר מוקפת חומה ודלתות נעולות בלילה יהיו עומסים על החמורים ואף יין וענבים ותאנים וכל משא יביאו בי"ט ויהיה השוק מלא לכל מקח וממכר, ותהיה החנות פתוחה והחנוני מקיף והשלחנים על שלחנם והזהובים לפניהם, ויהיו הפועלים משכימין למלאכתן ומשכירין עצמם כחול לדברים אלו וכיוצא בהן – והותרו הימים הטובים האלו ואפילו השבת עצמה שבכל זה אין בהם משום מלאכה. לכך אמרה תורה "שבתון" שיהיה יום שביתה ומנוחה לא יום טורח....

והנה הוזהרו על המלאכות בשבת בלאו ועונש כרת ומיתה, והטרחים והעמל בעשה הזה; ובי"ט המלאכה בלאו והטורח בעשה. וממנו אמר הנביא "מעשות דרכיך ממצוא חפצך ודבר דבר" (ישעיהו נח:יג). וכן שבת שבתון יהיה לארץ (ויקרא כה:ד) – שבת של מנוחה, שלא יחרוש ולא יעבוד אותה כלל....

The Ramban had clearly been influenced by the Rambam. See *Hilchot Shabbat* 21:1; 24:1, 12–13. The Ramban's formulation, in turn, is reflected in the language of the Ritva on *Rosh Hashanah* 32b, *s.v. u-veram tzarich at le-meida* (Mosad Harav Kook editon, p. 310). See also *Teshuvot Chatam Sofer* 5 (*Choshen Mishpat*), #185.

The concept of "withdrawal" as an expression of devotion to *Hakadosh Baruch Hu* is central in the Rav's thought. See, for example, the two essays in *Tradition* 17:2 (Spring, 1978): "Majesty and Humility" (pp. 25–37), and – even more dramatic – "Catharsis" (pp. 38–54).

Rabbi David Shapiro received rabbinic ordination from Yeshiva University's Rabbi Isaac Elchanan Theological Seminary, an M.A. degree in Jewish History from its Bernard Revel Graduate School, and a second M.A. degree in Jewish History from Harvard University. He has been a member of the faculty of the Maimonides School in Brookline, Massachusetts since 1970, and served as its Principal from 1978 until 1999. He is also a staff member at the Rabbi Joseph B. Soloveitchik Institute, under whose auspices he wrote this book.

Rabbi Dr. Jacob J. Schacter is the Dean of the Rabbi Joseph B. Soloveitchik Institute, Brookline, MA, and series editor of The Rabbi Soloveitchik Library.